JN438616

잠시 앉았다 가는 길

다시올시선 _ 010

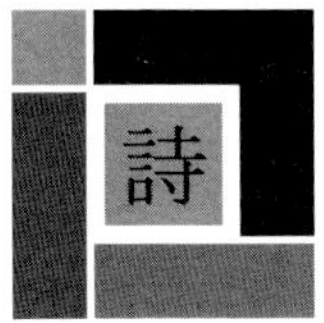

잠시 앉았다 가는 길

강경우 시집

다시올

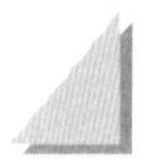

01_잠시 앉았다 가는 길

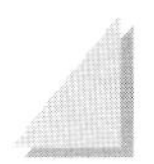

O2_리셋버튼을 누를 수도 없고

※ 잠시 앉았다 가는 길

03_한시 漢詩

01
잠시 앉았다 가는 길

응, 어쩌다 잃어버린 손칼 하나라 해도 그 허상은
여러 날 호주머니 속에 남아 있거든.
혹시 자네,
옛집이 그리운 건 아니지? 그런 거
아니지?

(…중략…)

가자고? 그래 가야지. 잠시
앉았다 가는 거지. 언젠까지 앉아 있을 수는 없잖아

그릇 속 허공인 것처럼

암 것도 아니야, 시는
바닷물이면 짜고, 민물일 땐 맹탕, 그저 그런 것
온갖 색깔을 세워 애를 쓸수록 까마귀의 깃털
검을 뿐이야! 검어도
까마귀의 청록빛이거나 자줏빛이면
그땐 보석이지

詩人은 詩를 쓰지 않아요
말을 하지도 않지, 굳이 뜻이라면
저 너머에 있는 듯 없는 듯, 내 마음의 빛
그저 소리일 뿐이야, 그림일 뿐이야, 추임새일 뿐이야
버선발 춤사위 얼쑤! 눈송이 하르르
바람결에 으쓱, 오를 듯 내려서
어디로 흐르는

못물의 파장, 원을 그릴뿐이야
내가 저것에 스며드는, 저것이 내게로 오는
빛, 한줄기
그냥 빛인, 그냥 그대로인
눈 밖의 그런 것

내 가슴의 물결 같은, 내 마음의 불꽃 같은
슬픔과 분노, 그저 그런 것
흐름일 뿐이야

칼날

칼을 간다
제비처럼 흑과 백이 선명한

숫돌을 갈아
날을 세워 본다
아직 돌은 많고 칼날은 무디다

빛을 보여주지 않는다
날을 세워 정면으로 바라보는 칼날은
예리할수록 순수하다

언듯

사선을 긋고 제비가 날았다
한 올 미세한 빛이

갯벌에 묶인 어선들

저 무거운 신발들을 벗어 두고, 그들은

다 어디로 간 것일까

깊은 발자국조차 검은 바다가 핥고 간 갯벌에

외짝의 혼백들만 묶어두고

반은 떠나고, 반은 남아 있다 구천을 떠도는 갈바람 부옇게 뭉게구름
경박한 주제를 들고 생각해 본다 이를테면
산을 깎아 바다를 메워버린 그때부터 길이란 길은 끊겼고
사람이면 침묵했고, 사람이면 죽어 있었다고

라스코의 동굴벽화처럼 부조된 일만 년 전의 기호

어쩌면 저것이 詩가 아닐까 휑한 갯벌에 영혼 없는 혼백들만

붙박인 그림 한 장

손 모아 그리는 귀향의 염원처럼 나는 두 눈을 감고

그 신발들의 족적을 그려 보고 있다

못 생겨서 좋은

항아리라 부르기엔 너무 작고 병이라 하기엔 입이 크다. 참게 같은 문양이 장식으로 붙어있고, 무슨 나뭇결 같은 빗살을 그려 놓았다. 아귓입 배 터져라 불룩해야 할 모양인데도 푹, 꺼져 있다. 화병으로 쓰기에는 주둥이가 헐겁고, 그냥 두고 보자니 색깔이 없다. 못생겨도 이리 못생겼을까. 어느 위인이 부러 만들었을 것 같지도 않은, 쌓아 놓고 굽다 보니 이리 채이고 저리 밀려서 운명적으로 일그러졌을성싶다.

신시사이저(synthesizer)의 레이저 빛에 몽롱한, 그러한 밤에 어쩌다 생겨버린 목숨이 불귀의 객으로 사라지듯 족보에 오른 웬만한 도예가의 손길이었다면 세상 구경도 하기 전에 망치질 당하고도 남았을 거다. 천만다행으로 가난하기도 하려니와 마음 여린 도공의 손이었기 망정이지 오만 고상(高尙)이었다면 깨진 조각 날 세워 조각조각 이빨을 갈고 있을지 모른다.

못났기로

아무렇게나 두어도 좋다. 그러다 가끔 들꽃이라도 있어 꽂으면 수줍어하는 꼴이 화장 한 번 못해본 아낙 같고 동전이라도 굴러 담으면 배고픈 강아지 꼴로 배시시 웃는다. 가난하므로 속이 없고, 속이 없으니 아무거나 담아도 좋다. 그게 예뻐서, 착해 보여서 밝은 배경을 하고 다시 또 보면 아무래도 식은 숯가마에서 방금 나온 아낙이다. 하지만 나 같이 초라한 중늙은이라면 살 튼 뱃가죽이면 어떻고 색깔 없어 주둥이만 툭, 불거진 토인의 불룩한 허리면 어떨까. 누군들, 둥근 대칭의 허리선 메끄러운 결을 마다할까만 찢긴 청바지도 개성이라 하지 않던가.

뒹구는 몽당붓 몇 자루 꽂는다.
고픈 눈으로 보면 그것도 제법 작품 같기도 하다.
때 절은 목침 같이 뼈아픈, 세월의 정이라도 들었을까 푹, 꺼져
일그러진 모습이, 못내 안쓰럽기만 하다.

낯선 고향에서

참으로 오묘하다 자연은
크게 자라는 종은 서둘지 않는데, 작은 것들은
서둘러 꽃을 피운다. 좋은 때일수록
그늘 속에 갇혀야 한다는 것을 스스로 알기에
그 작은 몸으로도 한겨울을 쉬지 않았나 보다.
바닷속 환히 햇빛은 따듯하다. 벼랑 가까운 풀밭, 벌써
작은 개미와 벌
반짝, 노랗고 반짝, 까맣다.
앙증스럽다
아주 작은 풀꽃들, 노랑 · 보라 · 분홍의 물방울
흩뿌려 놓은 듯 반짝거린다. 혼곤한
햇빛은 넘쳐 힘찬 해당화 새순, 먹음직스럽다.

막, 얄궂은 생각이 들어 일어서려는데, 이 방의 두 여인
웃옷을 벗어 든 살덩이가 눈 둘 곳 모르게 지나쳐간다. 또다시
우르르 몰려오는 중국인 여자들, 역시 시끄럽다.
관광이라는, 지방경제라는 허울이 산하를 까발리다 못해
이런 해변까지 들쑤셔놓았다.
영리병원이니 영어타운이니 경마도 모자라
내국인 카지노까지는 그렇다 쳐도
공문서까지 영어를 쓰겠다는, 미친놈의 발상!
유대 2,000년 유랑의 길에서 그들의 말을 잃었다면

지금의 세계화나 열사의 전쟁도 없었을 것이다.
그런 글로벌거품이 주저앉고 있는데도
얼빠진 갈매기들이 유람선을 쫓는 진풍경
고향에 살면서 고향이 낯설다.

말 엉덩이 팽팽하게 빛나는 봄빛,
바다에서 늙어버린
우리 누님의 바다가 잔잔하다. 지금껏 나는
바다를 걸어 나오는, 우리 누님의 구릿빛 어깨에 또르르 맺혀
구르는 물방울의
그런 여자를 본 적이 없다.
해송의 뿌리가 줄기차게 파고드는 절벽 수십 길,
저승 문턱을 수천 번 넘나들면서도
억척으로 살았다는 누님의
그 바다가 지금은 앙상한 가지에 백목련.
꽃잎, 꽃잎 떨어져 얼룩뿐인 갈매기 떼 어지러운
콘크리트 방파제가 낯설기만 하다.
물 흐르지 못하고 오던 길 되돌아가고 있다

잠시 앉았다 가는 길

힘들어? 저기 벤치가 있네. 잠시
앉았다 갈까, "콩" 시인!

많이 걸었나 보네, 다리가 아프다.

"콩" 시인, 머릿속 생각이란 것도 무게가 있나 보네. 많이 무겁군.
자네 팔자가 상팔자란 거, 조금 알 것 같네.
본래 아무것도 가진 게 없었으니, 얼마나 가벼우신가.

왜냐고?

응, 어쩌다 잃어버린 손칼 하나라 해도 그 허상은
여러 날 호주머니 속에 남아 있거든.
혹시 자네,
옛집이 그리운 건 아니지? 그런 거
아니지?

아, 수선화

아직 겨울인데 곱게도 피었군. 꽃 속에
노랑 점 하나가 잘 익은 호박 속처럼 곱게 보이네.
그래! 저것인가 보네. 그 어려운

回向이란 거.

한겨울 물가에 피어서, 하나가 또 하나 되게 물속에도 피어서 햇살 따사롭게 하는

물속 은어들, 저것 봐 깜찍하지 않은가. 반짝! 은빛 반짝!
배를 뒤집나 보네 자네의 기분 좋은 재롱처럼. 청둥오리 부부도 함께 싱크로나이즈
!표 하나, 또 싱크로나이즈 !표 둘
고개 들어
슬쩍 보고, 스윽 지나가잖아.

가자고? 그래 가야지. 잠시
앉았다 가는 거지, 언제까지 앉아있을 수는 없잖아

* 回向 : 자기가 닦은 선근공덕(善根功德)을 다른 사람이나 자기의 불과(佛果 : 수행의 결과)로 돌려 함께 하는 일. 회전취향(廻轉趣向)의 준말이다. [사전에서]
* 콩이 : 필자의 애완견 이름.

부모와 자식

가을 가뭄이면 귤은
제 수액을 뱉어 잎을 살리지만, 감은
저 혼자 붉다

잎이 지거나 말거나

(와)

가을 가뭄이면 귤잎은
열매의 수액이라 해도 빨아먹고 살지만
감잎은 저 홀로

조용히 떨어져 버린다

갈릴레오는 죽지 않았다

바람 조금 꺼졌다고 내버렸을 공은, 공터 양지바른 곳에서 오히려 편안하다. 멈춰버린 시간에도 햇살은 있는 것일까. 덕택에 공은 어렵사리 미라가 되겠지만, 나는 앉아서 수평이라 착각한 저 너머로 달린다. 아무리 달려도 내 생전, 다시 이 자리로 돌아올 수는 없을 테지만, 지구는 둥글어 어엿하다지만, 그 존재론적 가치를 두고 갈릴레오는 목숨 걸지 않았다.

기어이 비가 내리려나보다.

비가 내린다. 겨울비 내린다. 공이 젖는다. 문명이라는 기름에 깃털이 젖는다. 검은 새 울음이 흐르지를 못하고 강을 거슬러 산을 넘는다. 끝내 사람이 되지 못한 백혈병 자식을 가슴에 묻고, 한 여인은 술병을 들었다. 삭망을 주기로 밝히던 촛불도 꺼져버린 절벽 아래 갯바위, 여인의 울음은 울대를 넘지 못한다. 근심만 먹어도 살이 찌는 바다가 철철 넘치도록 취했다. 꺼져가는 공간, 여인이 발을 뻗는다. 아아 지구가 젖는다.

아들 하나가 목숨이었던 여인은 아프지만, 내가 아프지만 나는 또 걸어야 한다. 갈릴레오의, 그 지구처럼 바람 조금 꺼져버린 공이라 해도 애써 걸어야 한다. 비가 그치고 하늘이 열린다. 조각하늘의 빛, 그 낡은 조각하늘에 맞서 갈릴레오는 목숨 걸지 않았다.

선문답

은행잎
우수수!

바람찬 길을,
동네 할머니

한 손으론 짚고, 한 손은 허리에
꺼질 듯, 꺼져버릴 듯
내리막 길

"할머니, 괜찮으세요?"

"이 지팡이? 아들보다 나아!"

파도
—정읍사초(井邑詞抄)

달빛이라 하얗기는 눈 내려 하얗거니, 아으 하늬바람!
한밤 내내 쓸어내리고 지워도 곧추 선
바다가 일렁거리는
님아,
머리 좀 비치오시라, 어긔야 어강됴리
아으! 다롱디리

不出來 不出 不出來 不出!

파도 소리 하얗기는 눈 내려 하얗거니, 아으 하얀 거품!
한밤 내내 쓸어내리고 지워도 곧추 선
바다가 일렁거리는
님아,
머리 좀 비치오시라, 어긔야 어강됴리.
아으! 다롱디리

오후

볕 살 따가운 슬래브 지붕 위에
치맛자락 날아갈 듯

흰 기저귀 너는, 풍성한 여자가 있다 팔랑팔랑

그 너머
흰 구름 띄운 송신탑
내 어린 바람개비 하나가 자꾸만 어디론가 나는데
빨래그릇에선가 반짝, 되쏘는
빛

나비 · 아지랑이 · 찔레꽃 · 대평원 · 가리온 한 쌍의 질주

가끔, 고개 숙이고
반쯤 죽은 황룡이 되살아나기도 하는
오후

집집마다 창문
꽉 닫힌 숨통일 때, 나도 한 번
죽어라!
날았으면 싶다

*가리온 : 몸은 희고 갈기는 검은 말

이 절벽에 서면

—서귀포 소남머리에서

1)
저 나뭇가지엔 목이 매달려 있었고
그 밑둥치엔 머리 없는 몸뚱이만 빳빳이 묶여 있었지. 피가 검어
태양 빛을 바라던
목구멍을 파리가 파먹고 있었고
소나무 가지 끝에선 지빠귀가 울고 있었지.

그때 그 소나무
지금도 밝은 날 아침이면
수평선까지 끌어당겨서는 에메랄드빛 파랗게
저 이어도를 바라고 서 있지
그때나 지금이나

2)
하늘이 바뀌면

새싹이 돋고 새 나무가 자라야 할 자리에
돌연변이처럼 천리(天理)를 역행하는 바람도 있는 것이어서
무지한 서쪽 십자가가 대양을 밀어 단층이 치솟듯
냄비 속 끓이던 파도

그 미친 아나콘다의 이빨 무수한
죽창 끝 쑤셔 박히던
우리 누나와 우리 어머니의
이 좁은 협곡

그 처절한 울부짖음의 동백꽃은
시들기도 전에 뎅강, 뎅강! 떨어졌었지
하늘도 없던 그때에

3)
소나무 등걸의 거북등

손등을 흐르는 핏줄 누대(累代)가
성근 돌담을 쌓고 살던

저 돌밭 사이로

피가 흐르고 있다.
백록담 터져 치솟은 마그마가 흘러내리는 동안
붉었던 피가 하얗게 변해버린

4)
드르르 쾅!
4 · 3 때에 미쳐버린 파도가 지금은
이 높다란 절벽을 무너뜨리고 싶어
가슴을 치면서 울고,

돌아서면서 운다. 이제 그만
날고 싶다.

수평선 끝까지 두 날개를 펴고

새가 운다.
천 년 한을 품은 듯 검은 새가
벼랑 끝에서 운다.
솔잎에 꿰인 이슬방울처럼 숨빗소리!
숨 막힐 듯 바람개비가 돌아, 섬을 돌아들어도 지금은
바다가 무서운 뱃고동, 부우우!

5)
늙은 해녀가 노을빛을 이고
내 품는 소리,
산으로 오르던 소리가 다시
산허리를 타고 내려서는 바람, 바람 한 떼가
솔잎을 흔들어
이어싸, 이어도 사나, 이어도 하라!

그때나 지금이나
저 소나무에서는 하얗게 굳어버린
피의 송진만 흐르고, 아는 듯 모르는 듯 먼바다는

아득히 푸르기만 하다.

* 소남머리 : 소나무 머리(정방폭포 서쪽에 협곡을 끼고 돌출한 절벽).
* 하라 : 많더라

알토란 하얀 맛

저 닮은 맛이다
그저
하얀 맛

숯검정으로 구워도 속살은
하얗다 익어서 물렁하고 익어서, 더욱 하얗다

맛있지?
아니, 할머니 맛없어!
토란은 나이를 많이 많이 먹어야 맛을 안다 살다 보면
오래오래 살다보면
속살
멀건
맹탕 맛이 참맛이란 걸 안다

에, 거짓말!

그랬다, 옛날에 할머니는

박꽃이 필 무렵

초가지붕에 박꽃이 피던 때입니다.

산허릴 두른 구름 위로 삐쭉이 곧추선 산정, 동백꽃 온통 핏빛인 노을 속에 산봉우리는 온통 죽창으로만 보이던 때가 있었습니다. 그 죽창 끝에 낮달이 걸리면 덩굴손 피맺히도록 박은 한사코 지붕을 타고 오릅니다. 죽창에 찔려 만신창이가 된 박꽃, 자꾸만 불어가는 달덩이 하나 지우고 싶어 지붕으로만 오르던 그녀.

그때 그녀가 먼저 낳은 아이들은 골목길 어귀에서 놀았습니다. 사내애들은 사방치기를 하고 계집애들은 고무줄놀이를 합니다. 계집아이들이 통통 나를 때마다 고무줄에는 박꽃이 피고 찰랑대는 머릿결 위로는 낮달 하나씩 걸립니다. 박꽃이 피면 노을빛 하늘은 어김없이 저물고, 저물면 어디선가는 불길이 솟곤 하였습니다.

참새 몇 마리 초가지붕 위에 앉았습니다. 굵은 집줄 마디마디에 박꽃이 필 때쯤, 또 다른 참새들이 어디서 날아와 조잘댑니다. 은밀한 소문은 어둠으로만 날아서 골목마다 흐르고, 그러면 그녀는 한사코 지붕 위로만 올라갑니다. 올라가 잎 사이에 숨어 아이를 낳아 살았습니다. 그녀가 낳은, 이름 모를 박 덩이도 자라서 어디론가 떠난 후 잊을만하면 마실 물조차 끊기던 참담함, 그녀는 그렇게 60년을 살았습니다. 기력마저 쇠잔한 삭정이 다리로 기도를 합니다. 맑은 물 한 그릇에 별빛, 달빛을 담으면 박꽃이 핍니다. 기억조차 희미한 달덩이 하나 어른거려도 그녀는 두 손 모아 기도합니다. 4.3의 줄기마저 말라버린 그 위에 까닭 모를 연좌제, 그게 죽기보다 싫었지만 그래도 그녀는 기도하며 살았습니다. 그 족쇄를 차고 아비 죽은 자식들도, 어미 슬픈 자식들도 억새는 억새입니다.
이름 없이 쌓은 돌무덤 위에도, 철모르고 날뛰다 묻힌
西靑의 돌무덤 위에도
억세게 질긴 뿌리는 억새꽃을 피웁니다.
아, 4.3입니다. 백두대간의 조각난 등뼈들은
노을빛이 되어 그녀의 살 속으로 파고듭니다. 동백꽃 붉은
죽창 자리에 신경은 늘 당겨서 누워 있어도 노을빛은
저들로, 산으로 술기운처럼 퍼져갑니다.
신화보다 더 질긴 4.3의
그 이름을 사람들은 애써 잊으려 합니다. 잊고 싶지만
역사는 그녀의 편이 아닙니다.
그래도 그녀는 해마다 박을 심었습니다. 지금은
박꽃이 피면 예쁘기만 한 달덩이가 지붕 위에
둥실 걸립니다. 지금도 그녀는
아픈 달덩이 하나 보듬어 안고 살아갑니다. 죽어서는
용서가 안 되겠기에, 살아서 용서하고
또 용서하며 살아야 하겠기에

가을비는 내려서

하늘인 듯 바다인 듯 허공에 배는 떠 있고, 조용히
찻잔 내밀어 줄 손 하나 없이 가을비는
종일을 내려서
주름살 깊은 골을 따라
솜털 구멍 속으로 실실 스며듭니다.
노랗게 익어 가는 귤밭을 넘어서면 사람 사는 곳. 지금은
해 숨은 하늘이 때 아니라 불빛 하나 없지만
빗금을 칠 것까지야 없지 않느냐 하는 인정(人情)이면
얼마나 좋겠습니까만 빗살은 보이지 않고
간간이 지는 낙수.

모두가 낡은 것뿐이라, 어이없어
딱지 한 장 붙이지 못하고 집달관은 돌아가면서
어차피 죽은 목숨, 그냥 두어도 저승 문턱인데
괜한 발걸음이었다 하겠지만
방울방울 맺힌 이슬이 백팔염주인 양 여승의 숨소리를 듣고
징징거리던 아이는 울음을 그쳤는지
바람 한 점 오지 않는 귀 속인데도
열차 소리는 들리고,

나 어디로 자꾸만 달려가는 가을비는
종일을 내려서
동글동글 배란다 창틀에 매달려 반짝이는 방울이, 오히려
이가 시리도록 가을 하늘입니다.

대숲에 이는 바람

땅 밑 흐르던 물 그만 어긋나 용출(龍出)!
어미 살 껍질, 결결이 찢어발긴 죄 까맣게 잊고
꽃길, 불길을 하얗게 태워버린 대나무
속 빈 강정이다 댓잎 바람 으스스
갈비뼈 하나 없는 자리가 시리다
돗자리 한 장 펴고 눕는다
꾹 눌러두었던 모란꽃 한 송이, 그 남은 온기마저
사위어버린 냉기가 바닥으로만 흐른다
대숲을 흔드는 달빛의 조각하늘 아리하도록
제 속 칸칸 감추어 두었던 바람의 젓대 소리가 끝가지에서
모른다 모른다 사랑과 미움의 샛강은 모른다
고집하던 강물도 안데스를 넘는다 세월은 흐르고
잉카의 제단에 흩뿌린 눈물
노모의 촛농도 굳어버린 장독간에 청정수 한 사발 떠놓고
댓바람 휘둘러 때늦은 화심(花心)을 그려본들
달빛 베어 문 입술엔
나비가 들지 않는다 모란꽃 한 송이
모른다 모른다 샛강은 모른다고
땅 밑 흐르던 물 그만 어긋나
솟구친 물이 뼛속까지 아프다
달빛 안고 내리는 눈발의 빗금 무수히
백 년뿐인 대나무

나도 목이 길다

1)
공짜 달력에 찍힌 '천경자'
하나같이 목이 길다, 나도 목이 길다. 목 빠지게 무엇을
기다리라며 처음부터 그리 그렸나보다.

눈도 크다 산 노루 눈동자
그 눈망울 같은 남태평양에 "한라산"이면 어떻고
"피지"면 어떠랴.

피지도 섬, 한라산도 섬이다.

이것들은 모두 한바다의 배꼽 같은 섬, 영주(瀛州)

휴화산도 때론
폭발하는 수가 있다.

2)
쓰레기 집하장, 흙속에 묻힌 시계를 주워들었다.

시대가 첨단이므로
다시 살아날 것만 같아 목숨 줄을 찾는다. 점 5볼트짜리
녹슨 전지 하나
콘크리트 바닥에 문지르고 채웠다.

야, 희한타!

희생(犧牲)이 피를 흘린다고 죽은 게 아니라 하는데, 과연
도깨비 불인가보다. 되살아 팔팔하다.
그 어느 날, 어떤 섬처럼

그때, 그 섬은 휴화산이라고 하였다. 나는 깃대 한 번
딱, 한 번만 꽂아보자고, 꽂아보자고
하여
꽂았는데
미치고 환장하게 폭발하는 섬이었다.

죽은 것이 보이면
한번 쯤 살려보고 싶은 손버릇
지금도 여전하다.

3)
목이 긴 죄가 크다.

공자가 목 길게 조아리며 노자에게 예(禮)를 물었다. 노자 왈
앞으로, 네놈의 죄가 하늘을 찌르리라!
네놈의
그 긴 것을 조심하렸다.

똥 눈 자리를 다시 보아도

기어이 마렵다.
산길 오르다 말고 터를 찾는다. 숲 속으로 몇 걸음 더 들어간다.
아침에 미결로 두었던 것인데

청룡 백호가 그럴듯해 보이는 금계포란형(金鷄抱卵形), 금닭(金鷄)이 알을 품은 듯 오묘한 자리에 섰다, 보니 좌청룡이 기운차게 뻗어 내렸고 우백호가 여인의 허벅살처럼 부드럽다. 그만하면 되었다 싶어 발끝으로 툭툭 부엽토를 걷어내고 엉덩이 까 내렸다. 일거에 묵직하던 것을 한차례 비우고 나서 눈 들어 대평원을 건넌다. 바다가 아득하다. 판유리처럼 평평하다고 생각하던 바다가 반원을 그린다. 그득 담긴 그릇이 곧 넘칠 듯 오롯한 수평선. 산으로 오를수록 바다는 둥글다. 장풍차지 득수위상(藏風次之 得水爲上)이라 하던가, 바람 짓궂다 생각하면서도 급한 김에 터를 잡았는데 앉아보니 바람도 아늑하고 멀기는 해도 바다가 보이는 전망이면 물을 얻은 것이니 썩어 흙이 되어도 평안하겠다.

사람이 시급한 것을 풀어내면 이리도 한가한 것인가, 햇살이 청태(靑苔)에 맺힌 이슬방울을 꿰었다 풀었다 새서방의 손길이다. 새(鳥)서방이라. 황제의 아들이며 신농의 둘째 사위이기도 한 "소호 김천"*의 족표(族表)가 새가 되고 삼족오가 되었다가, 다시 봉황으로 대통령 휘장이 된 내력이 무얼까 하고 곰곰 생각하고 있는데

아, 이런!

어디서 날아왔는지, 이 깊은 산중에 똥파리라니.

청록색 턱시도가 지렁이 파란 줄처럼 윤기 자르르 빛나는 것이 어느 집 귀한 자손 같다. 똥은 똥끼리 모이고, 돈은 돈끼리, 물은 물, 불은 불끼리 모이는 것도 세상 이치인즉 갈 빛살에 모록이 쌓인 송신 안테나가 냄새를 실려 보냈나 보다. 번지르르한 것이 두 손 싹싹 빌다가도 똥을 열심히 핥고 있으니 너도 별수 없구나 싶다.

가난이 부자가 되면 똥같이 똥에 환장한다는 옛말에, 벼 한 섬에 한 되가 모자라자, 한 되 가진 놈에게 그것 내라 한 섬 채우게, 하니 없는 놈은 있어도 살고 없어도 살 수 있다면서 눈치껏 선뜻 내주더라고, 소작 부쳐 먹는 것도 서러운데 푼돈 '직불금' 이란 것,

그것도 괴기라고 삼킨 코끼리만 한 쥐새끼들도 많다는 보도.

일어나 다시 보아도 기가 막힌 것은, 신기하게도
새 둥지와 닮았다. 다시 둘러보니
좌청룡 우뚝 흐르고 우백호 가랑이 사이에 금빛 닭이
똥을 오롯이 품은 형상이라니.

* 藏風次之 得水爲上 바람 감추는 것은 다음이고, 물을 얻는 것이 먼저이다(금낭경 錦囊經).
* 소호 김천(少皞 金天 기원전2474~2468) 중국 시조 황제 헌원의 아들,

일몰(日沒)

임종을 앞둔 숨소리가 있다
삭풍(朔風)을 머금어 천근 무게로 다가서는
구름, 얼마 남지 않았음이다
"1812년"의 메시지
대포가 울리고
대평원으로 몰아가는 말발굽소리
음악이 있어야 할 곳에 전쟁이 있다
둥둥둥!
아라비안나이트
저 처절한 것은 내가 아니다 내가 돌아
오히려 저것을 탓하며 죽음을 거부하는 오만
사위어가는 불꽃은 반짝하기도 한다
눈물의 바다에 여명으로만 남은
노을빛, 아라비안나이트

시드는 꽃잎은 내일을 잉태한다고 하겠지만
終
天
언제나 아름다운 것엔
티가 있었다

촛불 · 2

속으로 솟아야 샘은 청정(淸淨)하겠고 겉으로
넘쳐야 흐름이 된다. 물이란
스스로 흐름이라야 생명이듯 불꽃의 삶이란 태워야 세계를 밝힌다.
저 개천시대의 원시복본(原始複本)이 고향일까만 문득
내 어린 할머니가 그립고
그 할머니의 산과 바다가 그립다.

누워버린 폐선이, 그 이력과 같은 헛바람소리 있음도
아직은 살아있음인데 불꽃 흔들리면
제 속을 바로 못 삭이듯 산정에 앉은 까마귀도 문득
산이 무섭고,
호수를 날아도 물속이 무서운 기러기.
天下大將軍, 地下女將軍
솟대 하나 세워 삼계(三界)를 들락거린다 한들, 때에 이르면
미추(美醜)라 하든, 선악(善惡)이라 하든
문득 떨어질 나뭇잎 하나
순풍에 돛을 세워 어디든 가긴 가야 하겠지만
어디서부터 시작인 줄도 모르는 바퀴가 길이어서
굽은 길 걸어도 돌아감이며 곧은 길 걸어도 돌아감이다.

하늘을 본다. 별빛 무수히

성인군자의 별, 어미 아비의 별, 사랑과 미움의 별 밝다 어둡다 한들
가깝거나 먼빛일 뿐, 거기에 무슨 뜻이 있을까.
나무 한 그루 뜰에 심어 돈오점수(頓悟漸修)라 하고, 나무 한 그루
무참히 찍어내 돈오돈수(頓悟頓修)라 해도
내 모르는 별빛은 불가사의하고
타다가 꺼져버려도 촛불은 不可思議하지 않던가.

* 돈오점수(頓悟漸修) : 단박에 깨친다는 점에서는 돈오돈수와 같지만, 깨치고 나서도 점진적으로 수행하여야 깨침의 경지를 유지할 수 있다는 점이 다르다(두산백과 참조).
* 돈오돈수(頓悟頓修) : 불교에서 단박에 깨쳐서 더 이상 수행할 것이 없는 경지를 이르는 말이다.

책이 말한다

1)
좀이 쳐
누렇게 흐르는 강물이 썩었다고 말하는 너희는
나루터의 뗏목을 보았는가.
강 건너
장자가 구름을 타고 히죽거리는 입술, 멀리
천추(千秋)를 한으로 만든 공구(孔丘)가 허리 굽힌 그것을 밟고
플라톤의 동굴 속 그림자나 베끼는 서구 지식의
신개념

'악법도 법이다.'

마르셀 뒤샹의 변기를 닮은 단테의 하늘 아래
프로이트가 어지럽다.

2)
중국상술과 유태상술의 세계에서
파김치가 된 너희가 날마다 쳐다보아도 카프카의 성벽은 잿빛
그 성벽 위에 앉아 우는 까마귀처럼 나는 이렇게
백골로 누워
너희를 바라볼 뿐이다
이 강을 건넌 자가 있던가, 내 기억으론 아득하다.

너희 중에 나를 찾은 것은 그 시커먼 손끝뿐
낱장마다 쌓인 곰팡이를 보면서도 너희는 진정
슬픈 가슴의 눈은 아니었다.

이 강가에 서면 산이 있고, 이 강가에 서면 바다가 있다.
백 년을 기다려 후세 천 년을 그릴까, 천 년을 기다려
전세 만 년을 그릴까.
어쩌다 나를 찾는 이가 있다면
내 그를 기려, 이 강을 건너게 하고
나는 바스러져 부서진다 해도 아깝다 하지 않으리. 건너면
내버릴 한낱 방편이라 해도

*'악법도 법이다' : 1995년까지 국민상식으로 교육받은, 이 말은 "소크라테스"의 말이 아니다. -박홍규 지음. 『소크라테스 두 번 죽이기』p.77. (필맥. 2005).

호수면

스샷! 칼날을 문 제비가 강남을 향해 가르마를 긋다 한 줄 선

줄줄이 꿰인 바람개비의 태극(太極)!
무수히 돌아
잠시
가슴은 뛰었으나

그 후 17년
달빛이 들면 달맞이꽃
날빛이 들면 나팔꽃으로 핀다
이 가슴에

물 위에 어릿어릿 붉은 산, 님은 어디에?

가랑잎 하나

황포돛대 세우고
물안개 속으로 미끄러져 가다

세탁소에서

헐거워진, 이 가죽을 빨고
백도를 넘는 뜨건 김이라도 쏘여 다리면
낯가죽이라도 빳빳하게 두꺼워지지 않을까 해서 들어선 세탁소
순간, 머리 없는 귀신들이 등골 오싹하게
도축장 작업 벨트에 걸려있다.
핏물 뚝뚝!
떨어질 것만 같은
미국 소 싫다고 냄비 끓일 때가 언제였을까 싶은데
죽기 싫다고 버티던 얼굴, 먹어도 당장 안 죽는다던 낯짝
그들의 머리는
다 어디로 간 것일까.
아무래도 소대가리는 저들끼리 모여서 美통령 취임 잔칫상에 올릴
엿물 달이고 있거나, 송곳도 안 들어갈 작은 구멍으로
무슨 꿍꿍이를 끓이고 있을 테고.
꼬끼오, 꼬꼬댁거리던 닭대가리들은 또 어디로 간 것일까.
언제인가, 발가벗은 몸뚱이가 도계장 라인에 걸려
돌아가는 것을 보면서
어째, 저렇게
묘하게 예쁜 몸뚱이에 머리가 없을까 하는
어림 반 푼어치도 없는 생각으로
길가는 한 마리 구슬려 푹 삶았더니, 처음엔
오동통, 부풀어 오른 뱃살을 허겁지겁 먹다가 된통

가시뼈가 목에 걸려 망해본 적도 있지만
그래도 머리 있는 것보다는
머리 없이 발가벗은 통닭이 훨씬 단맛이라 그리운 것은

능구렁이가 왕개구리에게 꽉 물려 먹힐 때처럼 찬란한 환상의, 그 머리 검은 짐승의 속물근성이라니.

한사코 나뭇가지에 늘 붙어 팔랑거리는 가랑잎
아니야, 아니야! 손바닥
엎었다 뒤집는 수화도 말이 안 되는 요즘
이넘의 머리는, 또 어디로 간 것인지 괜한 짓거리로 시간만 죽이는 텅텅 빈 껍질을, 오늘은

푹, 숨이 죽도록 다려보기는 하겠지만

죽어도 깜빡깜빡

송신탑 빨강 점멸등 깜–빡–깜–빡
on–off의 창세로부터 있는 낮–밤, 그 옆에
형광 꺼지지 않는 십자가
길이 보인다 점선 그래프의 가로등 누런,
황색의 약속을 무참히 깨부수기도 하는 자동차의 길, 사람의 길
깜빡깜빡 수만 '기가헤르츠' 의 초고속
폭주하는 오토바이, 그보다 더 돌아버린 술
단속 그물을 피해 거꾸로 도망치던 놈이 폭주족 하나를
세상 밖으로 날려 보낸다 정면충돌! 깜빡깜빡
여보세요, 사고 났어요!
무한직진의 영원 속으로 원 없이 달려가고 있을 폭주, 페이드아웃
깜빡이 꺼져버렸네요. 일찍이 노인이 가로되
'有無는 相生하고 앞과 뒤는 서로 쫓느니…….' *
그러게 無의 '깜' , 有의 '빡' 이 하나가 되어야하는 불빛, 가끔은
미쳐야 돌아가는 영원의
깜깜한 세계, 현묘(玄妙)한 세계
이미 불 꺼진 십자가가 하늘을 받치고 지탱하는 세계
한사코 깜빡깜빡, 죽어도 깜빡깜빡
방송국 송신 안테나

* [有無相生 … 前後相隨] 有와 無는 서로 생기고 … 앞과 뒤는 서로 쫓는다. 노자[왕필본] 장2.

'날다' 의 날(日)과 지구

개구리가 뱀을 잡아먹고 있다

그 꼴을
보다가 참지 못한
새가 지구를 물고 날았다

이걸
놔버릴까
말까

생각 중인데
"생떽쥐페리"가 한마디 하였다
그걸 놔버리면 "어린 왕자"는 어디서 죽느냐! 하니까
새가 말했다
어차피 뱀도 없는데 무슨 상관이냐, 꼬박꼬박! 이죽거리다가 그만
지구를 놓쳐버렸다

그 후, 날마다
새는 날갯죽지 찢어지도록 허공에서
퍼덕거리기만 하였다

등대

앞서거니 뒤서거니 때로는 나란히 걷다가도
큰길 모퉁이 돌아들면 불빛 휘황해 내 그림자 잊어버리는 거리.
외투 깃 꼿꼿 세워 걸었던
젊음이 죽고 젊음이 사는 골짜기, 어디엔 없었을까만
잇몸 시릴수록 마디 굵은 손의
먼 이야기처럼 허름한 목판에 고기 한판과 소주 한 병.
불판에 굵은 소금 쳐 톡톡 튀는 알갱이, 당신은
어디에도 있었고, 어디에도 없었지.
졸던 파랑 불꽃이 일고 있네요. 탄 구멍 벌겋게
불타는 태양의 재단에서 기름이 녹아 흐르는 강 건너로
새 한 마리 날았어, 술병 그림자 커다란 콘도르
두 날개가 떨고 있네요, 내 손바닥새. 어언 16년,
로키산맥을 넘어버린 새가 금빛인 줄도 모르고 어언 16년.
하늘과 땅 사이에 가로누운 선, 수평선
돌문이었어, 꽉 닫힌.
맑을수록 꽉 깨문 입술이 선명한
저 너머로 당신과 나는
이것과 저것의 사이가 되어 버렸어, 지금은
섬
문틈으로 새어드는 바람의 찬 기운을 느끼면서도
홀짝 마시는 버릇 여전해
설익은 쪽을 뒤집어도 까맣게 타버린 한쪽
섬이었어, 창망한 바다뿐인 섬이었어. 깜깜할수록
불빛 더욱 치켜들어야 하는 나는

식은 찻잔의 추억

방금 마셔버린 빈 커피잔을 감싸 쥐었다. 따뜻하다.
시린 손끝에 전해 오는 온기
서서히 식는다. 이 찻잔을 가져온 여인의
흔한 기성품이긴 해도 제법 황토잔이란 이름이 붙어있다.
한 줄 넝쿨에 포도잎 두 장과 포도알 다섯씩 한 쌍을 양각한
사십 대 그녀를 닮은 허리선,
태호복희의 뱀처럼 꼬인 무한궤도의 손잡이.

그 의미가 무엇일까? 그녀의
지적 호기심이 그리던 것은 무엇이었을까?

오로지 자신밖에 모르는 인심, 수선화 뿌리를 연상케 하는 이기, 자판 커피 한잔이 인연이 되었던 여인, 눈이 내리고 있었다. 차창을 온통 가리며 눈 펑펑, 쏟아지던 그 겨울의 데이트, 오도 가도 못하는 산과 바다가 있는 곳에서 킬리만자로가 혀끝을 녹이고 있었다.

섬뜩하도록 불같던 여인의 눈, 활활 타고 있었다. 수년 말린
장작개비가 일시에 불이 붙은 계곡.
용암은, 웅녀의 동굴을 만들면서도 흘러가고 있었다. 바다
너울에 실린 배, 산 같은 파도가 천지를 끌어당긴다. 깃발 나부끼다
꺾여

부서지는 파도, 아!

여전히 함박눈은 펑펑, 군무(群舞)를 추고 있었다. 할딱이는 바람, 바다에선 보얀 물안개가 서리어 오르고 있었으나, 세상엔 아무도 없었다. 댕! 눈발에 실린 산방의 종소리, 아스라이 멀어져가고 있었다. 눈 무덤이 되어버린 자동차 하나를 안고

그래, 그런 것이었을까? 두 잎의 원앙
태호복희의 사랑, 열 알의 둥근 하늘(一圓相)을 꿈꾸던 여인의 완만한 허리, 잠깐 사이에

식을 대로 식어버린 찻잔의, 그 실없는 실루엣

겨울 그림자

남쪽 바다로만 떠서 바다로만 지는 해를 사랑한다
동남에서 남쪽, 그리고 서남으로 지는 해
베란다 창문 옆 앉은뱅이책상
앉으면
모로 구부정 그림자,
그는 로댕의 생각하는 현무암
구멍 숭숭 따뜻하다 오른쪽 귓구멍 통해 드는 빛
그의 퍼포먼스는, 저 어디로든
떠나고 싶은 출항의 깃발, 바람 들면
피카소의 게르니카처럼 조각조각 절규하는
모자이크 이야기

바다로만 떠서 바다로만 지는 겨울 해, 방안 가득 겨울 해
그 아련히 붉은 가슴 속 어딘 듯 핏덩이
동백꽃, 동백꽃 떨어져 붉은
잔설 위에
그 누구를 향한,
그 누구를 위한 그 무엇도 아닌

한겨울 그림자

흔들리는 촛불

꼿꼿한 줏대를 태운다 색깔 없는
色을 태우는 불꽃, 흔들릴 때도 있다
샛별처럼 서늘한 울음의 강
저절로
흐를 뿐이다
한 마당의 몸과 마음
함께 불사를 수밖에 없는 불가항력의 슬픔도
꺼져서는 안 되겠기에 불꽃은, 제 심지까지 태워야 한다
흔들릴수록 세차게 떨어지는 폭포, 어언

바다가 보인다

쥐띠 해가 저물고 있다 불꽃은
제 열기로 녹인 우물에 빠져 명줄을 마감하겠지만
태워야 한다 낮게, 좀 더 낮게 태울수록 불꽃은
저절로 안다
제 발밑이 환하다는 걸

문득, 그것뿐

언어라는 것

닻줄이 굵을수록 바다는 거칠다.
곱슬머리 땋은 줄 속에 다시 꼬인 줄, 토인의 입술 두툼하도록
혀 꼬인 종족들의 세계,
"체 게바라"의 말처럼 백두대간의
"광복과 혁명은 있었어도 핀셋은 쓰지 않았다."
전이된 암 덩이가 손댈 수 없을 때 의사는 덮어버린다
일제 36년의 가면과 언어의 암 덩이들, 해를 향해
손바닥 뒤집고 있다.

한 시대의 성인들은 죽었고 남은 것은
그들이, 그 시대가 쓰다 버린 쪽박들뿐, 유통기한이 지나 버린
神은 있지 아니하다. 전지전능하다는
소리와 음, 기호와 상징의 시쳇더미 위에서
꼬인 언어가 굵은 닻줄일 때

차라리 태풍이 이롭다.

터질 것만 같은, 이 관념의 세계
천지개벽이라도 된다면
쥐가오리 유유한 하늘엔 바다가 떠 있을 것이다.

* 체 게바라(Che Guevara, 1928~1967): 아르헨티나 출신. 사회주의 혁명가, 정치가, 의사, 저술가, 쿠바 게릴라 지도자이다.

독야청청

기운 사발에 담긴 물이라고 수평을 잃을까요, 눈 내려
모두가 여백인
하늬바람 드센 냉골이라 해도

얼음장 밑 물고기

걱정하지 말아요.
기막히게 좋은 세상이지요. 새 옷 같은 헌 옷은
얼마든지 있으니까요.

춥지 않아요.
그대가 멈춰 둔 시계는 먼지 하나 없이 여전하고요.
광풍노도라 해도
그 탄탄 반석 위에 시퍼렇게 푸른
대나무 속

텅, 비었어도 꺾이진 않겠지요.

잔디

마구 밟히지는 말고

조금만

그렇다고, 웃자라지도 말고

바닥에 누워야 아름답다는 것, 그 것
보얀 이슬의 솜털일 때

잔디,
끈끈한 잔디

아주 밟히지는 말고

돌하르방

얼굴 하나 가득
동공 없는

눈

한자리에서
천 년, 혹 만 년

백태(白苔) 낀 세월의
이는 듯 입술로 말없는 당신은
태곳적 전설

어쩌다

철책 속의 어릿광대로
저 먼 이어도를 향해 마음뿐인 당신은
한 아낙의 사랑일 뿐

지천으로 쌓였던 돌은
바람으로 날려

세상이 바뀌었다

가난을 쓰지만

1)
누가 또 '가난이 자랑이냐!' 하겠지만
그 비아냥거리는 입보다 내가 더 부자인 줄을 안다.
냉골을 깔고
바람과 함께 살지만
가난에 쫓겨 불타 죽는 자들을 사랑했지만
그래도 나는 부자이다.

"얘야, 가난은 자랑하는 게 아니란다."

우리 어머니의
우리 할머니의, 우리 누님의
목소리가 아니기에 슬픈 것이다.

2)
몇 년째 보일러가 고장이다.
그것도 모르는 동생이 기름통 가득 넣어주면서
제발, 불 때고 살라 하였지만, 어쩌다 또
기름 쿠폰을 보내왔지만
보일러보다 더 낡은 내 몸이 소중하기에
문 열고
창문 열고 산다.

폭포를 거슬러 온 바닷바람과 햇살을 들이고, 밤이면
하늘의 별들과 달을 방안에 들여놓는다.

저 무한한,
저 유한한 세계와
하나가 되고 싶어서이다.

아비의 고집을 아는 딸년이, 애써 사 들고 온
모란꽃 넉넉한 이불을 덮고

3)
퇴행성 관절이던 싱크대
PB 문짝이 습기를 먹자 기어이 떨어져 나간다. 그 속의
곰팡이와 바퀴벌레는 괴로울 테지만
벽 하나 없애고
바람 들이는 일이고 보면
돈도 힘도 없는 시인이 할 일이란, 이런 것이나 찾아
쓰는 일이다.

"움베르토 에코"의 섬처럼 마주 보면서도
어제와 오늘, 너와 나라는 경계가 역사라면 거리를 두고 싶고,
포도 넝쿨처럼 면면한 백두대간
그 골짜기를 흐르는 강물이 가난이라고 해도

詩의 흐름이라면 발가벗고도 좋아라,
살 붙이고 싶다.

한겨울 담벼락을 의지하고 핀 민들레가 아무리
철이 없어도, 그 작은 생명의
줄기찬 근성을 사랑하고 싶어서이다.

회오리

바람 세차다
나뭇가지들, 야자수 가지들이 부러져
허공을 난다 온통 휘감겨 오를 듯 회오리, 누구의 손짓일까
파도가 줄줄이 거칠다 해송의 가지마다
숨소리 새새거린다

외항의 어선들
묶인 망아지처럼 위태하다 그래도
태양은 빛나서 太虛의 하나는
하나를 낳고, 하나와 하나가 둘이 되어 셋을 낳는
0 · 1 · 1 · 2 · 3 · 5 · 8 · 13 · 21 · 34 · 55 · 89 · 144 · 233…… 피보나치의 파장, 거친
바다에 서면
한 어머니가 보인다 펜타그램(pentagram)의 소용돌이
저 먼 은하의 회오리 속
그 어디쯤으로 빨려 들어가 다시 평온을 이루는

1.618…… 의 세계,

창조를 위한 황금비의 여신

어머니

당신은 위대하시다

새 운다고?

노래해도 운다고 말하는 너희 조상은
얼마나 슬픈 족속이냐.
울어도 울어도 울고만 싶더란 말이냐. 무슨 한이 그리도 많더냐.
물 마른 강바닥에서 허적거리는 물고기, 누런 황사의
초목들과 땅속을 기는 벌레들
그들의 울음, 그 울음을 들어 보았는가.

너희는, 그 미물들을 쫓는다고 육환장(六環杖)을 짚는다.

두 발에 밟혀 죽는 것 적어서
지팡이 굽 하나 더하는 선지식이란 자들의 아이러니
특별한 너희, 인간들
미물에 물려 죽을까봐 두렵더란 말이냐.
'한 방울의 물속엔 구억의 벌레(一滴水九億蟲),'
매일 수억의 목숨을 한 입으로 마시는 죄업이 슬픈 것이냐?
노래는 울음이라 하고, 정작
기름을 뒤집어쓴 울음이면 노래라 하는 너희.

호로로 피죽, 쪼를 짹짹 각각각 핏조오핏죠 국국국!

운다고?
운다, 울고 있지만 우리에겐 눈물이 없다. 네 조상의
조상 적부터 태양을 위한,
너희 인간을 위한 문명엔 눈물이 없었다.

푸줏간 여인

살을 저며 꽃을 만들고
살을 저며 '달리'를 그리는 예술가, 여인은
아침마다 쓰윽쓰윽! 문질러
숫돌을 갈며
제 몸에 날을 세운다
아름다움이란 칼에 몸을 대는 일, 여인은
예리한 칼날을 사랑한다 쌍꺼풀을 긋고 콧날을 세웠다
오겹살도
기름을 발라내 삼겹살이 되었다며
살꽃 접시에 활짝 핀 웃음으로 매대에

조명을 밝힌다

핏빛 · 불빛도 하루가 저무는 동안, 여인은
꽃 같은 미소를 팔았을 뿐
'달리의 시계'와 '달리의 고깃덩이'는
또 '달리의 개미들'이 끊임없이 조각조각 떼어내
저들 집으로 흩어져갔다
시장길 건너
송신탑 높다란 하늘은 장밋빛, 여인은 날마다
예리한 날에 몸이 베이면서도 핏빛,
순수한
칼날을 사랑한다 숨이 턱, 멎도록

창이란 무엇일까?

곰곰 생각하면서 창가에 섰습니다.
집의 눈은 창, 나의 창은 눈. 술이 좀 되기는 했지만
어디 좀 보자. 窓
움집(穴) 가운데에 구멍(口) 있다.
그것이 마음(心)이라는 뜻, 그럴듯하지 않습니까?
눈구멍을 통해 세상을 본다. 아니 세계를 본다고 해야 할까요.
비행기를 타도, 버스를 타도 창가를 좋아합니다.
잘난 놈이든, 못난 놈이든…….
그 구멍 말예요. 窓, 남자는 기껏 송곳 구멍인데
여자는 혈(穴), 향그런 섶 폭신폭신 움막이지요. 해서
가끔 미쳐도 볼까 하고 생각은 있지만, 그게 또
물리적으로 그렇지가 않다는 것.
해구신(海狗腎)이든, 산삼이나 녹용, 그런 것보다 더 좋은 게 있지요.
지금 이처럼 앉아서, 아니 창가에 서서
골 때리는 짓 말고
어부 노릇 하든지, 몸 막 굴리는 막노동을 하든지, 해야
팔뚝에 심줄이 잘 서거든요. 그래서요.
전 친구들 만나면 잔머리 굴리지 마라, 더해서
먹물 쌓지 마라! 나처럼 홀아비가 아니거든
낚시라도 하든지, 길바닥이라도 쓸든지, 하라!
생각, 생각. 또 생각, 생각. 먹물 늘어날수록(경험이지만)
오뉴월 소불알, 신경질 나거든요.

창은 무지 많아요.
현대의 창, 과거의 창, 너의 창, 나의 창, 수도 없지만, 오늘은
창을 통하여 나를 보자!
쥐뿔도 모르는 것이 점잖은 척, 시는 무슨…… 해서
낼부터는 좀 더 재미나게 지내자는 이야기지만
누가 또 곱게 늙어라! 할 것도 같거든요.
창 열면 다 보인다? 보입니까? 전
활짝 열어놓고 살아도 신경질나게 잘 안 보입니다.
창 넘어 보이는 저 건물들의 창은 모두 난수표 같거든요. 주태백의
588로부터 315, 419, 516, 518, 615, 이런 숫자의 원관념은
오빠, 누님, 부정, 혁명, 쿠데타, 항쟁, 선언
뭐, 이런… 아, 누가 "막, 밀어붙여!" 하는 것도 같습니다.
저기에 믿지 못할 회색분자가 하나 있거든요.
성은 '민' 이름은 '주' 해서 '민주'
아무 데나 붙는, 이년이 진짜 걸레거든요.

창,

구멍인데 벽창호입니다. 지금은
꼭꼭 닫힌 창문이 넘 답답해요. 활짝,
열어놓고 살면 정말 좋은데

산길

오를 때
등 뒤에서
잡아당기던 헛것들
내리막 돌아시자, 되려
등 떼밀며
헛발
디디게 하네

눈 멀리
뜬 바다

날겠네
뺏속 가벼워

바람만 불어도
저 까진 날아가겠네

무제

개다리 부실한 상 위에
유리 컵
거품
가득하다
손끝, 살짝 건드렸을까
출렁!
흔들흔들
넘칠 것만 같다 거품의 도미노
아,

그녀

위태위태하다

잘라버리고 싶은 꼬리

거울을 본다
이마의 깊은 주름 두 줄과 이어지다만 길 하나
잠시 내려서면 콧날과 나란한
실개川, 다리 건너서 길은 어디로? 제멋대로!
툭하면 싸움질, 부러졌다가 이은 콧등을 조금 벗어난 동네
각목 얻어맞고 헤진 넝마조각, 40바늘의 흔적은
날 갈수록 또렷하다
길이란 잘 가다가도 느닷없이 끊겨서
지구 1,600킬로/아워의 관성을 자주 이탈하는 나는
굴러 떨어지다가 나뭇가지에 걸린 다행처럼 산마루에 널브러진
그림자
자꾸만 저무는 지금도 문밖만 나가고 싶다 나서면
막막하다 가야할 길도 없다
봄이 오는가보다
그 숱한 길에 우여곡절이, 왜 없었을까
꽃 피고 꽃 지고, 바람 불고 눈비 내리고, 때론 사랑하고
때론 분노하고
담장과 담쟁이와 같은 필연도
길에서 만난 꽃을 길에서 잃어버린 우연도
지금은 아득한 풍경
어디로 가야 하나, 갈수록 길어져만 가는 꼬리
갈치처럼 제 꼬리인 줄도 모르고, 싹둑!
잘라 먹을 수는 없는 것일까

난(蘭)의 묘법(描法)

한 점으로부터

긋는다 그러모은 출력의 불화산

점은 사라져 없고 활강의 선 끊길 듯 바람의 길

―〉……―〉

되살아 휘어져 없는 여백의

선 끊겼다고 뜻 끊길까 봄 멀었는데 새싹은 어김없이, 저 먼저 솟아

1과 0의 변증법적 지양

이 문명한 세계의 심장은 피스톤, 왕복운동의 변환

삶이란 쳇바퀴는 유한의 길을 달려야만 하는 苦의 生

그러나

다시 긋는다 대방(大方)의 수평선, 그 원대한

○의 한 점에부터

봄바람

선생님! 봄이 와요.
–오지 말래도 계절이니 오겠지.
선생니임! 그래, 오는구나. 해주심 더 좋은데.
–나, 그런 거 몰라.

이런 멋대가리 없는 백수(白鬚)의
속내도 모르는 동심이 동백꽃처럼 삐쳐서는
심통이다.

몽울몽울 부풀어
나긋나긋한 바람기가 옷을 벗고 자게 해 줘서
고맙기는 한데,
앙상한 가지 드러낼까 부끄럽다.

쭉정이 같은 가을을 안고 궂은 바람에 된서리 맞은 겨울.
냉골에 입은 채로 견디며 등골 시리도록
소갈머리 없는 것이
아양 떠는 바람기가 싫지는 않아서 창을 열었는데

선생님, 저 오늘 기분 좋았어요.
–그래, 봄이 오는가 보다.
어, 선생님 웬 시적(詩的)!
–허허허 이거야 원.

어린 고사리에게 어머니는

1미터가 넘도록 오로지 수직

가시덤불 속에서

어느 가난한 어미가 죽을힘을 다해 밀어올리고 있다

아들아, 어서어서 빛을 보거라

가시덤불 속에서는 절대로 머리를 들거나 손을 펴서는 안 된다!

다짐하고, 또 다짐하면서

고매한 두 노숙자

'속을 닦아야 아름답다' 는 말도 있고,
'속을 닦으면 겉도 잃지 않는다' 고 일찍이 "백거이"란 시인도
말하였다고 하더군. 해서 나는 매일
속은 잘 닦고 있네.

속이야 닦았을지 모르지만
한 3년쯤 안 씻은 것 같이 머릿결 꾀죄죄한, 이 컵이란 작자가
뚝배기에게 말한다.

자넨 어떤가?
나야 뭐, 잘 씻어도 그만, 안 씻어도 그만
속 보일 수도 없고, 속 보이지도 않네.
나보다 장맛이라고 하지, 어디 뚝배기 맛이라고 하던가.
결정론자들은 말하지, 이미
정해진 운명이 아니냐고.

자네는 끝까지 속 깨끗한 청춘으로 살겠지만, 나야 뭐
생긴 대로 깨지건 말건
누가 불 지르면 끓고, 내려놓아도 끓는
아가리 투박한

오지랖으로 살다가 말겠지.

꿈속에서도 꿈인 줄은 알지만

잠을 자면서도
무엇을 생각하는 머리가 꿈속에서 꿈길을 헤맨다.
꿈속에서 꿈을 꾸는, 꿈속에서도 꿈인 줄을 알기에
애써 결합한 시구를
절대 잊지 않겠다고 다짐해보지만 매번
잠 깨고 나면 까맣게 잊어버린다.

다시 온정신을 수습하고
그 까만 것을 그려보지만 한번 잃어버린 색깔의 밤은
하얗게 지새버린다.

지금도 나는 꿈속이다 꿈속에서 꿈을 꾸는,
머리 터지게 꾸는 꿈속에서도 나는
청춘다운 젊은이들의 생각을 풀어보기도 하고, 다음엔 꼭
그 어떤, 무엇을 일러주어야 하겠다고
머리 터지도록 관념의 홍수 속을 날아다니기도 한다.

'냄새나는 밥통이요, 털털거리는 세탁기, 식어버린 된장국이다.'

사랑과 배신을 테마로
꿈속의 꿈에서 기진맥진 얻은 시적
결합이 고작 이것이라니

어째서 머리 아프도록 사랑과 배신은
'냄새나는 밥통이요, 털털거리는 세탁기, 식어버린 된장국이다.' 라는
이 시시한 것만 남아있는지, 나도
모를 일이다.

꿈속에서도 오호, 쾌재라!
무릎을 쳤던 것들은 다 날아가 버리고

보물찾기

무슨 놈의 시간이 이리도 빠른가.
베 짜는 여인의 한숨 소리 같이 날 밤새도록 앉아
수십 권을 뒤져도 이거다 싶은 예문
하나를 찾지 못한다. 눈 침침
허리가 아프다.

스펀지 방석을 발밑에 깔았는데도 발 시린
시린 땅 뚫고 황톳빛 가리는 풀잎들처럼 지평을 물들이며 쓱쓱
시가 되고 글이 된다면, 거실에 저녁 황혼 들여놓고
소주 한잔하면서 다시 읽어보는 즐거움
춤이라도 추련만.

작은 돌멩이 툭, 차니까 번쩍! 하던 보물찾기
'공책 2권 연필 한 자루', 적힌 네모딱지를 발견하던
그때처럼 아! 하는 그런 일 하나 없게 된 나이
아둔한 머리가 하룻밤 하루를 헤매고 있다.

찻잔이 따뜻하다
녹차빛 파릇한 젊은이들을 생각한다.
니체의 말처럼 사랑에겐
가장 예쁘고 달콤한 포도를 골라 주는 일
그 예쁘고 달콤한
포도 알갱이 하나 찾기가 이리 어렵다.

워낭소리

– 영화 《워낭소리》를 보고

1)
걸었다, 함께 걸었단다
노인의 절뚝다리 반쪽, 소 멍에에 지우고
30년을 걸었단다

소는 마흔 살 암소, 그는 여든 살 남자

그, 절, 뚝, 소, 절, 뚝, 절, 뚝

삭정이 반 수레
발톱 휜 소가 끌고, 삭정이 반 지게
다리 휜 그가 지고

길이란 길은 절뚝절뚝, 그 둘이는
절뚝절뚝

2)
딸랑딸랑
걷고 걸어서 재 넘어간 소리
이 산, 저 산 문드러져 없을 것 같던 소리도
아직은, 아직까지는 먼 그리움의 노을빛처럼
되 오는 메아리

딸랑딸랑! 절뚝 절뚝

아버지의 손, 손톱 굵은 손
소잔등 쓰윽 톡톡, 꼴 한줌 풀어서는
먹어보라고, 들뜬 이빨이지만 씹어 보라고 쓰윽 쓱!
고맙다, 참말로 고맙다고

(소도 감지 못한 눈)

땡그랑땡그랑! 이다음엔 좋은 세상 태어나라고
코뚜레 확, 풀어주며 수고했다고

* 삶 자체가 如如한 노인, "流水下山非有意 片雲歸洞本無心"[송나라 "차암수정"] '물이 산 아래로 내려감도 별 뜻이 없고, 구름이 골로 들어감도 본래 마음 없다.' 물은 물일뿐이고 구름은 구름일 뿐이다. 거기에 무슨 뜻이 있겠느냐. 물론 표현이란 그 자체가 작가일 수는 없다. 표현이란 작가를 대신하여 말을 하는 하나의 방편이지만, 저 노인에 비하면 차암수정의, 이 시구는 상당히 호사스럽다고 본다. 왜냐하면, 저 노인의 생활은 지금도 苦의 生이다. 실로 불구의 몸으로 자식 여럿을 키웠고, 나이 들어서도 일을 하는 생활인이기 때문이다. 그럼에도 저런 얼굴[여여함이리, 저 모습은)이 되자면 어떤 마음이어야 하는지, 영화(워낭소리)를 보고나서 곰곰 반성해 보았다. 이유가 어떻든 이 · 저런 핑계로 인생을 허비한 사람으로서, 소위 시라고 적은, 이 책의 내용 또한 한 패배자의 변명만 같아서 한없이 부끄러울 따름이다. 이런 점에서 필자를 아는 모든 분과 독자 제현께 머리 숙여 깊이 용서를 구할 뿐이다.

如如함이리, 저 모습은

– 영화 《워낭소리》의 노인과 소

30년 지기의 눈빛도 눈빛이지만
노인은 소가 되었고, 소는
노인이 되었다

어머니, 누나, 할머니를 섞어 빚었다 둘이는
30년을 빚었다

"농약 칩시다, 영감!"
"안 돼, 소 죽어!"

소도 사람도
함께 먹어야 산다는
천연(天然)의 농심(農心)

30년 지기의 눈빛도 눈빛이지만
두 얼굴이 如하고, 그 사랑이 如하다
如如함이리, 저 들판과 하나인
그들 둘이는

* 如如 : 원어는 tath (그와 같이). 萬有諸法의 理體는 同一 平等하므로 如如이다. '心若不理 萬法一如, 마음에 다른 뜻이 없으면 만법은 如一(한결같다)하다' 인데 그대로 보지 못함은 미음에 分別心이 있기(작용히기) 때문이라는 것이다.

내가 나에게 미안해서

내가 나에게 부끄러울 때가 있다. 담배를 끊어야지를 이기지 못하는 것도, 술 끊어야지가 술병을 피하지 못하는 것도 내게, 아니 내 몸뚱이에 죄스러울 뿐이다.

어느 날, 모 교수를 만났을 때, 그는 내게 유서를 써 두었느냐고 묻기에, 가진 것 하나 없는데 무엇이 안타까워, 무엇을 쓰겠느냐고 했었지만 생각해보면 내 몸뚱이에 아주 죄스런 일이다. 내 몸뚱이가 없었다면 내 마음이 있기나 할까 싶은 것이 내 몸뚱이 낳아 길러주신 부모가 아무리 남만 못해도 고맙고 또 고마운 우리 집, 우리 동네, 우리나라, 백두대간을 이어 흐르는 산맥과 강과 들판 가득 푸른 바다와 그 속에 사는 온갖 것들과 더불어 살았고, 사는 지금이 하늘 한없이 높도록 고마운 게 아닌가.

보이지는 않지만 미운 까치 소리도 너무 귀여운, 참새 소리도 정겨운, 이 아침에 햇빛은 또 얼마나 아름다운가. 끝없이 형광등 파장 땅속으로만 울리는 이명의 가르침도 자연이라서 신소리 고깝게 듣지 말라는, 눈 멀리 두면 키도 점점 낮아지고, 몸무게도 자꾸 줄어서 꿈자리에서조차 하늘을 나는 꿈을 꾸지 않더냐고 소곤거리던 바람, 나뭇잎 흔들며 울담을 넘는다.

껍질이라며 홀대하는 내 몸뚱이, 그가 없었다면 집 없는 내 마음은 아직도 구천을 떠돌고 있으리라. 내가 나에게 부끄럽지만 그나마 이렇게 내 생각을 말할 수 있도록 애쓰는 내 몸뚱이 고맙고 또 고마운 존재가 아니랴! 그릇이 온전해야 맑은 물에 씻어라도 볼 것이 아닌가.

촛불 하나 켜놓고

투명하다 여인은
천천히 발가벗고 있다 치마 첩첩 열두 폭 주름
기 백 년을 두고 저것과 이것의 사이
우리가 관계(關係)인 것은 빗장과 홈, 풀고 맺힘이다
나비가 꽃방에서 꿀을 빠는 교접은 상극(相克), 하지만
창조를 낳는다 불이 쇠를 만든다 도끼가 나무를 키운다 나무가 흙을
흙 되게 한다 어머니의 땅

빛이 불탄다, 번개!
대지에 천둥이 울고 비가 내린다 물에 젖는 땅, 불을 다스리는 건
역시 물이다 눈물이어도

간 태우지 말자, 화는 다스려야 한다

꽃이다

한 원을 그리며 타는 불꽃, 파상의 원 속에 원
우리에 갇힌 사랑이라 해도 좋겠다 꽃이 촉을 사르고 얻은 것은
빛, 하지만 나는
그 속에 있지 아니하다 빛의
존재 속에 들 수도 없는 존재자

배가 고프다

솟을대문 높다랗게
닫혀 있다 고집불통, 그래도 틈은 있다 바람의 불꽃은
흔들릴수록 쥐의 막다른

골목,

고압 전류의 가는 선, 저항의 어둠은 폭발이 자명하다 난
너를, 누렇게 사랑해!

불꽃의 희열, 환희라고도 한다 환희의
방울, 또 한 방울 눈물은 종유석을 키운다 잠깐 불사른
눈물이라 해도

철심을 박은 남북을
동서가 돌아 바람은 동풍, 아니면 서풍
누구를 위한 바람인가, 누구를 위한

아직도 낫 들고 설치는 칼 마르크스가 쌩떽스에게 묻는다.
사막 어디쯤에 샘이 있는가.
무한 가속기의 소립자 하나, 찰나의
무한 광년을 날다가 어느 별에 부딪고 되돌아 눈밭에 이르면 또다시
저 어디로 날아가야만 할 바람 한 조각
너와 나의 빛이라 하는 것

어쩌다 돌아버린 바람

집 모퉁이 좁은 골을 쐐액 색, 제트엔진의
비닐봉지들, 종이쪼가리들 휘감겨 치솟는 스쿠류 바람
끓는 냄비가 뚜껑이 열려 개가 짖는다 나뭇잎 떨어지고 날리고
마구 휘젓는다 색 색깔 한창인 봄빛 대낮에
이순(耳順)을 찢어발기는 쓰나미, 바다 어느 깊은 속
마그마가 터져버렸는지 가끔 취하면 미쳐 날뛰는 악악 악머구리
저 건넌 집 여인의 불덩이 가슴

팝콘 타닥타닥 게거품 한창인 여인의
복사꽃, 벚꽃 비탈을 휩쓸고 내려서는 바람, 들판 가득
유채꽃 노랑 꽃바람

저 많은 빛깔이 일시에 잿빛으로 변해버린
그대와 내가 이별하던 공항의 높다란 물탱크에 부딪쳐 죽은
그때의 새가 다시 날아오르는 지평의 끝, 구름 한 점 없는데
바람 세찬 파도에 굴리는 조약돌처럼 참고 참았던
먼 먼 종소리 듣고 있다

(역사를 덮고 눈을 감는다)

자칫, 샛강으로 흘러간 물이 천릿길이 된다고 해도
"우희"를 베고 돌아서는 "항우"의 칼날에 맺힌 핏빛의, 눈물의
칼날을 휘둘러 미쳐버리고도 싶은 지금은, 저 "엘리엇"의

'잔인한 봄이다'

"수양"의 온몸에 돋은 문둥이꽃 까맣도록
몸 찢어 죽인 육신(六臣)의 수급을 안고 하늘 우러른
오세 신동 "김시습"의 피맺힌 호곡
아아, 모난 돌
그 두꺼운 벽 속에 내가 있다

"마음을 다잡으면 세상이 웃을 테고(欲理性情違世敎)"*

천하의 술꾼,
술병에 거꾸러져 죽은 "추강 남효온"의 심정이 오죽했으랴!
술병 들어 한잔 따른다.
슬픈 그대의 넋을 위하여! 그리고
나를 위하여!

"가시로 막고 막대로 치렸더니, 저 먼저 알고" 날아와 성근 머리털
헝클어놓고 가는 바람에게도, 한잔!
거푸 따른다 술병 들고 시계추에 매달려 애원해 보지만
지름길로 좇아오기만 하는 백발

문득 바람이 멎었는지

야윈 몰골의 털끝에 서리는 아픔
손끝 시리도록 키판을 두드려 달그락거리면서도
그대를 보내고 젖먹이 아들을 안고 돌아서던, 그때는 분명
인습의 바다가 창망한 절벽이었다
어쩌다 돌아버린 그때의 바람이라 할지라도
이 앙상한 가지 끝에서 찢긴 깃발이나마 날려보아야 하겠지
추강의 시구처럼

'마음을 다잡으면 세상이 웃을 테지만'

한 손에 막대 잡고 또 한 손에 가시 쥐고
늙는 길 가시로 막고 오는 백발 막대로 치렸더니
백발이 저 먼저 알고 지름길로 오더라
[우탁 (禹倬 1263~1342) 고려 말 유학자.]

人世沈沈地獄沈 인간 세상 진창이라 지옥도 진창
趺跏何事念觀音 뭣 땜에 다리 꼬고 관세음보살 염불하시나
求名宦海風波惡 이름을 구하자니 벼슬 바다엔 풍파도 더럽고
把釣秋江瘴濕侵 낚싯대 잡은 "추강"엔 장기(濕毒 풍토병)만 엄습하네.
欲理性情違世敎 성정을 다스리자니 세상의 가르침에 어긋나겠고
謀營生產負初心 생업을 꾀하자니 초심에 부끄럽네.
不如手執參同契 차라리 참동계(도가의 책이름)나 들고
入臥蕭蕭楓樹林 단풍 숲으로 들어가 소슬히 눕는 것만 못하네.
[秋江 (南孝溫1454~1492 생육신),「義相庵子」전문. 번역은 필자]

88하게

88한 게 구멍이 네 개
아니지 붙여 놓고 보면 하나가 더 있어
가운데 것

동그라미 하나
합하면 있고 흩어지면 없다
오뚝이 한 쌍 88

황토 알갱이도 가늘수록
더 좋지 백만 분의 일에서 천만 분의 일로
동글동글
날아야 하니까

해묵은 된장은 금색이야
있는 구멍도 찾아야 하고, 없을 것 같은
동그라미도 만들어야 해

된장국
후루룩!

88하게 사는 거야,
88한 게 살아 있는 것이고

아름다운 눈물
- 김연아 선수를 보면서

보석은 임자를 만났을 때
화려하지만, 그보다 더 아름다운 건
그 임자의 모습

아, 꽃이여! 우아한 학이여!

꽃이 아름답다 하기로 그대와 견줄까만
첫눈(瑞雪)이 내리는 대지 위에 하얀 설국, 하늘 푸른
학의, 두 날개가 유유하다
그렇다,
쑥대 같은 근성이 있었기에
그 숱한 우레 비와 궂은 바람을 이겨 냈으리
아픔이 있었을 게다
주저앉고도 싶었을 테지 그러나 지금은
잠시 잊기로 하자, 퀸이여!

어쩌면 그렇게
내 딸 같고, 내 누이 같은 아름다움
진정 이 세상에 하나뿐인 여왕의 모습인 듯 앙명(昻明)한
아, 영광이여! 그 눈물이여!

* 昻明 : 우러르는 대상이 스스로 빛을 발하는 모습, 알 수 없는 後光이 보이는 現象. 서양말로 '아우라'

사이, 그리고 틈

내 눈에서 가장 가까운 속눈썹, 너무 가까워서 보이지 않는 것들의 사랑과 슬픔, 그리고 그것들의 역할과 수고를 까맣게 모르고 산다. 나는 남자이므로 거울을 보아도 속눈썹은 보지 않는다. 창을 열면 저것들의 갖가지 모습이 보인다. 나뭇가지 흔드는 바람의 심술, 꽃마다 다른 색깔의 웃음과 울음을 보고 듣는다. 날아오르는 나비를 일순간에 낚아채는 물찬 제비의 몸짓이라 할지, 땅속을 파고들어야 먹을 게 생기는 두더지라 할지, 그런 삶과 죽음의, 영광과 좌절의, 사랑과 슬픔의 세계들과도 더불어 살아야 한다는 것, 모르지 않는다. 때로는 슬프고, 때로는 아프지만 틈이라는 바람길을 열어두어야 한다, 가장 가까워야 할 내 속눈썹과 나는 안 보이는 별만큼 멀다. 사랑이란, 슬픔이란 너무 멀어도, 너무 가까워도 보이지 않는다. 너와 나 사이에 바람길. 때로는 그것이 고통이 된다 해도 숨통이며 잠깐의 여유, 中은 神의 길이다. 너무 가까운 것은 너무 먼 거리가 된다.

무한경쟁의 시대

한 톨의 쌀알과 나의 무게는 같다
누가 나를 밟고 누르지 않는 한, 나는
지구와도 같다

티끌보다 작은
한 톨의 씨앗에 세계를 그리며
옴짝 할 수도 없는 헌 책상만을 차지하고
미련하게도 반짝이는 별을 찾고 있다

한 점과 한 점을 그은 한 획
회전축(回轉軸) 일직선상(一直線上)의 나는
한 곳으로만 돌고 있을 뿐
좌우를 모른다

나를 떠날 수 없는 한계가 바야흐로
우주는 팽창 중이다
나는 점점 작아지고, 하늘은 자꾸만
멀어져 간다

눈을 떴을 때
세상은 저것이며 찬란한 빛이라 해도
감으면 없다

내 눈 밖의 저것은 나이며
그 중심에 내가 있다

시공을 뛰어넘어
무한 극점의 위대한 신(神)은
그 시공(時空)만큼 멀어 나를 돌보지 못한다
한 톨의 쌀알에 의지할 수밖에 없는
나 또한
그를 믿지 않는다

팽창하는 풍선 껍질 위를
한사코 달려보지만, 턱없이 모자란 나는
자꾸만 작아질 뿐이다

자신을 속이는 것은

계속해서 남을 속이던 사람은 자신까지 속입니다. 그러다 보면 결국엔 어느 것이 자신의 모습인지 구별을 못 합니다. 두 얼굴을 가진 사람들이 있습니다. 겉과 속이 다른 모습을 한 사람들, 일마다 다른 모습으로 보이는 사람이 있는가 하면, 두 모습이면서도 좀처럼 속을 드러내 보이지 않는 사람도 있습니다. 한 가지 일을 가지고도 이건가 하면 저것 같고 저것인가 보다 하면 이것 같은, 참으로 상대하기 곤란한 인간도 있습니다.

자신을 속이면서까지 남을 미혹하게 하는 사람, 잘 포장된 명분으로 자기를 속이고 남을 속이는 사람, 당장 세상을 구원할 것처럼 처음부터 있는 것을 가지고 전혀 다른 모습으로 색깔만 바꾼 깃발을 흔들며

그 자체가 무슨 삶이라도 되는 양, 내일 당장 종말이 온다며 북을 치는 사람들, 야바위꾼의 심보와 다를 게 없는 그런 사람들이 싫은 겁니다.

眞理라고 하는 法,

법은 벌일 뿐으로 구속입니다. 우매한 사람에게
법은 적을수록 편합니다. 법을 가장하여 남을 속이는 것은
罪를 쌓음이지만, 자신까지 속이는 것은
하늘을 속이는 일입니다.
저 멀고 가까운 저것은 나이며 나는
곧 하늘이기 때문입니다.

봄비

방 · 울 · 방 · 울 · 원 · 속 · 의 · 원

알 수 없는 소문처럼
시멘트 바닥에 튀는 낙숫물, 제멋대로
안개 부연 호수면

그래도 봄은 봄이야, 사랑해!

믿기지 않겠지만, 별빛 찍어 원을 그려도 좋겠지.
낡은 유조선도 수평의 끝에선 붕, 뜨니까.
봄 가고, 보리밭 누우렇게 해바라기 한 송이 필 때쯤, 우리 마당에도
유성은 파편처럼 떨어져 꽃이 되겠지.

방울방울, 원 속의 원

훼방꾼처럼 헛바람 겹칠 때도 있잖아, 그렇지
접시꽃 한 발 들고 내다보아도 흐릿한 담 너머의 무한소수처럼
사람의 마음이란 헤아릴 수 없는 것.

방 · 울 · 방 · 울 · 원 · 속 · 의 · 원

포곡포곡 보채는 뻐꾸기 울음인 듯 자줏빛
무꽃에 튀는 빗방울들

벽

– 도배하다가

없다면 일도 많지 않을 것을, 칸마다
벽, 돌아서면 벽
앞 바르고 나자, 뒤도 발라야 하고.
호박 산골이면 얼마나 좋을까만 평평한 것이 늙기는
나보다 몇십 년은 더 늙었는지
선 채로 쌌는가보다 오줌발 질질 얼룩뿐.
곰팡내 단내나는 거야 담배 피운 내 죄도 있고 하니
그러려니 하지만
늙어도 곱게 늙은 것 같지는 않다 저도
벽이라고 뻣뻣한 것이.

저야 가만히 있어도 되지만 나야 어디 그런가.
올라섰다 하면 연장 하나 깜빡해 다시 내려와 집어 올라가서는… 하긴
벽 세우는 일, 아니지
천장 붙이는 일이, 어디 누가 도와줄 수 있는 일이던가. 하여튼
눌러서 쓸어 당기고 옆 맞추면서 좌충우돌,
구천일심(九淺一深)으로 허리 아프도록 조정한다고는 하지만
어디 말처럼 쉬운가.
나이가, 무슨 일만 잡으면
찔끔거리는 신경은 온통 아랫동네로 모여
됐는가 보다 하고 꾹꾹 눌러 접고 화장실 가려는데

허리에 찰싹, 붙는 게 있다.
아차, 뒤돌아보자마자 벽지의 입에서 툭, 불거져 튀는 말씀,

야, 새끼야!
얼굴도 안 보고 그냥 막, 가면 되냐, 젊을 때도 그러더니만
아직도 그 성질머리 그러네, 뭘 하려거든
제대로 해라!

* 九淺一深 : 아홉 번은 얕게, 한 번은 깊게 (소녀경)

믿음이란 것

信, 사람의 말이니까. 그렇다면
사람이 하는 짓은 僞, 그것 참. 그러니까 믿을 것은
사람의 말이고, 거짓 또한 사람이 하는 짓이다? 이거야 원,
이런 아이러니가 있을까. 그래서 수천 년이래 귀 아프도록
언행일치라 한 이유가 여기에 있었나 보다.

비가 내린다.
멍청히 앉아서 점 점 점 가로등.
요즘의 그래프를 읽고 있다 세상의 지수보다는 세간의 人性을.
언제부터 나는 기계가 되었다. 아니 컴퓨터의
한 부속품이 되었는지 모른다. 값비싼
슈퍼컴의 예보가 맞지 않는다고 타박하지만 고지식한 물건인데
그가 무슨 잘못이 있겠는가. 먹여준 것 중에서 극히
작은 것만 되 싸는 기계일 뿐.

가끔, 나는 꿈을 꾸기도 한다. 누군가 야생의
가리온이길 간절히, 정말 간절히 바라지만 그게 번번이
빗나가기만 한다. 信 · 僞가 헛갈려서이다.
그러니까 그게
술인지 물인지 모르면서 마실 때가 많지만, 그래도 좋다. 여럿이
술맛으로 마실 때 보다, 홀로 물맛으로 마실 때가…….
오늘은 기상 컴퓨터가 맞기는 맞는가보다
비 어김없이 내리는 걸 보면

봄이라지만 나에겐

영산홍 곳곳 붉고 나뭇잎 더욱 푸른
절벽 수십 길, 비췻빛 서늘하도록 시퍼런 바다를 안고
한 무속인이 주문을 외고 있다
무엇을 위한 소원일까만 양손 들고 우러른
원색의 소맷자락
나풀거린다 가만가만 쇳소리 쟁 쟁쟁!

허공을 긋고 합장한 여인의 가는 손가락만 스쳐도
유리판 반짝이는 바다가 깨질 듯
위태하기만 한데 쌀 한 줌
휙, 뿌린다 차르르!
미끄러져 구르던 휘파람새 옥구슬
호호로운 노래가 해당화 가지에 피었다 빨간 장미향
솜털 잔가시 무수하다

속이 쓰리다
연사흘 퍼마신 술독일지 모른다 가시 선인장
빨갛게 피맺힌 꽃망울처럼
아문 상처가 다시 덧날 것 같은 예감

해안 절벽을 따라 푸른
소나무 손짓하는 바다가 있고, 돌아서면

드넓은 들판과 구름 산정이 가까운,
이제 겨우 눈에 익은 듯 보이던 고향이 이국인 양
낯설어 보이는 까닭은 무엇일까

형형색색 쌍쌍이 걷는 그림들 속에
인간나무 한둘이 쉰 소리 낸다고 바꿀 수야 없겠지만
내 한 몸 나 스스로 다스리고자 다시 또
어디로든 사라져야만 하는 것일까, 벼랑 끝
방울새, 지빠귀, 참새 떼 제각각인
나뭇가지 위로 작은 배추흰나비 또렷한,

나에게 봄은
역시
위태하게 아픈 계절인가 보다

봄빛 속에서

나는 네가 거짓말하지 않았으면 좋겠다.
개골개골 짓던 것들이 내가 보였을까, 뚝 그친다 못물에 개구리
나는 나를 안다 참아보겠지만, 그래도 개골개골한다면
나는 분명 돌을 던질 것이다.
툭, 지는 꽃이 부럽다고 생각할 때가 있다.
미련을 붙들고 아득바득 말라비틀어진 장미가 아니길
바랄 뿐이다, 꽃이여!

아름다운 그림을 본다. 봄빛 속에서 남자를 감싼 여인의 손이 지나자, 그 뒤로 학생들을 뒤따라가는 한 쌍, 형제처럼 보여서 물었더니 사제지간. 학생은 소아마비인 듯 불편한 몸이었지만 입성과 잘 어울리는 흰 피부와 동그란 히프가 예쁘다. 선생은 불편한 학생의 손을 꼭 잡고 걷고 있다. 맺힌 땀방울 그렁그렁 흐트러진 머릿결, 참으로 곱다.

"참, 아름답습니다. 먼저 갑니다."란 인사말을 건네자
"감사합니다. 건강하십시오."

하나는 에로스,
하나는 분명 아가페였다. 모두 아름다운 사랑이다. 그런데
너처럼 강 건너 개골개골!
나는 너를 안다. 참아 보겠지만
그래도 개골개골한다면 나는 분명 잔인하게
돌을 던질 것이다

결국 모두는

걸었다 천천히, 아주 천천히
소나무가 서 있고, 소나무가 선 채로 죽어있고
소나무가 죽어가는 길.
해안 절벽 길을 홀로 걷는 외로움에 "아우렐리우스"의
말을 되새겨 본다.

'그가 사는 동안은 짧고
그가 사는 곳은 지구의 한 곳이고
그의 이름도 잠시
결국은
모두 죽어야 하고.'

자칫, 수직 낭떠러지가 죽음이 될 수도 있는 바닷가
내려다보면 물속 환하다. 감태라는 풀 몇 포기 보일 뿐, 속은
백세병을 앓고 있다. 저절로 녹아버리는 갯녹음
환히 보이는데, 물 맑다는

저 빤한 거짓을 들어야 하는 내가 슬프다.

마구 자르고 마구 파헤쳐 짓밟고
사람과 자연의 사이가 너무 가깝다. 어머니 품 안 같이 너무
가까워서 포근한 줄 모르고

너무 가까워서 무서운 줄 모른다.

무엇이 사랑인지도 모른 이기(利己)의 콘스탄티누스

그가 사는 동안은 짧고
그가 사는 곳은 지구의 한 곳이고
그의 이름도 잠시
결국은 모두 죽어 갔지만

* 마르쿠스 아우렐리우스Marcus Aurelius Antoninus : 고대 로마제국의 제16대 황제(재위 161~180)로 5현제(賢帝)의 마지막 황제이며 후기 스토아파의 철학자로 《명상록》을 남겼다.
* 콘스탄티누스 1세 Constantinus I : 고대 로마 황제(재위 306 337).

가파른 길, 오르고 보니

천 년을 앉았기에
어깨 높고 근엄한 얼굴인가. 갓바위
우러러 허리 굽혀서 두 손 벌려 달라 하고 다시 일어나
우러러 쳐다보고 엎드려서는 무얼
간절히 소원하는 군상들.
가파른 계단 오르고 내리고, 일천 번 허리 굽혔다 폈다
내 건강을 소원했다면 당연한 것이고, 내 장사라면
정성이 가상하니 번창이야 말할 것도 없겠지만
그래도 거기에
믿음이란 것이 없다면
마음 든든할까 보냐고 앙다문 석상의

묵언

단지 그것뿐인데
그 어디에 내려 줄 길흉화복이 있다는 것일까.
두 팔 벌려 무얼 다 싸안고 갈 듯 휘젓고는 허리 굽혀
치켜든 엉덩이의 봄빛은 각양각색.

어디에다 대고 단 한 번,
머리 조아려본 적 없는 나도 오늘은 고개 숙인다.
가파른 내리막
편안히 내려가게만 해 달라고

새 신을 신고

새 신을 신고 문 밖을 나설 때 떠오른 노래
'새 신을 신고 뛰어보자, 폴짝!'
세상에 이렇게 딱 맞는 노래가 있을까. 다 늙은
나도 새 신을 신고 나서면 폴짝폴짝! 뛰고 싶은 마음
저 들판으로만 달려가고픈 소년

'새 신을 신고 뛰어보자, 폴짝!'

그렇지, 폴짝!
기운 햇살에 반짝이는 돌멩이 하나, 풀 한 포기 소중하게 보이는
그것도 동그라미 속에 반쯤 그리다 만 이름 때문일지 모른다.
모른다, 남들은 내가 아프다는 걸
신발에 숨은 발가락이나 발등의 아픔도 당연히
신발을 신은 자의 몫이긴 하다.
첩첩 몰려오는 세파를 질러 넘어도 즐거운
그 발냄새를 죽도록 사랑하며 밤꽃 냄새에 흐늑이던 시절이 없었을까만, 어쩌다 가진 것 다 잃고도 길은 걸어야 하겠기에 신발은 신어야 했다. 가다가다 못 가서 주저앉은 아픔이지만 그래도
동그라미 하나, 마저 그려야 한다는 생각
신발에 발을 맞추고, 신발에 걸음을 맞춰 가면서 걸어야 하겠지.
마음속 저 푸른 들판으로만 달려가는 소년의
새 신을 신고

뛰어보자, 폴짝!

기가 막혀서

"혈압, 클레스테롤 이상 없고, 위장, 간장, 신장, 대장, 폐도 이상 없고. 음, 갑상선은 한 3개월 후에 다시 보면 알겠지만, 현재로선 이상한 데가 없습니다."

맥 풀린다.

이상해서 이상을 찾자고 피도 뽑고 사진도 찍었다.

오줌 찔끔 맥없이 흘려 묻은 컵을 맨손으로 받는 이상한 간호사의 지시를 받고 돌아온 다음 날 아침, 다시 그 오줌 묻은 손으로 건네준 빈 통에 커피 까만 내 똥을 찍어 담던, 그 이상한 표정으로 검진을 받았는데, 이상 없다. 이상 없다가 이상한 것이다. 분명 나는 이상하였던 것인데

터덜터덜 건널목을 건너다 말고 주춤 섰을까, 걸어온 길을 길에서 되돌아본다. 내가 이상한 것인가. 평생 마시던 술, 그것도 반찬으로 마시던 술을, 시도 때도 없이 마시던 술을, 아, 하는 한순간에 딱, 끊기로 다짐한 지가 근 한 달, 모질게도 한 일주일은 머릿속 피잉핑! 덜덜 떨면서도 이를 앙다물고, 짓씹느라 이상하였던 것인가. 글 한두 줄만 읽노라면 머리가 피잉, 돌면서 급격히 다운되는 체력, 아무래도 이상하다, 이상하다는 생각이 들어서 병원을 찾았는데, 이상이 없다니

"아저씨, 어디 아프세요!"

어, 우회전로에 내가……. 그래, 막혔구나.
차가! 죽 늘어 서 있다.
기가 막힌다는 듯 쳐다보는 운전자들.
그래, 그렇구나. 흐름이 막혔다.
막혔으므로 저항이었던 것이다.

서양의 눈으로야 볼 수 없지, '기막힘' 이란 것.

막히면 열나고 터져버리는 '기막힘'
기가 막혔을 테지.
내 몸이란 놈도 한동안
내게 배신을 당하였을 테니까.

말의 정서라는 것
– 정도전과 함허의 유불 논쟁을 보다가

강물이 흐른다.
가는 것일까 오는 것일까.
흘러가는 것은 뒤이고 흘러오는 것은 앞인데
'먼 훗날', 이것은 어느 쪽?
"낮에 대해서는, 지난밤이 뒤이고 오늘 밤이 앞이다.
밤에 대해서는, 어제가 앞이고 내일이 뒤이다."
함허의 말이라고, 무슨 말?
하긴, 오늘은
'어제의 끝이다.' 라고 해도 되고
'내일의 시작이다.' 라고 해도 틀린 말은 아니지. 다시

"흩어졌다가 모이면 생긴다." 하니까.
"나뭇잎이 떨어져 흩어져 버리면 다시는 그 뿌리에 닿을 수 없다."고 말하는
정도전은 또
"받을 몸이 없는데 어떻게 사는가?" 하니, 함허가 "정신은
집을 빌려 사는 것과 같아서 옛것을 버리고 새로운 곳에 나아감인데
무슨 의심인가." 한다.
그러니까, 지금의 나는, 그 옛날의 '나' 일지 모른다고?
그런가, 하여튼 여기서 나는
작게 저 스스로 도는 것은 자전(自轉),
크게 남의 눈치 보며 도는 것은 공전(公轉)? 그렇다면

더 크게는 무한 공전?

일 · 십 · 백 · 천 · 만 · 억 · 조 · 경 · 해 · 정 · 재 · 극 · 항하사 · 아승기 · 나유타 · 무량수 · 불가사의, 그리고 수억 겁. 그리고 또 그리고……

하이고, 앓느니 죽자!

뭐 그렇다고 죽을 일은 아닌 것 같고, 그저 단순하게

밤 〈–〉 낮 〈–〉 밤 〈–〉 낮 〈–〉 밤

그래서, 과거–현재–미래의 삼세(三世)는 오늘이다.
하면 그뿐인데, 생각하기 나름인데
왜 자꾸
다른 세상 가서
또 보자 하는지 모르겠다, 나는

* 인용문은 '박경환 글.「유불논쟁」.『논쟁으로 보는 한국철학』. 한국철학사상연구회 편 (예문서원. 1995.)' 에서
* 기화己化 : 고려말에 태어나 조선 세종대까지 생존한 승려(1376~1433). 속성은 유(劉). 호는 득통(得通) · 함허(涵虛).
* 정도전(鄭道傳) : 고려 말 · 조선 전기의 문인 · 학자(1342~1398). 호는 삼봉(三峯). 조선 개국 일등 공신, 성리학을 내세워 불교를 배척하였다.

꽃이라고 다 예쁘던가요?

새소리가 울음으로만 들리던 이별의
세월도 무디어졌는데
때늦은 영산홍이라 할지, 철 이른 코스모스라 할지
그런 철부지들이 피어 있는 길에 문득
내가 서 있을 때가 있습니다.
60을 바라는 나이이므로 한 생을 살았다고 보지만
살점을 흘려버린 것도 아닌데
바람 겨운 풀잎 같이 발걸음은 자꾸만
허방을 짚습니다. 성근 머릿결 쓸어 올린들
흰 가르마처럼 번듯한 길도 없고
어제 밤비에 핀 꽃이 오늘 바람결에 떨어지듯
비바람 속에 오고 가는 것이 '一春事' 라고 하지만
둘러보아도 이거다 하고 내보일
아무런 내용이 없습니다.
꽃이라고 다 예쁘게 보이던가요. 살다 보면
꽃 같지 않던 무화과도 꽃으로 보이듯
감은 눈 속에 어리는 마음 하나
금색 꽃술이 더욱 예쁜 카라 한 송이가
아무리 사랑스럽다 한들 안쓰러운 나는
저녁 강 위를 내리흐르기만 하는 노을빛입니다.
긴 움대를 가진 꽃이 무엇을 기다려
담벼락 높다하고 길게 목을 내밀었을까요.
이슬 몇 방울 눈물처럼 머금은 꽃이, 오늘은
왜 저리도 곱게만 보이는 걸까요.

막차를 탄 여인

암고양이가 냄새를 깔고 썩고 있었다.
발톱 다섯 가락,
물결이 밀려오고 나갈 때마다
줄줄 오선을 그은 양금의 물살은 소리 내어 구르고
반질반질 빛나는 돌멩이 지천인
물가의 웅덩이는 물빛 짙은 에메랄드.
시퍼런 명품의 길을, 그녀도 마다하고 살 수는 없었겠지만
그녀가 18층 높다란 아파트를 밝혔던 것은
냄새 지독한 엽전 구멍이 몸 가운데 있었기 때문.
터널을 뚫는 것밖에 모르던
천민자본의 망아지들도 내자빠진
접속의 경계 없는 경제가 물거품이 되던 날, 적어도
한 번은 죽을 것이 뻔한
늙은 기관사의 막차를 탄 여인.
그 막차를 향해 시퍼렇게 날뛰던 암고양이는 죽었으나, 그녀의
가멸찬 욕망의 냄새는 여전히 바람을 타고 있었다.
고동소리 요란하던 빈 배는 떠났고
앙다문 고양이 입술 위에 몇 겹의 실오라기
삘기꽃 하얗게 건들거리는 그녀의
모래 둔덕에는
그녀가 마시다 만 술병도 반쯤 묻혀서
바람이 불어올 때마다
울고 있었다, 부우우 부우우!

동전을 보면서

탑돌이 일백 번을 걷는 마음이면
사람이 된다는 뜻일까, 백 원짜리 동전 속에
무심하게 보이는 사람 하나.
태초 무시(無始) 이전부터 흐르는 시간이란 것.
자오선 동쪽으로만, 동쪽으로만 돌아가는 한 선 상의 점 하나
'나' 라는 존재자(存在者). 전세
수백 겁이어야 옷깃 한 번 스치는 인연이라 했는데, 지금
저 지저귀는 새소리를 휘감아 꿰차는
아침 햇살 아래 푸르른 초목들, 작은 풀꽃들
막 쌓은 돌담에 이르기까지, 사랑 아닌 것이 있으랴 싶다.

앞에는 다보탑 뒷면엔 열十,
둥글게 옆면을 에두르면 열이 셋, 하나이다. 인간 世.
十十十 전일(全一)한 것 셋이 묶인 것이 三極이라면 사람이란 뜻인데
사람, 사람, 史覽
과연 나는 사람으로서 과거를 모범삼아
오늘을 살았던 것일까. 살고 있는 것일까.
십 원짜리, 백 원짜리를 거처
오백 원짜리 동전 속 고니(鵠) 한 마리 노을빛을 나는가.
前世 五百生의 봉분을 열고

* 世 : 卋(세)의 본 글자. 세 개의 十을 이어 삼십 년을 지칭하는 회의자.
* 史覽 : 역사, 문서를 살피다.
* 前世五百生 : 전생에 오백 번 태어남.

서 있을 때보다

앉아 있을 때가 더 힘든 부분이 있다. 등뼈
34개
뼈 마디마디 일백 년, 끝물에
요추 끝에서 한두 번째인가 부서져 버린

디스크가 터져 주저앉은
자동차가 엔진브레이크를 믿고 나설 수도 없는 일이고 보면
'서다' 는, 그러니까 '섰다' 는 '누웠다', '앉았다' 의
3분지 1일 수도 있고,
모두가 부동(不動)일 수도 있겠다. 그런데

이 '섰다' 가 뿌리의 끝이거나 냄비의 뚜껑일 때, 가끔
문제의 궤도를 이탈하는 수가 있다.

어쨌거나 앉아 있으면 허리가 저리고 아프다. 해서
일어서볼까, 세워볼까! 하고
애는 써보지만
고리 한 바퀴보다 더 돌아버린 나이가 되었으므로
운수나 재수 세울 일도, 천명도 없다는 것이 하늘의 뜻일까.
치맛자락이던 세태가 온통 찰싹 바지차림의
산 높도록 골은 깊어
골도 아프고 허리도 아프다.
머리 들어 서 있을 때보다 고개 숙여 앉아 있을 때가

용두암 가는 길

1)

범고래 몸통에 날개를 단 쇳덩이가 바람을 거슬러 하늘로 오른다.
그 움직임에 눈을 맞추면 슬로모션인 물체가 서너 걸음 만에
사리져기는 비행기
활주로 담벼락을 끼고 돌아가는 찻길 건너
'마음 편한 장의사' 의 간판은
흑백이 선명한데
제트 엔진의 굉음에 밤을 빼앗긴 꽃들은 철을 잊고 한사코
한물간 가지에 매달려있다.
철 늦은 장미와 칸나의 집요한 색깔, 그 위로
담 넘어 기웃거리는 능소화의 간절함도 한 조각 뜬구름 같아서
흩어졌다가도 다시 뭉치는 것인지
잠시 잊었는가 싶던
한 여인의 목소리가 해풍에 실려 너울거린다.

"남의 나라 밤바다를 마주하고 자동차 전조등이 터널을 뚫은
그 끝 간 어둠을 보며 펑펑, 울어보셨나요?"

수숫대 그루터기에서 솟는 생살, 파랗다.

2)

초저녁 바닷바람의 냄새
수평선의 원을 그리며 나란히 팔 벌린 먼바다 집어등과
해안 가까이 바짝 다가선 오징어잡이 집어등, 갯바위마다 수많은

낚시꾼의 불빛 찌,
섬을 빙 두르고 불 밝힌 가로등

먹고 놀고 자는 곳이 모두 휘황하다 해안가 오색등.

제철의 오징어는
하늘을 난다 미국의 눈 큰 여인도 어쩌지 못하는 대포동
살집 하얗고 오동통하다.

급히 잡아먹어서는 체하는 수가 있다.

3)
나뭇잎 팔랑거리는 아이들,
미끈한 다리와 술병의 빛을 觀하는 것이 관광인지.
'곶자왈' 이면 어떠랴, 바다면 어떠랴

길을 뚫는다. 제주도

안되면 되는 돼지라도 되어보라고 밤마다 오색등 밝혀 어화둥둥!
먹고 보자,
놀아보자고 만든 길, 해변 길.

별을 헤는 독법으로 항해하던 시대의
늙은 어부의 무덤은 저도 모르는 사이에

길가에 눕고 말았다.

오래전에 죽은 우리가, 엊그제 죽은 내가, 그 속에 묻혀 있다.

무수한 사람의 발자국 소리,
목관이 흔들리는 자동차의 바퀴소리
곧이곧대로 들으며

4)
반쯤 죽은 덩굴손의 흔들림으로
풍 맞은 중늙은이가 허공을 움켜쥐고 길을 건너고 있다. 그에게는
편도 1차선의 길 폭도, 그가 걸어온
한 생의 길이만 하겠다. 처절하도록 생을 거슬러 가는 길

어떤 자동차는 그를 스쳐 달리고
어떤 차는 그를 피해 천천히 가는데, 비행기는
몇 분 간격으로 내리고
오른다.

그때마다 용은 포효(咆哮)하지만, 매번 날아오르는 것은 그가 아니다.

천신만고로 바다에 이른 것은 그의 머리뿐,
아직도 그는

산을 내려놓지 못한다.

승천을 바란다면
벗어던져야 한다. 그게 무엇이든 산만한
꼬리는 잘라 버려야 한다.

* [필자 주] '곶자왈' : "곶자왈은 나무 · 덩굴식물 · 암석 등이 뒤섞여 수풀처럼 어수선하게 된 곳을 일컫는 제주도방언이다(두산백과)."라고 되어 있으나 필자의 생각은 조금 다르다. 즉 '곶' 은 '고지(高地)' 의 준말, '자왈' 또한 문자어로서 자울(刺가시-자, 鬱울창할-울)의 전음으로 보는 것이다. 여기서 鬱은 '우거진 수풀' , '무성하다' 등의 뜻도 있는 말이며, 우리말의 '울타리의 울' , '한울의 울' 과도 음과 뜻이 통한다. 또 다른 견해로 '왈' 은 왓(밭)의 전음(轉音)일 수도 있다. 옛날, 묵정밭을 보고 온 사람의 말, "몬닥(모두) 가시 자울 되십디다"가 아직도 귀에 생생하다. 따라서 '자왈' 은 '가시밭' , 또는 '가시울' 이 될 것이므로 '곶자왈' 일 땐 조금 높거나 깊숙한 오지의 잡목지대에 가시덤불 우거진 곳을 가리키는 합성어로 보는 것이다. 때문에 이 말의 어원은 방언이 아니라 고어, 또는 문자어에서 비롯되었을 것이란 생각이다.

황야의 무법자처럼

탁 트인 시야, 바람 한 점 없다
꽁초를 짓씹어 앙다문 '클린트 이스트우드' 가 말 달리는 황야
억새꽃 물결 넓고도 넓다
코스모스 가냘픈 길, 황야의 길, 편도 1차선
시속 80에서 120을 넘지 못한다 2륜의 작은
엔진이 터져버릴 것만 같다, RPM 9천

바람이 되어서 바람과 맞선다 한껏 허리 굽힌
옷자락마다 펄럭거리는 황포(黃布), 휘청휘청, 머리칼 날리는 나는
광풍노도(狂風怒濤)에 미쳐버린 돛대

달린다, 마구 달린다 90을 넘어 99, 커브에서 흔들리는 차체
찰나, 자세 교정, 구심점으로 기울이고 원심력이 잡히는 순간, 가속
급히 빠져나온다 달린다 세찬 바람 맞으며 달린다 좁은 길 막힘은
저항을 낳는다 저항은 저항으로 밀고 나간다, 다만 느닷없는
횡풍(橫風), 옆바람이 무서운 것이다 우리는

새가 날고, 물고기가 헤엄치는 세상에서
새가 바람을 저항하고, 물고기가 물을 저항한다 우리도
좁은 길 막다른 골목이면
저항한다

저 없는 것처럼 보이는 금권과 권력으로부터, 우리는

아침 전경

입안 가득 냉수사발 밀어 넣다가 남은 물속의
하늘을 들고 창가에 서다
전봇대 몇 개와 벽틈 사이로 모난 것들만
오고 가거나 서 있는 사각의 건물들 첩첩 오름 능선의
돌계단 아무렇게나 원형극장

뱃속, 꼼짝없이 갇혀 지내던 술병 속 가시들이 일제히 왁자지껄하다

거친 바람이다 바람이, 사발 속
바다를 건드려 물결을 잉태케 하고 물결은
또 파도를 세워 뒤집는 산통(産痛), 산파를 가장한
소크라테스의
허파 아니면 복장 뒤집기

그칠 줄 모르는 물음, 너, 그거 알아?

파도 하나가 부서져 내리면
또 하나가 밀려와 곤두박질치는 해변의 바닥에서
고집불통인 그가 떠들고 있다 콰르르 쏴아!

'저들은 무지를 모르지만, 나는
내가 무지하다는 것만큼은 안다' 안다, 안다아! 안 닿아 안달하는

그것이 그것, 그 같은 파도
소리뿐

…… 그러나 소리는
또 소리가 되고 소리는 또 소리를 낳아, 소리가 소리를 먹어 치운
뱃속
(술병 속 가시들 가만히 잠잠하다)의
그것조차도 깨닫지 못한 내가 아직도 물사발 들고
창가에 망연히 서 있다

단풍

이불 홑청 하얀, 딸년의 첫 얼룩을 보는 어미 가슴이면
저럴까. 철렁철렁!
빛의 쇳소리와 바람의 북소리가 산 골골 번지는
저 핏빛 불덩이.

그러나

아아, 하늬바람에 스러지는 잉겅불처럼 한번은, 꼭 한번은

반짝……………… 거리고야 말 황혼의

저 너머에는 새벽, 여기는

해 질 녘,

침묵

그리움은 그리움으로 남아 있을 때
가슴 저리도록 아름다운 것이 아닐까. 목이 긴
새 하나가 갯바위에 망연히 앉아 있다. 바다 끝, 그 어디에 눈을 둔

? 하나.

무엇일까? 그가 짓고 있는 저 모습은
하늘을 지고도 버티는
겅중 긴 외다리가 천 년 돌기둥이라도 된다는 뜻일까, 물 깊도록
속으로만 흐르는 바다가 장벽인, 이 섬에서

부조처럼 굳어버린 저 모습은.

그 누구도 모르는, 그 자신만의
툰드라를 그리다가 만 표지(標識)일지 모른다. 겨울이 눈앞인데도
하늘이 수평에 맞물려 꽉, 닫혀버린 침묵

그리움은 그리움으로 남아 있을 때 가슴 저리도록 아름다운 것일까.
하늘 끝 그 어디에 눈을 두고 망연히 굳어 버린 물음의
언표(言表)하나

?

아직도 끓는 용암

(선 채로 죽은 낙락장송의 절벽 밑 갯바위 이것은, 어쩌면 이것은)

삼각산

깊숙이 잠든
잠잘 수밖에 없었던 이브의 인고(忍苦)

흐를수록 속으로만 뜨거운 세월이 바다에 이르자
고향 갈매기 그리운 바다에 이르자
하늘이 있어야 할 자리에

파도, 첩첩 수만 봉(疊疊數萬峯) 바람만 불어, 갈잎의 바람만 불어

절벽이었다 장벽이었다 일시에
식어
끓어오르면서도 식어
굳을 수밖에 없었던 여인의 울분

아!

날은 날
바늘은 바늘

까치

교활한 놈!

가지 속 열매만 골라, 망쳐 놓았다. 환한 우듬지를 못 본체함은

하늘이 무서워서가 아니다.

정지 비행 중인 황조롱이, 유영하는 수리보다 더 무서운

숲 속 어디에선가 지켜보고 있을

참매와 부엉이의 눈.

법보다 주먹이 가깝다는 것, 교활한 저들일수록 더 잘 안다.

하늘은 눈뜬장님

내낮 환해도 너무 멀나, 너무 멀나.

해녀

– 여든도 아이

노 할머니 두 분,

망사리 가득 물질한 소라를 거뜬히 짊어지고

황혼 길을 찰랑찰랑 가고 있었다.

할머니, 연세가 몇이세요?

응, 난 아흔 하나. 야이는, 이제 궃 여든!

* 친구에게 직접 들은 이야기를 그대로 옮김.
* 야이 : 애 * 궃 : 갓
* 망사리: 해녀가 작업한 물건을 담는 그물자루. "테왁"이란 부구(浮具)에 달려있다.

가을을 향해 날다

불자동차의 빨강 사이렌 애앵앵!
전봇대 새파란 허공에
산불이 났다는 눈들의 웅성거림
줄지어 선 파발마의 전신주를 타고 전해 듣는 이야기로는 화염이
계곡을 덮쳐 인근 야산으로 퍼지고 있다는
작용과 반작용의 이중고(二重苦), 어쩔 수 없이 나뭇잎은
빨갛게 물들어 비상을 꿈꾼 풍선은 부풀어 올랐으나

옷 속으로만 스미던 담배 연기가 먹장구름으로
하늘을 뒤덮을 즈음
번쩍!
죄 없는 者 모두 내게로 오라! 찢기는 하늘이 지평을 향해
콰아!
　콰광
　　콰
　　르
　　　르
　　　　르릉

아! 全一을 찢어 평면 대칭의 땅에 박히는 상승의 빛
낙엽이 날리고, 먼지가 날리고 자욱한
먼지뿐인 가슴으로

뚝!
뚝뚝 쏴아아~ 한바탕
소나기
　　소나기에
………………… 불고, 헛바람이 불고, 헛바람 불다가
일시에 뚝,

담배 한 모금 전신으로 퍼져가는 황혼이 호박으로 익어가는 계절
노랑꽃 끝물의 넝쿨 줄줄이
떨어진 날개는
산호초 부스러기 무수한 해변에

백사장이 되었다 눈앞에 휑한 겨울을 두고

새(鳥)와 섬(島)

은하수까지는, 얼마나 먼 여정이기에
하늘 한 귀에
섬 하나를 띄웠을까

겨울
나무
끝가지에 걸린 낮달 덩그런
까치집 하나

새 낳고 새 되도록 새 살았어도
배춧속 얼어버릴 것만 같은 날씨에 나뭇잎 떨어져
깃털처럼 떨어져 날리는

순천만

나 걸어서 예 왔네, 머플러 날리며 바람같이 왔다네
샛강 흘러서 짭조롬 몸 씻는 농게의
옆걸음 걸어서 왔다네

(해마다 피는 꽃은 같아도, 해마다 사람의 마음이란 다른 것인가?)*

흔드는 갈댓잎,
흔들리는 술병의 곡신(谷神)들

이제는 먼 나라의 이야기가 되어버린
나신(裸身)을 향한 눈동자의, 그 슬픈 그리움처럼 산 굽이쳐 흐르는
양안(兩岸)의 골짜기

살얼음판을 딛고
빈 술병이 우는 소리로 외목발 짚고선, 저 흑두루미의
은하수까지는, 하늘까지는 얼마나 먼 여정이기에
돌처럼 주저하시는가. 강물 위에 섬 하나 띄워 놓고, 하늘엔
낮달 하나 띄워 놓고

* 해마다 피는 꽃은 같아도, 해마다 사람의 마음이란 다른 것인가. 年年歲歲花相似 歲歲年年人不同 唐詩. "劉希夷"의 시구에서

내 세상

섬(島) 하나, 개미의 눈으로 보면 한없이 넓고 평평하다.
온갖 것들이 사는
그 위 하늘도 위아래 없이 무한하다.

1을 똑같이 나누면 2인데, 하나는 둘보다 크다.
한 덩이의 힘은 위대하다.

하늘과 땅 사이에 너와 나, 곱거나 밉거나 착하거나 모질거나 간에, 그들 더불어 사는 아마존의 깊은 숲 속엔 달력이 없다. 불빛 파랗게 서늘한 나노 분의 1을 따져야 하는 문명 세계의 나는 숨통이 막힌다. 막혀서 옴짝달싹할 수조차 없는

나는 섬이다.

순항하던 배가, 기름 없는 배가, 키 부러진 배가 잠시
쉬어가는 내 섬은
새 날다, 잠시 쉬었다 가는 산이다.

일방통행

휙! 사선을 긋고 새 한 마리
날다.

아, 알았네.

누가 또,
저 너머로 가셨다는군.

환한 빛으로 뜨는 해가 영광이라면
검은 구름까지 곱게 물들이면서 지는 해는 아름답잖아.
파란 커튼을 젖혀봐,
가지 끝에 남은 감빛이야, 서쪽 하늘은.

억새 풀, 꺼이꺼이 울겠지만
울어야 할 일은 아니야.
시작이란 끝이 있기 마련이지, 누구든.

산비탈의

저 무덤을 봐, 영원에서 반이란 뜻이지, 반원을 그린
그 둥근 반쪽은 우리가 모르는 거야, 그게 물인지, 불인지.
멀리 돌아드는 큰 수레바퀴처럼 죽음이란
가는 게 아니야, 오는 것이지.

현실이라 착각하는 삶에 대하여

누가 뭐래도 남모르는 그이와 난,
빗장 열린 대문으로 들락거리는 '사이' 이고, 누가 뭐래도
그이와 내 친구는, 폐문(閉門) 속의 '부부' 라는 것.
열렸든, 닫혔든

떨어질 때마다 해는 발광하며 자지러지는 법인데

시,「異常한 可逆反應」에서
"두 種類의 存在의 時間的 影響性"에 대하여 "李箱"은
"우리는 이것에 관하여 무관심하다"

그는 다시

"圓內의 一點과 圓外의 一點을 結付한 直線"은
'원을 살해하였는가' 라는 이상한 물음에 대하여
내 대답은

백주대로에서 흘레하는 개가 복날을 알까요?

누가 알겠는가,
그가 구하는 정답이 무엇인지.

책책 쌓여서

한 때는 날았을 테지, 팔랑거린다.

지축이 그리운 고드름처럼 심층을 쫓는 무게가 버거웠을까.
도시의 벽을 넘지 못하고 부딪쳐 떨어진 새, 그 깃털의 낱장마다
변명 같은 사연이야 있겠지, 파르르! 뒤척이는 잔상은
바람을 부른다.
봄에서 겨울까지 마셔버린
빈병과 깡통의 쓰레기 더미에
책책 쌓여서

여기,
  핏빛 역사가 있다고,
  여기 무너진 사원의 빛바랜 전설이 있다고.

폐허,
무너져서 더 아름다운 해골의
누천년(累千年).
아, 원효가 마셔버린 물 한 모금의 그 간절한 목마름
모두는, 모든 것은 내 마음의 강

저 어디로만 흐르는…….

눈은 내려서
늘 그것인 것처럼,
늘 그것이 아닌 것처럼.

그래도, 날고 싶었을 테지, 팔랑거린다.
영혼을 팔아버린 잔상(殘像)의 영상처럼 허허로운 바람의
그 허수아비라 해도

"나탈리 망세"의 봄

입어서 가리느니
발가벗고 감췄을 테지, 나탈리 망세의 꽃
밤보다 먼저 아침이 온다는
이 말은 참이 아니다 내 눈 밖의
저 너머에는
이제 막, 아침일 테니까
적어도 그녀에겐 아침보다 먼저 밤이 온다 꽃은
한밤에도 핀다 벗고, 또 벗고
발가벗어버린 첼로에서 남는 건 울림뿐
울림은 못물을 흔들고
갈대를 흔들어 하늘에 이르면 빛이 된다 오색
무지개의 빛

공명(共鳴)이란
예리한 칼끝의 번개와 같아서 마법이 되기도 한다 발가벗은
매화가 떨고 있다
제주 휘파람새의 흐느낌처럼

* 나탈리 망세(Nathalie Manser) : 스위스 출신의 누드 첼리스트

죽은 말씀의 장

기워 땜질한 아스팔트 길가엔 시들시들 핏빛 맨드라미

그 꽃길을 경전의 죽은 비유들이 어슬렁거리고 있다
진흙탕 벼슬에 금빛을 덧씌운 거룩한 입술일수록 훈시(訓示)의 말씀
은
비 맞은 장닭의 변명처럼 白髮三千丈!

땡볕에아이들세워놓고정직하라반성하라공부하라운동하라연습하라
하라하라 하라 故
아이들 쓰러지거나 말거나,

'하날 말씀이' 환장하거나 말거나…… 하라 마라, 하라 마라!

패석총의 하얀 조개껍데기도 못 될 경구의, 쥐약
먹은 듯 안 먹은 듯 취한 능구렁이들
그런 작자들이

맨들맨들맨드라미의 입술 부르튼 똥구멍이나마 이해할까만
자동미션이 출발이다 싶으면 시동이 꺼진다
는 걸,
아는 나이라면 호박이, 그저
호박일까 오롯이 고여 있어야 약이라 하겠고

억년 무게로 눌려 있어야 호박(琥珀)이라 할 것을

도라 도라 도라

1)
비둘기들 조르르 비켜 설 뿐 날지도 않는다.
언제부터 저런 모습이었을까, 오물 범벅인 깃털의
똥 묻은 평화가 불야성(不夜城)을 이루던 길 위에 어지럽다.
낮과 밤이 다른 두 얼굴의 도시에서, 며칠째
감지 못한 머릿결마다 날 세워 서늘한데
건널 수도 안 건널 수도 없는 건널목.
홍등 어지러이 날아들던 불나방은
다 어디로 간 것일까. 손바닥 뒤엎듯 아침 해
쉴 새 없이 하늘을 찢는 무선송신탑 아찔한 길은
또 다른 전쟁터.
불개미 떼 연달아 질주하는 차량의 혈류를 끊을 수 없는 나는
그저 강물 줄어들기를 기다리며 건널목에 서 있다.
태평양 '미드웨이 해전' 을 연상케 하는
하얀 선 막대기를 보면서 떠오르는 망령, 제국 일본의
작전명 "도라 도라 도라"

2)
슬롯머신의 잭팟!
쓰리 바(BAR)를 꿈꾸는 거리 한 복판에서
하얀 막대기 두 줄뿐인 건널목을 징검다리 삼아 걷는 딸아이.
가늘고 긴 실오라기 길이라 해도 억척으로 모았을

통장을 품고 전셋집 주인 만나보자고
나선 길.

넓게 흐르는 강물을 펴
높이 날고도 싶은 건널목의 꿈처럼 꼿꼿
제 길을 걷는 딸아이가 대견스러운 아침

3)
주인은 13억 재산이라는데
나의 가난보다 더한 가뭄이 우습다.
사람들의 현란한 말솜씨 하나는 늘 풍년이라서
색색 모양인 자동차들, 외제 자동차들
그것들을 운전하는 허세들,
나처럼 서서 묵묵 기다리는 사람들,
그 어느 쪽이든 진실은 아니라 해도, 이 모두는
그 나름대로 현실임엔 틀림없는 일.
누구를 위한다 하는 爲가, 벌써 거짓임을 모를까만
자식들 해외 유학비에 곯아버린 등골의 집주인. 단돈
백만 원이 아쉬운 그대가 훤히 보이는데
어쩌자고, 또 거짓인가.

4)
성급히 벗어버린
내의가 아쉽다. 가슴 털 부풀린 비둘기.
매화꽃 향기에 밀려나야 할 겨울도, 결국
본성을 보이지 않던가.
화산재 날리는' 돌밭에서 평생을 굴리던 겨울이라서 그럴까만
돌아서는 계절의 찬바람은
한층 매서운가보다, 버림받은 여인의
오뉴월 서릿발처럼.

5)
건널목 징검다리,
저 하얀 군함의 태평양 전쟁.
갖고 싶거나, 부리고 싶거나, 爲를 하고 싶다면
욕(慾)은 멀리 두어야 함에도

"도라 도라 도라!"

제국 일본의 숙명처럼 줄줄이 떨어지는 옥쇄의 동백꽃
핏빛 머리통만 구르는 길, 신제주 로터리를
나 또한
"도라, 도라, 도라!"

저자(詆訾)

입술 붉은 고깃덩이는 상당히 고상하였으나

유치한 감상의,
유치한 감정의 내장들은
겨울 동굴 속 뱀처럼 우글우글 하였다.

이미 싸가지 없거나 죽어버린 것들의 입. 아귀와 같은, 조개와 같은,
게 다리와 같은

꾸짖을 저(詆), 헐뜯을 자(訾).
그러니까, 저 자

저들만의 장터는 왁자지껄하였다.

오후 다섯 시 쯤

해 뉘엇 기운 오후 다섯 시, 창마다 톡, 쏘는 소주 빛

눈부시도록 담장 높은 정원에도
벚꽃 망울은 부풀어 부끄러울 것도 없다는 듯 불혹(不惑)의
엉덩이 같은 3월

기분 좋은 꼭지가 막, 분홍빛 꽃눈 삐죽이
웬일로, 담장 높다랗게 굳어만 있던 것이, 술 한잔하자는데

가진 건 미혹(迷惑)뿐이라,
지나는 바람줄 한 가닥 들여, 지난겨울의 迷惑에서
혹 하나라도 떼고 간다고

그래야, 그댈 품을 수 있을 것 같다고

바늘 튀는 레코드처럼 뱅뱅
돌아보지만 어디 가당키나 한 일이냐고
낡은 트랜지스터 앰프가 그렁그렁 속 긁는 소리,
한 때는 꽤 악명 높던

'알텍스피커' 도 직직 가래 끓는 소리

두루마리 화장지와 같은

유한한 한 롤의 끝을 빤히 보면서도
늘 흐르는 강물, 늘 그만그만한 바다를 대하듯, 저도 모르게
굳어버린 지층, 억만년 그 위에
또다시 오는 봄,

소갈머리 썩은 고목에도 비는 내리고.

이미 죽었는데, 고목은
죽은 줄도 모르고 가지 끝 까딱까딱!
얼빠진 해골이 마른 가죽이 담배 피며, 커피 마시며
꽃도 아닌 잎 하나 내보겠다고 안간힘, 이미
죽은 줄도 모르고.

이미 죽은 줄도 모르고 마시는 족족 연기로 날리고
소갈머리 없어 새어버린 커피를
어쩌지 못하는 해골이 앉아 있다가,
눈알 썩어빠진 껍데기가 종일을 앉아만 있다가
돌돌 굳어버린 돌덩이

그 한 덩일 풀어내지 못해 끙끙대던 것을, 변기 위에서
겨우 뽑아낸 찜찜함으로
두르르 말린 하루를 똑 떼어내
냄새 고약한 밑구멍이나 닦고 슬쩍, 버리는

골목길

물 건넌 땅(濟州)의 시청을 끼고 도는 골목 길. 양쪽은
두 줄 종대로 주차장. 기는 차도 걷는 사람도 뒤범벅이다 꽉 막힌
막창의
변비에 걸린 나는
뱃속이 거북하다. 부푸는
방귀풍선.

'뭘 어쩌고, 어떻게 한다' 하는 애드벌룬 띄울 선거도 다가오는데
날씨는 우중충하다.
대형 현수막에 나풀거리는
그렇고 그런 면면들의 입술을 그려보면서 위태위태
엉거주춤 뒤섞여 있는데 [晝茶夜酒],
이런 간판이 있다. '낮에는 차, 밤에는 술' 이라는
그 골목의 맞은 편, 몇 걸음 비켜서면 [복된 교회]의 첨탑.
말씀은 하늘에 있고, 온갖 것들은 땅에 있다.

학처럼 갖은 고상이던 목련도 떨어져
방귀풍선 터질 것만 같은 꽃망울, '사쿠라' 뿐인 길. 머잖아

'주었다, 夜珠. 안 먹었다, 夜珠!'

떨어진 꽃잎 너절하게 취해, 내가 취해
헛소리 할 것만 같은

그냥, 헛소리

꽃 한 송이 반짝거린다, 밤하늘.

아, 하나가 지나면 또 하나
멀리
제트 엔진 소리,
내 방바닥을 울리는 소리, 뇌성벽력의 뒷소리와 같은
울림
이명이다.

쇼하는 정치, 정치하는 쇼!
TV 시대의 배우가 무색할 면면들 안 보였으면
속이라도 편했을 텐데.
배는 느닷없이 두 동강 났고, 얼떨결에 물에 빠졌을
그 젊은,
그 어린 죽음들이

'그저 멍청히, 죽었을 뿐이다!'

라고 생각게 하는
저런, 쇼는 없었으면 좋으련만.
맞아 두 동강났든, 운항 미숙으로 바위에 걸렸든
패전의 장수란 작자들이 떡, 버티고 앉아
폼 잡는 꼴이라니

능지처참(陵遲處斬)의 계절

거센 파도가 절벽을 들이받고 치솟는다 하르르르!
떨어지며, 흩날린다 꽃잎, 꽃잎의

노을빛은 처절하다

천천히, 그러나 빠르다 죽음의 꽃잎들
3,600번의 칼질로도 죽지 못한 사나이가 중국에 있었다*

바람 우수수!
포 뜨는 망나니의 칼춤
가슴살, 허벅살 편린(片鱗)의 꽃잎, 꽃잎의 도시에

시시포스의 영혼들

* 陵遲處斬: 완만한 능선처럼 천천히[陵遲] 죽도록 하는 잔혹한 형벌, 陵遲處死라고 도 한다. 많은 사람이 모이는 곳에 죄인을 묶어놓고 포를 뜨듯 살점을 베어내되, 출혈 과다로 죽지 않도록 조금씩 베어내는 형벌이다. 중국 명대에 환관 "유근"이 모함으로 능지를 당한 진사 "정만(鄭曼)"의 경우, 칼질 당한 회수가 무려 3,600번이었으나, 그는 그래도 죽지 않았다고 한다. 그의 죄명은 어머니와 여동생을 범한 패륜이 죄목이었지만, 유근에 의한 누명이었다. [네이버사전 등 참조]
* 시시포스(Sisyphus 그리스신화) : 제우스를 속였다는 이유로, 바위를 밀어 정상에 오르면 다시 아래로 굴러 떨어지는 일이 영원히 되풀이된다는 형벌을 받았다.

꽃인가 보다 하면

1)
꽃이 피었다고 다 봄이랴
산 높은 골엔 아직도 녹지 못한 눈 돌아서면
비탈의 내리막
그리 멀지도 않은 바다가 부옇다 숨 막히게 부옇다 급하다
한마음병원 앰뷸런스 소리
어떻게든
살아야 하겠기에
병원 담벼락 돌 틈에 민들레
어린이는 노랗고
늙은이는 바람털 씨앗의 탁구공

아, 바람아 살살 마파람아 살살 담벼락 골목으로만 불지 마라

2)
굴뚝만 높다랗게 폐업한 목욕탕
하나, 둘이 있고
그 건너 하나는 불가마

굴뚝 둘을 잡아먹고
나는 살았다고 의기양양, 양양한 앞길의
굴뚝 끝에 비둘기 구욱 국 구욱 국
체 했다고 구욱 국!

빛바랜
페인트 자국

3)
누가 말했지
삶이란, 그러니까 인생이란
인간으로 타락해 갈 수밖에 없다고

개가 개일 수밖에 없고, 개장수가 개장수일 수밖에 없는
–개에 삽니다! 개에 삽니다!
스피커 목 타도록 외치면서도 타락해 가는 일

개장수가 개를 잡아먹고, 올레꾼이 올레를 잡아먹는 길

어느 날 갑자기
목줄 맨 개가 사라져버린 것 같이 황당한 삶이란 것도 어차피
그 사는 일로써 버릇이 되고 변하듯

꽃인가 보다 하면 여름, 여름인가 보다 하면
건너뛰고 겨울

窮이란

'화살 집-穴' 구멍에 남은 화살이 없다는 것.
마지막 화살까지 '射-쏘아버렸으므로' '활-弓' 만 남아 있어
궁(窮)이라 한 것인가, 마치 '쇠북-종(鐘)' 이 덩그러니
매달려 있는 것처럼 아니면
구멍 속에 '맨몸-躬궁' 뿐이라서 窮인가.

쐐액, 주전자 끓는 소리
정신은 딴 데 두고 허둥지둥 내리고 찻숟갈 들었는데
어! 커피가 없다 빈 유리병
댕댕 유리종.

살다 보면 종친 줄도
모르는 일이, 어디 한둘이던가.
깨져버린 거울을 민 유리로 깔아 끼우고 먼 산 쳐다보기
돈 몇 푼 더 준다기에 땅마지기 넘겨주고 훗날
가슴 치기, 술통에 노름판도 모자라
밑 빠진 독 한없이 긴 수렁에 빠져 졸다가 어느 날
일어나면 길바닥.

그렇지 窮이란 宮 같아서
弓보다 먼저 몸, 큰 쇠북종이 아니던가.
치면 소리 있고 울리고 나면 먼 메아리처럼 더 허전한 계곡의
속없이 흐느끼는 물건

바람의 언덕

등성이 가득 보리 꽃물결
산 높을수록 멀리 바다는 높아 흰 구름
산비탈 오르던 나는
새잎의 참나무 그늘에 앉는다

아, 물 한 모금 청정한 뱃속인데 야생 취나물 알싸하다

5월 볕 따갑게
꽃 붉은 철쭉 꽃 붉은 철쭉
풍성하다 다홍 치마폭

여인

새벽별처럼 사라져버린 허공에

두 줄 옷고름의 긴 이야기 흐느끼듯 제주휘파람새 소리

지척이다 새는 보이지 않고

5월 꽃

메이퀸!
붉은 속살 아지랑이

美, 아름답다 한 아름, 양(羊)이 살찌(大)는 계절
송순은 하늘을 찌를 듯 삼지창 세워 가시에 핀 꽃
유자꽃, 찔레꽃, 장미꽃

머리 띵!

코끝 알싸한 향 경국지색(傾國之色)
양귀비, 달기, 포사에 이어, 슬픈 우미인

하나 같이
극(極)과 극(極)은 통해서
죽어도 꽃

5월 모기 탁!
쳤는데 벽에 빨갛다
장미꽃 한 송이, 아직까진

내 붉은 피

*美 : (羊 +大 양이 크다) 곧 '한아름'.

문득 무겁다

그나마

가진 게 있다고 둘러보았더니

없는 게 너무 많고

가지고 갈 것 없다 하고

지팡이 짚고 일어섰더니, 문득

지팡이가 무겁다

말 않는 게 좋다

봄빛 베란다 화분엔 아직도
고추열매는 빨갛고 꽃송이는 시들하다
창문과 창문 사이 틈인데
凹凸이 어긋나 있다

갈아 끼울 수는 없고 고쳐야 하는데 요즘엔
만능수리사가 드물다 가끔, 수리 만능이라고 확성기로 떠들었는데
지금은 보이지 않는다

잊을 만하면 옆집 바람이 슬며시 들었다가 들어온 틈으로
또 슬며시 나가버리는데 오늘은 나가면서 한마디
병원엘 데려 가란다 돈이야 들겠지만
凹凸뿐만 아니라 유리창까지 리모델링하라는
허파 뒤집는 소리

차라리

말 않는 게 좋다 자칫
그 망치 때문에, 그 칼날 때문에
어긋난 凹凸, 더 망가지는 수가 있다

삼복

털 없는 가난도 미치겠는데

작은 개야,

너야말로 오죽하겠느냐 지금 네 털은 너무 많구나

납작 엎드려도 혀, 닷 발이구나 헉헉, 네 혀는 왜 그리 긴 것이냐

혹, 네 조상이 그 옛날

어느 임금의 모사(謀士)는 아니었더냐 물푸레나무

긴 이파리 팔랑거리다가 도낏자루가 되기도 하는…… 그래도

개야, 충직한 개야!

장작은, 쌓인 장작은 한꺼번에 다 패는 게 아니란다 도끼자루

부러지기도 전에

팽(烹)! 당하기도 하니까 국물 맛 더럽게

팽! 될지도 모르니까

태양의 나라

석유가 흐른다. 검은 기름의 강바닥을 실어 나르는 자가 아무렇지도 않게 담배에 불을 붙인다. 그렇게 잠시, 그가 몇 모금 빨고 내뿜는 사이에 세상은 석유를 먹고 석유를 마신다. 풀도 나무도 짐승도 사람도 시커먼 기름 많아야 싱싱하다. 기름 많아야 달고 시원하다. 위대한 종탑 거리에서만 팔던 천국을, 지금은 동네 슈퍼에서도 판다. 광명한 천국엔 밤이 없다. 너무 밝고 너무 뜨겁다.

불이야! 불.
불에 불이 붙는다. 불이다!
강을 나르던 자의 꽁초가 번개처럼 먹어치운 태양의, 화신(火神)의 불바다.

내 살았던 해를 다 모아 한꺼번에 불타는 올여름의 숨통은, 자주 반구대를 그렸다. 몽둥이 휘둘러 돌로 찍어낸 암각화의 고기를 번갯불에 구워내 차마고도(茶馬古道)의 소금에 찍어먹던, 그때 사람들의 어둠은 두려움이었다. 깜깜 절벽인 동굴 속 어두움, 그 두려움을 대신한 희생(犧牲)의 머리가 신이 될 즈음

강 건너에서 저버린 해가 이곳에선
아기가 된다. 잠깐 사이에

선생과 어른은 바보가 되고, 아이는 아비가 되어 털 빠진 소가 아이를 낳고, 눈 어둔 물고기가 아이를 낳고, 납덩이 새가 아이를 낳는다.

그럼에도 내가 살아 숨을 쉰다는 것이 도무지 신기하고, 또 신기해서 창밖을 보면

천국의 문은, 늘 열려있고
무수한 빛이 화살촉처럼 꽂히는 신작로(新作路).
아스콘의, 그 문명한 길은 곧게도 검다. 하지만 그것은 껍질일 뿐
그 속을 못 본 내 눈의 착각이었다.
언제부터일까, 신의 자리를 석유가 넘보기 시작한 때가.
天玄! 하늘은 검다. 검어야 한다. 모든 것이 검어야 하는데 검어 보이는
그 길은 道가 아니다.

99개의 산을 넘고 99개의 강을 건너 99개의 협곡을 지나 동해에 이른 "메르겐"*
셋에서 두 개의 해를 떨어뜨린, 혹은 열에서 아홉을 떨어뜨린
전설의 명사수 메르겐은 보이지 않는데
그 모든 해가 한꺼번에 떠서, 온통 불꽃인 세상, 온통
서늘하도록 파란 불꽃인 세상
어디까지일까, 인간의 그 오만한 문명은

* 에르히 메르겐 : 해를 쏘아 떨어뜨렸다는 몽골의 신화. 산해경에 기록된 신화로는 동이(東夷)의 "예(羿)"가 있다. 또 이와 비슷한 이야기는 아주 많아서 제주의 구전 신화에도 등장한다. -「조현설」작, 『우리신화 수수께끼』 P109에서

말장난

'사물은 우리의 이해를 떠나면 행복, 그 자체이다.' 라고 했겠다.

뜻은 알 것 같은데 말은 모르겠다. 아니다
말은 알 것 같은데 뜻은 모르겠다고 해야 논리적으로 타당할지

혼란스럽다.

'事物(일과 물건)은 邪物(사기 친 물건)이 아니길 바라지만 四物(네 개의 물건)의 四事(네 가지 일)를 무소불위의 私物(사사로운 물건)처럼 思勿(생각 말라)하였다면 물고기도 행복했을 것이다' 라고 생각해 보는 이것도 능력 없는 자의 말장난이다.

섬에 나뭇잎, 풀잎 무성하다. 가을이 되면 겨울 오기 전에 떨어져 나갈 놈도 있겠지만, 독야청청 푸른 놈들도 많다. 말이란, 언어란 나뭇잎 같은 혓바닥이어서 대개 넓은 것일수록 눈에 띄게 떨어져 남는 게 없고, 이슬이나 겨우 꿰는 바늘잎이란 것은 떨어진다 해도 남모르게 뾰족하다면서 지나던 개가 컹컹, 짖는다.

'살리기는 죽이기와 같다' 는 의미는 이미 창세기에 있었다. 완전하지 못한 창조는 대홍수란 것으로 다 쓸어 엎고, 다시 만들었으니까. 하지만

그 또한 말장난일 뿐이다.

사과 두 쪽

풋사과 한 알 쪼갰다 나비

한 쌍

속살 파랗게 도르르 샘솟는 방울방울들, 새콤한 향

날아오른다 나비 나비 나비

닫았다

"양산박"과 "축영대"의 무덤

영원하도록

* 가난한 선비 양산박(梁山伯)과 명문가의 딸 축영대(祝英台)를 줄여서 양축(梁祝)이라 하는데, 중국판 '로미오와 줄리엣'이다. 영화로도 널리 소개된 당나라 때부터 전해오는 설화의 주인공들이다.

골다공증

뼛속이 비었다? 하면
날아야 하는데, 왜 이리 몸이 무거운가.
하긴, 처음부터 공평한 축복이란
기대할 수 없었던 것이므로
노력의 결과는 정비례가 되는 것은 아니지.
억년 누대를 비워낸 새도, 어떤 새는
날개가 없고,
속 빈 대나무도 날 수는 없지.
속없이 해를 쫓는 대나무가 살랑거려도
그 속은 땅속에 있지. 나무의
머리는, 생각은
늘 땅속에 내린 뿌리에서부터 시작되니까.
뼛속이 비었다. 실망할 일은 아니야, 이 세상
어디에 있을 테니까.
지구의 물 한 방울이라도
우주 밖으로 실어 나르지 않는 한
사라져버리는 것은 아니니까.

모래 언덕
– 『스무 살까지만 살고 싶어요』

비탈을 내려서자 꽃, 장미 한 송이
가깝고도 먼, 그런 섬 지금은 아득히 바람 가는
지평의 끝 허공에 낮달.

(페이드아웃, 눈을 감는다. 까만 없음에서 페이드인)

칸마다 헐어빠진, 아무렇게나 널린 책들과
재떨이 수북한 벽에서
책 한 권 뽑는다.

가수 김창완의 『스무 살까지만 살고 싶어요』
(이런 책도 있었나?) 차르르 44페이지
갈잎 한 장
있다 구멍 하나 뚫린
눈,
클로즈업

"거울은 없애버리는 것보다 안 보는 것이 더 어렵습니다."*

무슨 뜻이지? 미로 속을 헤맨다. 화두 하나 들고 넘긴다, 넘긴다.
74페이지 있다 여기도.
바싹 마른 잎 곧 부서질 것만 같다. 갈잎 한 장
좀먹은 구멍 여러 개.

"손톱이 스르르 빠져 버렸습니다. 빠진 손톱을 하얀 가제에 싸서 일기장의 껍질에 끼워두었습니다. 버릴 수가 없었습니다. 암이라는 병은 소설이나 드라마 속의 이쁜 주인공이나 걸리는 병인 줄 알았는데"*

영인본 깨알 글씨의 모래알 따갑다. 17세의 꽃
백지장 하얀 꽃으로 묻혔을 책갈피의 여백에 느티나무잎 하나.
송송 뚫린 구멍에서 알프스의 바람 같은 피리 소리
"거울은 없애버리는 것보다 안 보는 것이 더 어렵습니다."
자고 나면 한 줌씩 빠지는 머리털 자국을
아세요? 모래언덕은 무너지는 게 아니에요, 옮겨 흐를 뿐
아 저 씨, 창완 아 저 어 시 이
슬며시 덮는다,
열여덟 해의 마지막 봄을.

"봄은 시작이죠. 오늘 편지부터 번호를 매겨야겠어요.
저도 뭐든 시작하고 싶거든요. 아저씨 안녕"**

저 건넛산에서 소리 없는 메아리, "저도 뭐든
시작하고 싶거든요."

* (『스무 살까지만 살고 싶어요』 글 김창완. 이장수 공저. 야정문화사 간. 1991.) 내용은 방송국으로 보낸 편지(민초희)가 중심이 된 실재 이야기.
* P44. *P74의 내용에서 발췌.
** p199 대필로 보낸 민초희의 마지막 편지 끝부분

알렉산드로의 돼지가 부럽다

책을 폈습니다.

과수원 건너면 다닥다닥 집들이 있는 책.
바람 불어도 들어줄 귀 아니라며 하나같이 창문은 닫혀있고
나뭇잎마다 엎고 뒤집는 무성한 소리 있을 뿐,
책 속엔 길이 없습니다.

책을 봅니다.

글 한 줄 보면서 눈 깜짝하면 서울 가고,
눈 깜짝하면 광주에서 대전을 거쳐 부산에 갑니다. 다시
눈 깜짝하면
일본, 미국에도 가고
광속보다 빠르게 별나라의 왕자를 만납니다.
'어린왕자' 의 모자 속에는
코끼리를 먹은 보아만 있는 게 아닙니다. 옆구리가 추워서 발가벗은
엉덩이를 먹어버린 보아구렁이도 있습니다.

책을 봅니다.

한 줄 넘어가며 "파스칼"을 생각합니다. 갈대의 노래가 무참히 짓밟힌 강은 대금소리가 아닙니다. 수몰의 고향이란 율려(律呂)가 깨진 벽입니다. 정겨운 흐름이 경멸(輕蔑)당하고……

뱃머리를 산정으로 돌려버린 원리(原理)를 구하지 못한, 정의가 아집인 시멘트 매끄러운 강은, 제비 깃털의 흑백처럼 앞날이 또렷합니다. 이성(理性)은 착각이었고, 쓰러지는 술병의 감정(感情)은 혼돈(混沌)일 뿐. '피로니즘' 이란 참[眞] 아닌 것도 참이라 하듯 有無는 相成하고 虛粗는 한 뿌리.

아타락시아(ataraxia)! 알렉산드로의 돼지가 부럽습니다. 폭풍우 몰아치는 원정군의 일엽편주가 아비규환일수록 엎질러지는 먹이,
주워 먹는다 그저 먹는다 돼지는, 아타락시아!

책을 봅니다.

기호처럼 박힌, 저 사각의 창과 창은 태풍이 몰아칠수록 굳게 닫힙니다. 책 속엔 길이 없지만, 수화(手話)처럼 뒤집고 엎는 나뭇잎의 작은 소리는 알아 못 볼 문자가 아닙니다. 아타락시아, 아타락시아의 공허(空虛)는 보면 볼수록 모르는 것이어서
눈은 책 속에, 머릿속은 달나라에 가 있습니다.

* 아타락시아(ataraxia 그리스어) : 마음을 어지럽히지 않는 일.
* 피로니즘 Pyrrhonism : 사물의 객관적 본질은 파악할 수 없는 불확실한 것이라고 생각하는 태도나 경향. 그리스 철학자 피론(Pyrrhon)을 시조로 하는 회의주의의 철학 및 정신으로, 피론은 모든 판단을 보류하여 무심한 마음의 평정을 얻어야 한다고 주장하였다(네이버 사전에서).
* 허조(虛粗) : 텅 빈 것과 꽉 찬 모습, 虛粗同根(허조는 한 뿌리), 고로 不二하다.

난제인가, 절망인가?

새 한 마리 집안에 들다

투명한 벽인 줄도 모르고 새는

유리 창밖으로만 쉴 새 없이 퍼덕거리고 있다

.

.

눈을 감아야

한다 빛이 없어야 한다 그러함에도 새는

퍼덕거리고만 있다 삶의, 언어의

깊은 수렁에서

"철학에서 당신의 목적은 무엇인가? -파리에게 파리통에서 벗어나는 길을 보여주는 것이다(탐구 309절). "…… 우리가 이러한 난제(적어도 난제의 일부)에 빠지는 것은 우리가 우리의 언어 형식을 잘 못 해석하기 때문이며, 언어가 작용하는 방식에 대해서 그릇되고 지나치게 단순한 견해를 갖기 때문이다. 그러한 난제들은 우리의 말들이 실제로 어떻게 작용하는지, 그것들의 쓰임이 참으로 어떠한지를 앎으로써 해결된다." (죠지핏처 지음. 박영식 옮김. 『비트겐슈타인의 哲學』. 서광사. 1990. p.254.)

징소리

– 천부경

잔뜩 말아 쥔 응어리 억만 겁,
한 기운이 한 기운을 서로 안고 도는 不二한 몸이 무한태극일 때
한 울음 가득 방짜로 채웠다. 머리 싸맨 工夫의 공부
대징징이가 두드리고 두드려 얻었다는 득음(得音)의 한올,
아득한 날에 똬리를 튼 블랙홀 어둠에서
9 · 8 · 7 · 6 · 5 · 4 · 3 · 2 · 1 · 0 빅뱅! 마침내, 한 빛이었다
빛이 있었다. 하나의 끝, 0은 또 다른 시작,
일원(一圓)의 하나에서 대방(大方)의 둘과 삼라만상(森羅萬象)의 셋,
다시 하나씩 쌓는다. 열의 하나가 되려는 길이다. 일찍이
노인(老人)이 가로되
하나는 둘을 낳고, 둘은 셋을 낳고, 셋은 만물을 낳는다. 이것의
大 三合이면 六이다. 태음(太陰)의 六은
내 마음의 집이며, 내 어머니이며, 내 삶의 땅이다. 그 여섯에
하나를 더해 일곱, 둘을 더해 여덟, 셋을 더하면 아홉인데
거기에 하나를 더하면 神의 數,
빛이다 영원이다 대오각성이거나 죽음의 길,
생장수장(生長收藏)의 겨울이며 갈무리의 길이다. 쓰임(작용)은
변하나, 그 근본은 영원하다.
쌓아서 맺고, 풀어서 울린다. 쌓여서 맺고 풀어서
빛이다! "백결선생"의 율려(律呂), 묘연(妙衍)한 흐름이란
끝이 없는 것, 징징징!
소리는 머리를 깨운다. 산과 강, 들을 질러
저 어디론가 무한히

中	本	衍	運	三	三	一	盡	一
天	本	萬	三	大	天	三	本	始
地	心	往	四	三	二	一	天	無
一	本	萬	成	合	三	積	一	始
一	太	來	環	六	地	十	一	一
終	陽	用	五	生	二	鉅	地	析
無	昂	變	七	七	三	無	一	三
終	明	不	一	八	人	匱	二	極
一	人	動	妙	九	二	化	人	無

* 소위 천부경이라는, 이 경전은 원래 종교와는 무관하다. 다만 1917년, 계연수(桂延壽)라는 사람이 우리나라 대종교로 전한 것을, 대종교에서 경전으로 채택한 것뿐이다. 필자 또한 노자처럼 하나의 경으로만 읽었을 뿐 대종교 등, 이런 類의 종교와는 전혀 무관함을 밝힌다.

一始無始一 (하나는 無始에서 비롯된 하나이다.) *無始 : 太虛.
析三極 無盡本 (쪼개면 三極이나 근본은 다하지 않는다.)
*作用은 無窮, 根本은 無變.
天一一 地一二 人一三 (하늘은 一, 땅은 二, 사람은 三)
*無匱: 뚜껑 없는 궤짝(衷氣).
一積十鉅 無匱化三 (하나씩 쌓아 十으로 크면 무궤無匱로써 三으로 化한다.)
天二三 地二三 人二三 (하늘의 二(地 · 人)가 三이요, *十의 하나는 곧 三극.
땅의 二(天 · 人)가 三이요, 人의 二(天 · 地)가 三이다.)
*그 무엇이든 '하나' 에는 천 · 지 · 인의 合一體, 고로 人乃天. *人은 사람 · 만물.
大三合 六 生七八九 (큰 셋(천 · 지 · 인)이 합하면 六이다, 六은 七 · 八 · 九를 낳는다.)
運三四 成 環五七一(三과 四를 운용하여 五와 七이 순환하면 하나를 이룬다.)
*三은 因, 四는 緣. 五는 공간, 七은 시간.
妙衍 萬往萬來 (오묘한 흐름이 수없이 오고 가도)
*妙衍모연: 오묘한 흐름. *우리가 인지할 수 없는, 어떤 기운.
用變 不動本 (그 쓰임은 변하나, 그 근본은 변하지 않는다.) *道의 모습.
本 心本 太陽昂明 (道의 근본과 사람마음의 근본은 태양의 밝음이니)
人中天地一 (사람 중심에 하늘과 땅이 하나일 때) ↖*昂明: 아우라.
*人中+天中+地中의 일치, 곧 三位一體일 때 대오각성. 또는 죽음.
一終 無終一 (하나는 끝나지만 끝남이 없는 하나이다.)

[天符經 전문. 번역은 필자]

조가비

눈덩이처럼 구르던 불덩이가 바닷속
숨통을 막자 기어이 터져버린 거야, 80만 년 전
그때에도 마그마는
화산재와 돌멩이, 조개는 쌓여서 패총이 된 것이지
돈(貝)이 되기도 하고, 여자[牝]가 되기도 하는 조가비는
북두칠성을 닮은 숟가락[匕]
보리꽃 피던 그때에도 나는 숟가락몽둥이에 매달려
북극성에 촛불을 켜고 앉아서 밤마다
마시고 놀면서 달려도, 달려도 좋은 야생마
처음, 지푸라기 위에 머리 처박고 떨어지던 날
삼신할미께 물었지.
왜 이리 추운 거야! 머리는
왜 이리 어지러운 거야! 그리고 할머니
조가비가, 어째서 돈이 된 거야! 듣지 못하고,
살다 살다가 지쳐서, 문득 다시 물었지
조가비가, 어째서 돈이 된 거야!
조가비가, 어째서 돈이 안 되는 거야! 할머니, 이상하잖아
언제는 되고, 지금은 왜 안 되는 거야!
여태껏 말씀 한마디 없기에 가끔
마고의 영주산을 마주하고 가만히 듣노라면

네놈이 진정, 네 행실을 모르고 내게 묻느냐고, 입술만
달싹거리고 있어, 지금도

겨울 해변에서

그만그만 그득하다 밀물의 넘칠 듯 부푼 표면장력이 위태하다 수평선 앙다문 아귀 입, 누군가 있어 그 가는 실 빗장을 쑥, 뽑아버릴 것만 같다 머잖아 청정무구한 허공의 뱃장에 일시에 쏟아져 더럽힐 것들은 뻔하다 세상에서 가장 고약한 인간의 해골과 인간의 똥 덩이들

그런 것들

밀물이 구름을 끌어안고 바람을 부른다 머리채 휘어 잡힌 듯 해송이 휘청거리는 해변, 까딱까딱 물새 한 마리 갈피를 못 잡는다 가까스로 담뱃불을 붙이고 강아지 앞세워 걷는다 폭삭 꺼져버릴 것만 같은 땅 위를 발붙이고 걷는 내가 가증스럽다 나뭇가지에 걸려 팔랑거리는 비닐봉지처럼 무언가 할 일이 없다는 건 비극이다 비극이 절정일 때 인간은 침묵한다.

뼈 부러져 죽어가는 날짐승의
순하디순한 눈동자가 가슴 서늘케 하는 그 순간처럼
순례자의, 구도자의 그것은 아니라 해도 사람이면……

멀리 파란 바다가 가깝다.
넘칠 것 같은 바다가 찰랑거린다 살아있다는, 살고 있다는
내 아닌 내가 도무지 가증스럽다. 오늘도
작은 강아지의 재롱에 의지하면서 버티는 내가

빈병

한때는 속없이 푸르렀고, 푸르러서 속 모르던 계절도 저마다 제자릴 찾아 떠나는 계절. 뚝, 떨어지는 감잎의 무게로 침묵해야 할 물음표의 꼬리 점, 영주(瀛州)는 물 건넌 땅, 섬이다. 그 왜가리 하나가 절벽의 끝에 ?표처럼 서 있다. 해송은 푸르고 바람도 좋은데 그는 병목을 세워, 무엇을 생각하고 있을까. "나왕 케촉"의 히말라야가 그의 목줄을 타고 미끄러져 내린다. 바다, 저 멀어야 할 수평선이 눈앞에 또렷하다. 물결은 한없이 밀려서 오고 나는 또 한없이 밀려서 가고

파도, 한 꺼풀씩 억만년을 줄기차게 벗겼어도 바다의 속은 드러나지 않는다. 가늠할 수 없는 물길을 흔들리면서도 높다랗게 나부끼는 출항의 깃발, 깃발은 자신의 전부를 바쳐서 오직 하나의 장엄(莊嚴)을 동경한다고 하겠지만, 찢기고 빛바랜 백 년 깃발이 닻을 내린 그곳 또한, 이곳이 되고 마는 제자리, 여기는 섬이다. 빈병

속없는 것이 푸른 색깔 하나로 서 있다.

* 나왕 케촉 [Nawang Khechog] ; 티베트 출신의 세계적인 뉴에이지 음악가.

징검다리 있어도

거친 물 흐름의 강에 사람들

그 섬과 섬 사이를, 피 터져라 헤엄쳐 건넌다 해도 결국

강 건너를 가겠지.

하지만

저 건너라 해도

지금의 내 길과 무엇이 다르랴 싶다.

오백만 년 전 조가비가, 솟은 지층에서 보이듯

내 삶이, 내 아버지의 촌스런 가난과

크게 다르지 않았으므로

길가에 갓나물

찬바람 불수록 억세다 자줏빛 안팎이 다른 청바지의 오기가 길가에 아무렇게나 개똥같이 굳세다 넓은 잎 펴고 땅의 어머니를 편안케 하려는 듯 납작하다 잎이 뒤집힐 땐 까마귀 색깔이다 검은 듯 자줏빛 까마귀의 반포지효(反哺之孝)도 모르던 내가 부모님 다 가시고, 다 늙어서야 세월의 색깔을 읽고 있다 납작 엎드려 살아보지 못한 죄, 은행직원에게까지 심문을 받는다 저들의 밥줄이겠지만 내 모가지에 올가미 걸고 마구 조인다 검찰청 조사실에서도 저런 말투는 아니었다.

소송절차 진행 중, 소송비까지 물어보시겠어요!

갓나물 씨앗, 살 놈은 살고 죽을 놈은 갈려서 남의 속 긁겠지, 가루가 되어도 가시 세워 긁는 맛, 그런 맛으로 나도 한 번 속 시원히 살았으면 싶다 너처럼 납작 엎드려서

* 反哺之孝 : '입 속의 것을 뱉어 어미에게 먹이는 효도.' 까마귀는 먹이를 물어다 어미를 되먹이는 습성이 있다. 그래서 까마귀를 자오(慈烏:인자한 까마귀) 또는 반포조(反哺鳥)라고 한다.

하필이면

잎 지고 남은 자리에
철없이
매화 한 송이, 딱 한 송이

하필이면 하얀 꽃이, 누렇게 황금빛이라니

벌 나비도 오잖는 한겨울 동산에
우수수 하늬바람
하필이면

다섯 잎의 펜타그램 속에 펜타그램의 꽃술들, 재생과 재생의
빛살이 튄다 무수한 별빛 방울들

(그러나)

하필이면, 한 겨울에 피어서

나목의 길

날씨가 제법 쌀쌀하다 나뭇잎 흩날리는 길
나를 뒤따라 달려온 바람이 길가 구석마다 한바탕 휘젓고
강아지처럼 뱅글 돌아서 담장을 넘는다 다시
파르르 지는 느티나무 잎

어째서 나무는 찬바람일수록 벗는 것일까?

이 간단한 물음을 들고 머릴 조아려보지만, 물리적인
그 근거가 도무지 마뜩치 않다
해가 짧아서, 물이 오르지 않아서, 날씨가 추워서, 환경이 변해서
나무는 나무라서 그렇다 해도

왜, 그렇게 되는 줄을 이해할 수가 없다는 말이다

걷는다 혼자서
어둑어둑한 길이란 길은 모두
타이어 고무가 타고 있다 메케한 연기 속
눈-귀 멀었으니 보고 듣지도 말라고, 씹을 일 없다고
이빨마저 하나씩 뽑히는 침묵

날마다 변해가는 노인 하나가 걷고 있다 문마다
꼭꼭 닫힌 유리에 고고한 척 뻗대고 서 있는

은행나무 하나
그도 굴광성(屈光性)이었을까
빛을 쫓아 모로 뻗은 가지 하나쯤 없었을까
위를 쳐다보지만 싸리비 한 자루 거꾸로 서 있을 뿐
아직도 떨어내지 못한 열매들
떨어져 밟힌 열매들 문드러진 길을 머뭇머뭇
걷는다 고개 푹 숙이고

열매 하나 뚝, 떨어져 튄다 나뭇잎 팔랑팔랑 바람도 없었는데
왜 그렇게 떨어지는 것일까? 말씀은 풍성하다
어떤 선사는 비워야 다시 산다 하고
어떤 신사는 변해야 살 수 있다 하고
그 어느 쪽이든
의미를 갖다 붙이고자 하는 인간의 생각일 뿐
해는 멀고 바람 쌩쌩 추운데 자꾸만
벗어던진다 죽은 채 바람 가르며 바람이 흔들면 흔들리며 서 있는
저 나무의 본체(本體)는 능동(能動)인가, 피동(被動)인가
과연 나는,
내 생각이란 것이 있는 것일까 어떤 새
한 마리 허공으로만 날고 있다

‘사이’에 대하여

1)
‘너’라는 모든 것과 ‘나’라는 하나 사이에
빛과 어둠의
강을 건너는 다리.
거기에 있다 “쇼팽”의 예쁜 강아, 아니면 “모네”의 고양이 한 마리쯤
그런 틈이 없다면, 거리가 없다면 돌아설 수도 없다.

2)
너와 나의 사랑이란, 에로스란
‘출입금지’의 경계가 장벽으로 굳어가는 일. 미지의 처녀림은
한번 들어서면
나서기는 더욱 어렵다 마의 블랙홀
윤리규범의 높은 장벽은 관음증만 키운다.

3)
두서넛, 네다섯, 예닐곱이란 ‘사이’를 낀 三神의 ‘하나’이다.
하늘과 땅 사이에 만물이 있다.
전일(全一)하다,

2분은 모순(矛盾)이다. 옆이란 것이 없다. 흑과 백만 존재한다.
반대(反對)엔 ‘사이’란 것이 존재하다, 기권, 또는 무효라는 것.
반대엔 셋이 공존한다.

동서 노소의 당쟁은, 사칠이기(四七理氣)의 논쟁은
창의를 키웠다.

4)
남아 있던 나뭇잎 하나 뚝, 떨어져 날린다.
나무와 나 사이에 떨어지는 나뭇잎의 현상은, 잠깐
찰나의 멈춤이다. 무상은
존재를 거부한다.

'사이' 란 틈이며 시간이 흐르는 공간이다. 텅 비어 있어야 한다.

투명하게 흐르는 샘물이, 하늘인 것처럼

理와 解 사이에서

옥돌의 결을 헤아려보고
날을 대어 쪼개거나 다듬는 일(理)이나,
칼 든 포정(庖丁)이 눈 지그시 뜨고 감으면서 소 잡는 일(解)이나
그게 그것인데
앞엣것은 귀하고, 뒤엣것은 천하다.
마치 하늘과 땅이다.

한 마을엔 사통팔달의 길(里)이 있어 촌장이 다스리고,
한 나라엔 마을이 있어 왕이 촌장을 다스린다는 머리(神)가 理라면
예리한 칼로 소의 뼈와 살을 가르고 발라내는 손이라야 解이다.

理와 解,

이해하십시오. 이해해 주십시오. 이해하여야 합니다.

하늘과 땅 사이에, 그 많고도 많은 만물을, 그 이치를
머리로, 몸으로 다 헤아려달라는, 이 기막힌 주문을, 또 어찌 헤아려야 하는가.
인간은 어째서,
이런 강요를 당하며 살아야 하는가.

어째서,

남의 잘못이나 이기(利己), 영광과 좌절, 슬픔과 기쁨을,
내가 까닭도 없이 헤아려야 하는가.
어째서 내가 머리 아프도록,
내 손에 망치와 칼을 들고 피를 묻혀야 하는가.

어째서 인간은,
자기의 생각을 남에게 전하려 애쓰는 것일까. 무엇 때문에, 그토록
자신을 내세우려 하는 것일까, 어째서 인간은.

등껍질 깨진 달팽이가 육필로 기는
보람도 없이, 오히려 내가 허리 굽혀 머리 조아리면서
'이해하십시오.' 라고
말해야만 하는가, 어째서

* 포정(庖丁) –장자, 양생주 편에 나오는 요리사.

겨울꽃

절벽 위 ㄱ의 한단 밑은
무풍지대, 여기서 한 두 걸음 나서면 또 ㄱ
같은 수직 낭떠러지

그 한단
햇살 좋은 양지 쪽
눈 하얀데 노랑꽃이 피었다
들국화

옛 걸인이 찾아와
겉옷을 벗고 속옷을 벗고
이를 잡는다

그도
들꽃도

가만히 웃는다

신구간(新舊間)

네 것과 내 것의 경계. 그러니까
담 줄의 반은 네 것, 담 줄의 반은 내 것이란 뜻인데
과연 사람으로서
그 진정한 중심의 금을 찾을 수 있을까.
있겠지만 영원해야 하니까 머리 아픈 그것을 가지고
인간을 간섭하느니 차라리
적당한 사이를 비무장 지대로 두고
물러나 좀 쉬자고 神들도 타협했다는 사이
대한 후 4일째부터 입춘 전 4일까지.
神, 인간이 영악스럽기는
동서고금이 그렇고 그러니 그럴듯하게
허수아비 하나 세워놓고 아전인수 격으로 의미부여
복이니, 사랑이니 암만 떠들어도
갈증에 맹물 한 사발만도 못한 귀신은
어디에 있는지 모르지만
그게 시라 하든, 말씀이라 하든
말 너무 많아 말 같지 않은 소리를 오나가나 들어야 하는
귀가 불쌍해서 벽에 못 하나 박고 걸어 두었는데
누렇게 낡기는 낡았는지
수도관 물 찔끔, 녹물 뚝 뚝, 한 밤이면 주울 줄
흘러내리는 고막을 주워서 본다, 썩어 문드러진 귀청을.
아, 이것인가. 이것과 저것의 사이에
니플(nipple)이란 것

타일 벽

진실은, 그 너머에 있고 수인(囚人)들을 보는 간수는 망 안에 있다.

곤충의 겹눈은 그물-罒, 겹겹 組(가로)와 織(세로)

조직사회의 행동규칙은 cctv.

시속80킬로의고속화도로에서120으로달리는자동차가내야할범칙금은

얼마나 될까?

「骨片에關한無題」에서 "李箱"은

"난인간만은植物이라고생각됩니다."

그렇지, 천재양반! 지금의 세상 모두는 창밖

그물 속에 있으니까.

*인용문은 -임종국 역. 단기 4289년 태성사 간. 《李箱의 未發表遺稿》 9편 중에서

오직 그것뿐

숲속 봉분의 반원을 둘러싼 사각의 석축, 호젓하다.

한 세계 속에 한 집합의 내세(來世)는 땅 속에 있겠지만
살아 백년이 영원보다 더 소중하다는 걸까.
'Ac=U−A' 의 적적한 여백에

죽어도

서생이었노라 【學生 本貫 아무개의 墓】

그것도 모자랐는지,
옆 뒷면 넘치도록 구구절절 주석을 달아놓았다. 그러나

모든 사람은 죽는다.
그는 사람이다.
고로, 그도 네모 속에 마침표 하나.

한 명제의 코끝에 사마귀처럼 붙은, 오직 그것뿐

암탉모가지

삶고 또 삶는다
고래 심줄만 같다 늙은 모가지
크게 한 번
울이니 보았을끼 울대의
저 깊은 어디쯤에서 턱, 끊겨 버린 울음
차라리 항변이라 하자

알을 낳는다 돈을 낳는다 문명한 타원의 文明한 無情의
文明한 無精의
글 밝은 암탉은 새끼가 없다
사막 같은 닭장에서 수백을 낳았음에도 홀로 늙었다 헛바람의 길
질긴 모가지
길은
어디에나 있고, 어디에도 없다
무너져 끊긴 길, 무너져 내려 길이 된다 물의 길, 世世生生의 길
땅 위에도 땅속에도 하늘에도 있다
하늘도 무정한,
무정한 하늘에 뜬 구름
爲하지 마라, 위하지 마라! 산 무너져 내린다! 아득바득
눈 밝히지 마라, 서쪽 나라 명품의 길!
삶아도
삶아도
고래 심줄만 같다 길 끝나 길이 된 암탉 모가지

횃줄에 걸려

옷자락 날린다. 바람은
동남풍
천민 부르주아의 고혈(膏血) 하얗게 빛나는 첨탑의, 북악의
창끝에서 흩날리는 깃발! 바람은
동남풍, 바람은 서남풍

몰락한 양반의 후예가 횃줄에 목이 걸려
탈춤을 춘다. 바람은
서남풍,

"오사마빈라덴"의 피 냄새가 슬픈, 저 이디에선가는 평화가 있다는

눈빛 붉은 비둘기의, 구룩구룩한 울대의
바람은 서남풍, 바람은
동남풍

이매(魑魅탈)가 웃는다 이매가 넘어져 웃는다 더 크게 웃는다.
눈물 반짝! 바보가 웃는다 바람은 서남풍, 바람은
동남풍

* 魑魅이매: 얼굴은 사람 모양이고 몸은 짐승 모양으로 되어 있다는 네발 가진 도깨비. 사람을 잘 홀리며 산이나 내에 있다고 한다. (국어사전)

승묵지외(繩墨之外) · 1

1)
칼날을 세워도 글자를 기억 못 하는 나의
뇌세포는 금줄 밖에 있다. 외로 꼰 새끼에 꽂은
고추가 가을을 입고
神의 문객들을 가로막고 있다.
매번 무대의상으로 갈아입고서야 출연하는
배우의 진실은 무엇일까.
고풍스러운 언어의 의상일수록 풍성하다.
양을 잡아 껍질을 벗기고도 드러나지 않는 속,
그 속껍질 속에 웃음과 울음이 공존한다는 것쯤은
나도 안다. 하지만
산 같은 언어의 볍씨에서
진실 하나를 찾아보겠다는 오만은
처음부터
불가(不可)하였는지 모른다.

2)
방랑을 위해서는 삿갓이 필요하다. 가을비는
제 분수를 잊고 하룻밤도 모자라 한낮이 되도록 퍼붓고 있다.
야산의 띠(茅) 풀을 모두 모아 벽에 기대 세운 듯 빗금은
붉은 홍시와 누런 귤 속을 뚫고 있다.
삿갓 하나로야, 제 눈의 하늘은 가릴 수 있겠지만

퍼붓는 언어의 홍수를 감당하기엔 역부족이다.

진실은
억년 무게의 절벽,
그 너머에 있고 춘추필법은
지금도 유용하다.

3)

베를루스코니의 언어가 담긴 명품 가방처럼 빛나는 춘추필법의 창시자 이전 인류 최초의 언론 편집장은 누구였을까. 아마존의 숲을 태우고서야 장대한 문명이 들어나 말을 하듯 세상의 모든 언어는 태워 버려야 한다. 소통부재의 저항, 거리의 희생자는 다만 죽었을 뿐 표석 한 페이지의 허명은 진실이 아니다.

칼날을 세워도 글자의
저편을 못 보는 나의 뇌세포는 여기에 있고 진실은
금줄, 저 너머에 있다.
현전(現前) 부재(不在)의 진실은

* 繩墨之外 : 먹줄 밖이란 뜻으로, 법도나 규범의 외곽. (사마천의 "보임소경서"에서, 사람이 치욕을 당하면 규칙 밖(繩墨之外)에서 빨리 자결하는 것이 사대부인데 그렇지 못하면, 사람으로서 인정 때문에 점점 어렵게 된다는 전제를 들어 자신이 궁형을 받고도 자결하지 못한 바에 대한 인간적인 고백을 하는 대목에서 보임.)

승묵지외(繩墨之外) · 2
– 클린하우스

온갖 쓰레기가 모이는 곳이 있다.
누가 이름 붙였는지 기발하다.「클린하우스」
그러니까 냄새가 지독할수록, 온갖 잡동사니가 많을수록
클린clean하다는 뜻인가?
이 대목에서 자꾸
여의도의 어느 번드르르한 목사의 얼굴은 왜
겹치는 것일까. 특히
그 오묘한 물결무늬 입술이.

'물은 더러운 곳으로만 흐른다.' 노인의 말이지만

예나 지금이나
물은 봉이 김선달의 대동강이다. '최상의 선은
물과 같다. 물은 뭇사람들이 더러워하는 곳에 머문다.'
고로 돈은
그들 말씀(道)에 가깝다.
가히 클린하우스이다 물결무늬의 입술들
문득 조용하다 그 썩지 아니한
입들까지 다물게 하는 힘과 용기가 대단하다. 너무 조용한
어느 이상한 나라의 마법처럼 불가사의한
클린하우스

너무 썩어서 클린하다는 클린하우스란 세계가 있다.

폐문 · 1

태풍이 불어도 열리지 않을 것이다.
낡고 썩었다!
"나도 해봐서 아는데……."가 잠겨있는 저것, 저 속엔
무엇이 들어있을까?

[……?……]

'나도 해봐서 아는데'의 아이러니는 불통, '잠자코 따르라!'
안다는 것은 잔머리의 현상(現象)일 뿐, 머리와 가슴 사이는 구만리

시대는 변해도
하늘과 땅 사이엔 구름, 온갖 잡동사니

밥 짓는 어미의 가슴은
무식할수록 따뜻하다. 가슴 속에 머리가 있으니까.

"항우"의 불통일수록 기다려야 할 것은

죽음,

사람의 온기 없는 집은 하루가 다르게 썩어가는 길뿐이다.

실반지 하나

알사탕 하나가 새파란 혀끝에서

가늘게 빛났을,

그런 그리움 하나를 주웠다 공원 벤치에서 누가 버리고 간 애증의

그림자

새

난다고, 날아갔다고

그 그림자까지 땅에서 날아가던가 찌그러진

사랑의

실반지 하나

저 멀어져간 소리

커튼 자락 들, 썩! 눈송이 화르르 방 안에, 집 밖에
열린 문턱 넘어, 제멋대로 드나드는 바람
조금은 차갑다, 어깨가

–구운 고구마!
70년대 부산 서면 뒷골목 꽁꽁 언 가로등도 희미한---리어카
세 바퀴쯤 굴렀을까
–사요!
먼 소리 가깝게, 다시
멀어져가는 소리 '구운 고구마♬ '(…………) '사요오 '
묵화의 여백처럼 온 세상의 사이, 그 사이의
죽음이라 할지, 엄숙이라 할지, 처절이라 할지, 그런 삶이라 할지
그런 머릿속만 날아서
그 겨울 소리가 그리운 까닭은 무엇일까?
몇십 년만의 겨울이라고, 툰드라 녹아 내방에 들었다고, 기름 안 때는
내 방에 들었다고, 도둑 해 먹은 일도 없는 내 방에 들었다고!
쥐구멍 따끈한 속에서
꼭, 그 같은 새끼들이 말을 하지만, 말들을 하지만
난 그딴 거, 모른다 잠시 앉아 있다가 발 쭉, 뻗고 누우면 되니까!
무시로
드나드는 바람의
저 멀어져 간 소리 귓가에

'구운 고구마♬ '(…………) '사요오 '

늙어서 더 더러운

늙어서 추잡스럽고 늙어서 썩은 달걀이다.
언제 깨질지 모르는 금, 무수히 깊다.
매일 먹을수록
한 꺼풀씩 줄어드는 살 속
눈 퀭한 해골에 수천만 구더기 우글거린다.
살 통통 빛나는 구더기의 세계

배추흰나비

하나, 둘, 몇 송이의 눈발
바람 한 점 없다. 무풍지대에 우중충 나무들
숨어버린 새, 웅크리고 잠든 강아지 솜이불 속 싸늘한
그 어떤
숨소리조차 없다.
얼룩이 칠갑을 한 유리창 안과 밖
언제 깨질지 모르는 금 간 달걀 속, 모두는
아우성인데 불덩이인데 주라기 공룡 쿵쾅거리는데
달려오는데 용암 가득 서버린
TV 화면 속 노이즈
빨아야 하겠지 씻어야 하겠지. 오늘은
내 더러운 뼈와 껍질을

69

太虛의 無間에서 한 점 인연의 合一, 바람개비의 69

태극의 두 날개가 한 몸이라서

먼 먼 태허가 그리운 이율배반(二律背反)의 모순일 때, 96의 9와 6은

눈물이지만, 눈물이지만

어쩌다

새 날아, 새가 날아서 달이 되어버린 - 섬은 돌이 된다는 것, 앉아서

돌이 된다는 것.

눈이 내려야할 계절에

1월 지나 2월도 중순이면 막바지 겨울
4계절 밤낮을 창문을 열고 거실에서 산다. 창밖엔
이 · 저런 새들과 까치도 날고,
때로는 밀감밭까지 내려온 산꿩이 울기도 한다.
이 수채화 같은 그림 속
새들 소리와 개 짖는 소리가, 내 살아온
만큼의 이야기가 되기도 한다.

앉아서 보면 빛과 그림자, 누워서 보면 온통 구름뿐
전봇대는 있으나 길이 보이지 않는
4층에 살아서
죽을 일과 죽는 일뿐이지만
백 년 푸른 소나무와 늙은 팽나무,
밀감밭에 키 큰 신나무도 눈 아래에 있고
개천 건너 다닥다닥 시멘트 건물 지붕들까지 내려다본다는
그 말도 안 되는 풍월로 나를 위안하면서도
내가 보는 남쪽엔 온통 뒷면뿐인, 그 열리지 않는 창문들

쓰 또또 쓰쓰 또……

저 어느 우주에선가 날아드는 모스Morse의
꽉 닫힌 돌문만 같다.
줄담배 연기에 무르익은 앉은뱅이책상과

한 번 일어서기가 큰일이라 앉은걸음으로 마시다 만 커피잔
방안 네 구석을 따라 느느니 빈 술병.
어디 그뿐인가.

앉은 자리를 빼면
한 구덩이 속에 뒤죽박죽인 시체처럼 뒹구는
읽다가 만 책과 책
책장 사이에 접힌 가위눌림
깨고 싶다! 옆으로 찢어 피 터지도록
소리라도 지르고 싶은
아,
눈발 날아야 할, 이 계절에 가랑비

이쯤에서

산 오르다 말고 털썩, 주저 앉았다.

힘드시죠? 산 오르기가.

네, 많이요.

멀리 붕 뜬 바다가 삶이었다. 어린 풀꽃의 길, 숲속
광대버섯의 길, 돌 바람의 길, 가시밭길

지금은

저 아득히, 너머에 있다.

다리가 아프다.

아무래도……. 이, 이쯤에서 내가 버린 오물까지 주워 들고

내려가야 하나보다

욕망이란 이름의 새끼줄

날마다 사나이는
새끼를 꼰다 양손 비비며 뒤로 당기며
간다 뱀이다
뱀의 발은 무수히 많다
세상은 너무 넓은데 할 일은 없다 둘러보아도
신기루뿐인 열사에서 태양은
빛이 아니다
외줄 곧게만 달려야 한다 길고도 곧은 '一' 은
삶이다
잊지 말아야 한다
가다가 주저앉으면 엉킨다

아, 그러나

'자신이 기른 나귀가, 등 뒤에서
끊임없이 잘라 먹는 줄을 모른다' 뒤돌아보면
기껏, 칠성판 한 길이를 꼬았을 뿐
죽어도
인생은 미완성이다

몽돌

1)

수만 년을 굴렀느냐, 수백 년을 굴렀느냐
어찌 속으로만, 속으로만
딘딘힌 것이냐. 이찌다 그렇게

시퍼렇게 뭉쳤단 말이냐.

굴러서, 다시 굴러서 살아온 만큼 더 굴러야, 네
속을 보여 주려느냐, 아기 손 꼬옥
웅크린
핏덩이들, 몽돌몽돌 쌓여서 속으로만
으르렁대는 것이냐.

일어서자, 일어나야 하지 않겠니?
이 숨 막힐 듯, 무개념의 난장에서 무엇 하나라도
찾아야 하지 않겠니!
지금은 그래도
봄이라는 계절이 아니냐!

2)

"많은 사람이 어리석은 대중을 기만하는 속임수 거래와
가짜 기적을 만들었다. 맹목적인 무지가 우리를 잘못 인도한다.

오! 가엾은 인간들이여, 눈을 떠라!"

–레오나르도 다빈치

3)

당신과 나, 발가벗은 부부라 해도
너를 다스려야 하고, 너를 가져야 한다. 이 소유와 지배욕은
원초적인 정치의 논리.

권력과 지식, 권력과 금권의 야합

역사는 진실이 아니다. 역사는
한 병사의 죽음 앞에 엎드린, 그 아내와 그 어머니에게
물어야 한다. 진실은
한 알의 모래알, 아주 작은 것에 있다.

고정관념을 버려야 한다. 그 어떤 체제라 해도 근본은 사람이다.

4)

죽어서 나야 하겠지, 매번 죽어서 다시 살아야 하겠지. 나와 나의 싸움에서 진정한 나 하나를 찾아야 하겠지. 아무리 원해도, 불러도 쉽게 만날 수 없다는 하느님, 이미 내 머릿속에 내려와 계신, 그를 찾아야 하겠지. 매번 죽어서 다시 살아야 하겠지.

5)
네 잔뜩 웅크린, 뱃속의 아기가 머리를 내밀었다. 한 방울의 물
토란잎을 굴러서

뚝,

아! 한라산정을 치솟는 구름의 뼈. 날아라, 날아라 새여!

봄의 촛불들

매화가 피었다. 몽돌의 몽우리가 활짝 열렸다. 5엽
별꽃이 피었다. 피타고라스의,
아니다 플라톤의

"기하학을 모르는 자는 이곳에 들어오지 말라!"

6)
몽돌의 수억만 부다 할아버지가, 이에소수의 888한 무한 음수가, 함곡관 저 너머로 청우를 타고 간 늙은이가, 초상집 공자가, 조금 삐딱한 소크라테스와 크게 엉뚱한 레오나르도 다빈치와 아주 미쳐 버린 카프카 등등.

그들 할아버지와 할아버지가 제아무리 떠들어도 모난 돌은

구르고 구르면 몽돌이 된다는 것.
아프지만 죽을 만큼 아프지만 가난한 영혼은
쉽게 죽을 수도 없다는 것, 하늘과 땅과 내가 각각이어서

삼각의 합, 2+2+2 / 3+3+3의 69가 되려면 아직도
수억만을 더 살아야 한다는 것.

젠장!

7)
강아지가 웃는다.
나를 빤히 쳐다보고 있다, 그러던 놈이 어느새
내 이불 위에서 두 다리 쭉 뻗고 고개 찰싹
내려놓고서는 죽은 시늉이다.

하얀 털 따뜻이 게으른 놈이, 다시
잔뜩 웅크린다. 동그란

몽돌

재부팅 시점에 선 9의 외톨이 하나

매화도 피었고

바람 잔잔히 흐르는 물.
봄볕은, 제 빛을 드리워 물비늘을 엮는다. 실비단 한 폭의 개울
양안(兩案)에 매화가 피었다.
여신의 문채(文彩)가 계곡을 돌아 이드옥
이태백의
달빛 강으로만 흐르고 있다.
"桃花流水 杳然去하니 別有天地 非人間!"
(복사꽃, 유수로다 아련히 흐르네. 별천지로고, 인간 세상 아닐세!)
하긴, 신농의 딸 뉘조를 눕힌 하늘이, 억년을 깎아 다듬은
아프로디테의 계곡
휘파람새가 흐느끼고 있다. 참으로 아름답다. 남녀의
교성(嬌聲)인가 보다 하면
물 맑은소리. 귀를 세워 들어도
그 무엇이라, 말로는 표현할 수도 없는…… 신라 "우륵"의
율려(律呂)인가? 규칙과 질서, 별빛 같은 울림의 화음(和音)
피타고라스의
그 오묘한 숫자의 은유?

흐르느니 맹물이로고, 눈빛만 퀭한

두 손을 담가 퍼마신 물 너무 맑아서, 배는 불었으되 배가 고파서
마고지나(麻姑之那)의 포도송이를, 먼저 알고 따 먹은 나는

아비도 모른다. 시쿰하다.

할머니~ 그러니까아!
당신 딸, 하나 달라고 했잖아! 내가 꼭 이렇게 될 줄을 알았다니까!
지금은 흑소씨黑巢氏라도 좋아, 어차피
북두칠성이 가까이 있으니까. 끄윽, 그거 알아? 할머니!
이놈이 많이 취했네, 천하에 불효막심한…… 쯧쯧
제 어미, 아비도 모르던 주제가…… 쯧쯧
할머니, 그래도 난, 남자야!
매화를 무지 사랑했거든, 옛날에

쯧 쯧쯧

모순이란, 양립(兩立)할 수는 없지만

비 온다 비 오지 않는다 창밖엔 봄비
목련이 피었다 목련이 졌다 땅바닥에, 저 꽃이던
그때의 그만한 무게로 죽었다 죽지 않았다
너도 나도
모두가 위선(僞善)이다
먹어도 배고픈 쥐새끼들의
죽순처럼 끊임없이 자라는 이빨과 이빨들
주체할 수도 없는 바람 세차다 아니 바람 없다 내 방안엔
빠른 흐름만 있을 뿐 전등불 환하다 '지금', '여기'
빛나는 빛이라는 것
한 사랑의 영상만 남은 이 절벽에서 나는
한낱 구름이고 싶다

그런데 어째서 너와 내가 하나인가? 그 뿌리가 $\sqrt{2}$라면
한 만남의 꼭짓점은 천 년인가, 만 년인가?
그래 그만하자
너와 나는 영원히 남인데
내 머릿속에, 내 가슴에 어째서 그토록 네가
줄기차게 남아 있는 것이냐?

그 어떤 방패라 해도 뚫을 수 있는 창과
그 어떤 창이라 해도 뚫을 수 없는 방패 사이에
그 무엇

多中一 一中多

제논의 화살인가?
3세를 거쳐 흐르는 물인가? 미래의 시간이란
내게 永遠不在인데 한마당에 내려앉은

빛과 그림자

같은 것인가? 아니면 다른 것인가?

* 多中一 一中多 많음 가운데 하나, 하나 속에 많음(내 몸 하나에 마음은 무량대수, 또는 나와 저것). 一中一切多中一 一卽一切多卽一 (불교 화엄사상을 보고, 신라 때 "의상"이 지은 '법성계' 의 한 구절) 하나 속에 일체가 있고, 많음 가운데 하나가 있다. 하나가 곧 일체이니 많음이 곧 하나이다.

홀로 걷기 연습

아픈 곳이 많다는 것.
당산 나무 속 텅하니 썩어서
밀고 당기는 풀무소리마저 힘겹다는 것.
시냇물 맑게도 봄풀은 자랐고
민들레 꽃씨 방울 솜털
바람도 없이
저 스스로 온통, 허공에 폭죽이었다가
저 스스로 팔랑거리는 벚꽃의
이 따뜻한 봄에
흰 눈이 내린다는 것.
차츰 혼자라는 생각, 내 늙은
강아지의 깊은 눈빛 노랗게 유채꽃 무진장
새털 매끄러운 말 잔등 반짝이는
지평의 끝
아지랑이 속에 나비,
내 사랑은 온 세상이란 것. 나 한 점
무한히 부풀어 구름 둥둥
여전히
걷고 있다는 것

5월에 비

곰, 그 이름값 하느라고 마늘 스무 쪽과 쑥 한 줌으로
동굴 하나를 오롯이 지켜냈다 하던가. 남원 땅 춘향이마저 칼 쓰고
깜깜 독방에 앉아서, 밤낮을 꼿꼿 앉아서는 미련 곰탱이들.

뭘까?

하늘나라 아드님과 곰녀, 부사 아들 이 도령과 기생 딸 춘향이라면
사람이 사람 되기 위한 통과제의(initiation)적 의례가 내용이라 해도
봄비 추적거리는 창밖의 우중충한 전선으로 날아와 앉은
지빠귀의 붉은 점 하나가 유독 빛나 보이는
그것처럼 그때는 장미꽃 한 잎으로도 온 세계를
감싸 안고도 남더란 말인가.

원앙 한 쌍의 계곡물마저 말라버린 지금, 그래도
그 위대한 여신들의 누대가 살았고
절뚝거리면서도 역사가 되어야 하는 강산일망정 계절은
어김없이 꽃이라 하는데
영산홍 짓붉게도 피었다 하는데 가는 비

가는 비 맞으면서도 노래하는 휘파람새의 청승도 청승이지만
야생의 곰녀와 기생 딸 춘향이의 미련 곰탱이 같이 가슴 열려 따뜻한
여인 하나 있을 것 같지도 않고 창밖엔
비만 내리고

한라산 영실 존자암에서

108계단을 오른다 숲 속 길
내 늙은 강아지를 안고 한발 한발
서어나뭇잎 사이로 드는 빛, 산바람 서늘한데
파수오경(芭岫午更)* 지나, 숨이 턱에 닿을 듯 길 다한 곳
사람이 만든 얼굴 하나 있다 아기 부처는
대웅전 문 앞에 서 있고.
단하(壇下)의 몸이라 대낮에 뜬 달이 있을까만 어디에다
제 새끼를 맡겼는지, 5월 뻐꾸기 울음만
나무 둥치를 돌아 계곡에서 우는데
문득 피식 웃는다.

"부처님, 오늘 태어났으니 오래오래 사세요!"

어느 초등생이 지었다는,
이 기막힌 명구가 암자 앞마당에 철철 넘치는 샘물과 같아
시원하고, 달콤하고, 사랑스러워
샘물 한 모금 내 강아지에게 가만히 적셔 주며
나직이 중얼거려 본다.
콩시인, 그대 또한 오래오래 사시게!

** 芭岫午更看月出 杜鵑聲裡牧將驢에서. (파초꼭대기의 대낮에 달뜨는 것을 보고 두견이 소리 속에서, 장차 나귀를 먹이련다.) 출처: http://www.tvbuddha.kr/

탁란(托卵)

찔레향 아찔하도록
5월 푸르른 오름 능선 어디에선가 뻐꾸기 소리
깨 거라, 깨어나라 재촉이지만
세상 밖으로 열렸던 여신(女神)의 문, 겹담 쌓아 꼭꼭
닫아버린 네모 속
오롯이 푸른 뻐꾸기 알 하나
억만 년 흐른다 한들
줄탁(啐啄)의 의미나마 깨칠까. 무덤이 山이라는
그 이름 위에 삐비꽃 바람만 불어, 구름은
또 어디로만 가는 것일까
크게 넘치면 흐르고, 흐르면
점점 멀어, 끝간 데 없이 멀어 어느 날 갑자기
되 온다 하지만, 그것은 한 때의 비바람일 뿐
저 무덤 속 다시 열릴 리야, 동창의 문
다시 열릴 리야!

공간과 시간을 사분한
테트라드(Tetrad)의 마고할미는 창조의 여신
네 기둥으로 떠받친 하늘 둥글어, 무덤까지 둥글어
할머니의 속에서 평안한 알 하나
줄-탁! 줄-탁!
알 깨는 소리 들릴까
해마다 포곡포곡(布穀布穀) 뻐꾸기
피멍 들게 울며는

양귀비 꽃밭에서

실 비단결 꽃잎

빨강

만져도 실 비단

그 가슴 뛰는 양귀비 꽃밭에서
흰나비
한
쌍

뱅뱅 감싸 안듯 돌면서
돌면서
서로 돌면서

하늘 끝
·
·
·

젠장! 청춘이로고

색즉시공(色卽是空)

– "李箱" 해석에 대한 유감

n x0의 창조적 무한의 세계에서
어쩌다 걸려든 아비와 어미의 不可思議한 자식인
나는

"李箱"의 '3+1은 3–이다' 라는 해석에 웃지 못 할 경의를 표한다.

하나의 全一함은 둥근 하늘의 헛헛한 無名인데
n의 色은
有名한 萬物이다라면
나의 시각은 잘 못된 관점일까.

"執一含三 會三歸一"
(하나를 잡으면 3이 포함되어 있고, 3이 모이면 1로 돌아간다.)

《nPh=n(n–1)(n–2)…… (n–h+1)
뇌수는부채와같이원까지전개되었다, 그리고완전히회전하였다》*1

유클리드 기하학(Euclid 幾何學)에서 그쳐야 하는가, 아니면
천체물리학의 일그러진 시공간, 블랙홀
비유클리드의
그 끝없는 나락의, 나락의…… 끝

n × 0 = 0

죽음인가, 大悟覺醒인가.
"一積十鉅無匱化三(1씩 쌓아 10이 되면 무궤로써 3으로 변한다)"
1. 2. 3 …… 9를 넘어서면 도로 하나가 된다는
十은 神의 數. "且8", 신(神)이 죽지 아니하는 계곡의
죽어서 하나(合一)가 되는 大覺이라 하나, 본래

저것과 나는 '하나' 였나니

* "3+1 1+3" : 이상의 「선에 관한 각서2」의 시구 , '3은 엉덩이, 1은 남근' 이란 해석이 있음.
* 1: 「선에 대한 각서3」부분. -李箱
* 3은 物로서 유한, 1은 전체로서 무한으로 볼 수도 있음.
* 李箱의「且8 씨의 출발」. 상형문자 且는 祖, 곧 神, 그리고 '8' 은 상형문자 '∞' , 環(고리-환. 무한을 의미)과 같다. 고로 '且8' 은 '신의 무한성' 을 상징한다고 봄.
* 谷神不死 是謂玄牝 곡신은 죽지 않는다. 이를 '현빈' 이라 한다. -老子 구
* 執一含三 會三歸一 (태백일사 蘇塗經典本訓)

공은 작을수록

대방(大方)을 둘러싼 허허공공도 공이다.
바다 높이에서 수평선을 본다 볼록하게 배가 부르다. 물도
날개를 꿈꾼다.
해를 안고 구름으로 날고 싶은 꿈,
수년을 공들여 수면에 이른 심해의 물도 승천의 기회는
또 수천만억 분의 일.

햇살을 안고 바람의 날개를 달아야 한다.

절벽은 언젠가는 무너지기 마련이다.
그 무너진 조각의 뾰족함도
수없이 세파에 굴리고 또 굴리다 보면 둥글다.
큰놈은 크게 둥글고 작은놈은
작게 둥근 그들도
태풍이 그립다. 무한히
굴려서 한 톨의 먼지가 되어보는 꿈.
그들도 바람의 날개를 달고
한 번쯤 날아보고 싶은 것이다.

축구공, 야구공, 골프공들이 있다. 햇빛의
헛배가 볼록할수록 발길에 차이고 손길에 맞는다.
그들 꼭두각시는 이리 튀고 저리

튀어야 한다.

바람이란 산 넘어 날아도 하늘을 벗어날 수 없다.

이분법의 도시는 네모이다.
모난 것들이 숨어서
저격하고 싶은 돌팔매일수록 뒤통수를 노린다.
산은 당겨야 오를 수 있고
물은 밀어야 건널 수 있다. 무수한
상대를 당겨서 밀어내지 않고는 내가 편안치 못하다.

무간(無間)에서 대방의 허(虛)에 이르기까지
그 겉과 속이 없다는 신(神)의 영역도
하나의 작용이다.
스스로 가르치고 다스린
내 미세한 방울이 누구에게 소용된다는 것,
그것은 곧 행복이며 보람이다.

화두 40년
– 주상절리에서

퍼마셨다고 줄지 않더라
아무리 퍼마셔도 시퍼렇기만 하더라 바다는
그만그만하더라 바람도 없는데, 잔바람도 없는데
바위구멍 숨 먹은 듯 묵묵부답
울기만 하더라 파랗게 울더라
억억 억장 무너져 내린, 억년 고찰의 石柱, 육모기둥의
주상절리라 부르는…… 그 위로
부서지는 파도의 비늘 하얗게 코풍선
방울만 날더라 톡톡
꺼져드는 물거품, 물거품들
그걸 퍼마셨지 바람 불거나 말거나
화두 40년, 빈 병만 들고
끝없는 물음 눈 밖을 향해 쏘고, 또 쏘아댄 살촉들
저 어디쯤에서 되 튕겨 나오는 것일까
한 다리 들고 머리 꼰
왜가리의 물음표
너 뭐야?
나?
빈 병
채워도 채워도 그만그만하더라
물 많더라 바다보다 더 파래서 하늘은 모두가 물이더라
파랗게 돌 속으로 스미는 물 한 방울이더라! 겨우
한 방울이더라

강진만에 흐르는 물

초당으로 오르는 님의 숨소리,
댓잎을 흔든 알싸한 냉기가 다시 솔잎을 흔듭니다. 우러러
하늘 부끄러운 일도 없었을 터인데 숲은
하늘을 가리고도 모자라
긴 어둠입니다.

인적 드문 계절의 아침,
누군가 정성으로 낙엽을 쓸고 있습니다. 돌계단의
대빗자루 자국

한 줄, 한 줄, 또 한 줄

차마 밟지를 못하고 갓길로 걸어갑니다.
청설모 한 마리 소나무를 기어오릅니다. 후드득!
장끼 한 마리,
또 한 마리 날아오릅니다.

서너 평 남짓 비탈을 깎아 만든 마당
석정에서 발원한 물, 목관을 타고 연지로 떨어지는 소리
바지랑대 비스듬 햇살 한 가닥 비친 곳
얼음 세운 물소리, 졸졸

솔방울 벌겋게 타는 둥근 반석 위에서 끓는

솔바람 소리가 잦아들 때쯤
다완(茶碗)을 흐르는 옥향과 더불어 둘러앉은
삼현(다산, 초의, 추사)을 그려 봅니다.

그들의 우정과 그들의 사랑과 그들의 중생과 그들의 자연과……

강진만을 거슬러 오르는 물안개 자욱이, 그들은 또
어디를,
어떻게 흐르고 있을까요.

"반드시 부끄러운 빛이 없어야 한다"*

고개 숙이고 돌아서는 외투 자락의
오로지 홀로 걸어온 길인데, 흔적도 없을 길인데
그런 길인데
다시 걸음걸음 내려갑니다.
후드득! 산 꿩이 나는 소리, 아리한 다향의
댓바람 소리

* "옛 사람의 말에 '죽은 사람이 다시 살아난다 해도 마음에 부끄러움이 없어야한다' 고 했다. 내가 다시 다산(茶山)에 가지 못함도 죽은 사람이 다시 살아나지 못함과 같다. 그렇지만, 혹 다시 간다고 해도 반드시 부끄러운 빛이 없어야 할 것이다." (茶山諸生問答證言文)

눈은 내리는데

오너라, 눈이여!
네 눈물 흐르는 두께로만 내게 오너라
내 가슴에 오너라
어디서부터 시작인지도 모른다 너와 나, 그리고 우리
굴뚝새 우는 동백꽃 울음이었더냐. 댓잎 으싸아! 서러울싸
으쓱, 돌아서는 눈이여

오너라, 내 가슴에
네 아픔 부딪는 두께로만 내게 오너라
산 강물 부딪고 깨어져도 보았느냐, 허락할 수도 없어
포기해버린 입술의
희열이란 걸 알았더냐, 핏빛
울음 낭자하다 네 돌아서는 눈밭 위에 저 동백
노랑 화심의 부리 예쁜 새가 운다
열린 꽃길을 누가 훔쳐보고 있다 조각하늘에서 한 줄 빛
관음증이다 노송의 머리끝 가지가 천만 길 아래로 추락하는
동백꽃 이야기
아득히 멀다 그대와 나의
창망한 바다가 꽉 막혔다 수평선
눈이 내린다

오너라, 어서 오너라, 내 가슴에
네 눈물의 두께로만 내게 오너라, 눈이여!
네 아픔이 부딪는 두께로만 오너라, 어서 오너라!

폭포

한 올
여린 빛을 우러러 다래넝쿨처럼
질긴 삶이

깊은 강으로 흘러 벼랑 끝

그 눈물에
바다가 보이는 하늘은
푸르고

잠시

별을 헤는 그리움은
행복이지요
누군가

나를 기다리는 슬픔이 있다는 것

수십 길
떨어지고 부서져도 때로는
승천의 무지개를 만들고, 끝내는
청어가 팔딱이며 칠색 포말이 반짝이는 해변

바다가 고향이지요

겨울이 오는 길목에서

때로는 산이 되어 앉아도 보고, 때로는 한낮이 기운 들판에 반쯤 누워도 보지만 휑한 벌판으로 뻗은 길도 숲 속으로 들면 스르르 흩어지는 낙엽과 마른 풀 냄새가 겨울을 부릅니다. 하늘은 유리 돔을 두른 듯 투명해서 바람 한 점 오지 않기를 바라지만, 돌 같던 잇몸도 이프고, 귀끼지 멀 나이가 되었습니다.

들뜬 뿌리로 지주목(支柱木)에 의지하던 가로수 늘어선 길, 저 길이었습니다. 산은 산으로 길이 되고, 바다는 바다로 길이 된다고 하지만 사람이 사람으로 길이 되지 못한 우리는 이처럼 멀리, 당신은 이국(異國)에 있습니다. 그 길을 달려서 당신을 날려 보내고 두 살 박이 젖먹이 아들을 안고 돌아오면서 내 이름마저 지워버린다, 지워버린다 하였으나, 언제나 길은 길이어서 아들도 어느새 자라 어른만큼 건강하고, 학생신분으로 수습사원이 된 딸은 등록금 한 푼 내주지 못해 저 쓰기에도 어려울 텐데 야근수당을 받았다며, 나 몰래 책갈피에 수표 한 장 끼워두고 학교에 갔습니다.

뒤뚱뒤뚱 걷다가 휘익! 지팡이 돌리고 돌아서서 씨익 웃어도 “찰리 채플린”의 얼굴은 슬픈 것처럼, 들길을 따라 한껏 달려도 그만그만하게 먼 지평에 억새는 지천으로 피어 깡마른 몸이 하얗게 꽃이 되었습니다.

02
리셋버튼을 누를 수도 없고

흐린 안경을 닦는다.
구두와 치맛자락이 천연스레 오르는 산길, 에스컬레이터 동굴 속
오던 바람도 숨 막힐 듯, 반쯤 가렸으면 더 좋았을
거웃 우거진
계곡이 낯설지 않다.

아버지의 병실에서

멀기도 하다 길이란 것이
양쪽에 병실을 달고 호박넝쿨처럼 길다 중앙 통로
하늘로 오르는 사다리인 듯 칸칸이 가로지른 막대 형광등
잿빛 납덩이처럼 떨리는 불빛 속에서 느닷없이
흑 고양이 파란 인광이 툭, 튀어나올 것만 같은 긴장

무엇을 그리워함도 아니요, 누구를 원망함도 아닌 덫에 걸린 짐승의, 아버지의 그 맑은 눈빛을, 내가 어쩌지를 못한다 대신 해 드릴 수도 없는 당신의 숨쉬기가 중노동이 되어버린 차안(此岸)의 끝자락에서 한 너울이 소용돌이에 휘말려 곧, 끝이 날 것처럼 몰아치던 태풍도 안정제를 맞고서야 깊은 나락으로 추락하시는가 심연으로만, 심연으로만 가라앉는다

소주병을 들고 외곽 통로에 나와 앉는다 어언 가을인가 보다 밤기운 서늘하다 병술 몇 모금 들이킨 까만 하늘엔 별빛만 초롱하다 큰곰자리의 어머니의 별, 동생의 별, 또 다른 별 무수히 어디쯤일까, 저 속에 아버지의 별, 나의 별 그리고 또 그리고 저 어느 한 점으로부터 시작되었을 부모와 자식이라는, 그 질긴 인연의 밧줄도 시시각각 화석이 되어가고 있다 하얗게

시작은 확실한데
그 끝이 어딘지 모르는 안개 속을 무작정 헤매는
한바다의 조각배처럼 숨찬 나그네 길, 멀기도 하다 바람의 길
아득하기만 하다

비바람 궂어도

그칠 것 같지 않다, 장맛비 그만그만. 하늘도, 땅도 땅 위에 모든 것들도 젖어 침침하다. 방구석마다 폴폴 날리던 먼지, 빗속에서 우는 장끼의 울음처럼 맥없이 엎드렸다. 건천(乾川)을 끼고 자동차 정비소의 가건물과 네모난 지붕, 그 벽을 타고 오르는 넝쿨처럼 폐다이이가 차곡차곡 쌓이고 있다. 길은 보이지 않는다.

과수원 사잇길에 사람 하나, 개 한 마리 따라가고 있다. 비에 젖어도 개는 충직이란 본분을 잊지 않는다. 장맛비 구질구질하다. 구름 뒤에 태양이라고는 하나 그래도 그는 우리의, 모든 것들의 명줄이라 세상 그 무엇이라 해도 빛나는 그것을 그리워하지 않겠는가.

어쩌다 큰 강물이 샛강으로 흘렀다고 하자.
어쩌다 꽃을 피우기도 전에 잠시 길을 잃었다고 하자.

눈대중 어림짐작이 길이 될까만 그래도
빛이라 하기에 믿어보고 싶은 게 사람들의 눈이다. 번듯한 길도
사람의 마음이기에
그 바닥을 누가 알까만.
고추는 아무리 비가 내려도 열매를 맺는다.
빗물에 젖어서는 열매가 안 되겠기에 꽃은 스스로 고개 숙인다.
바람 분다고, 마음 같지 않다고 고개를 들어서는
열매가 되지 않는다는 걸, 꽃은
스스로 알고 있기에 머리를 들지 않는다.

어제 한 말 오늘 뒤집거나, 오늘
하는 말이. 혓바닥 날름거리는 얼굴이어서는
곤란하다. 길이 아닌데
길이 아님을 알았다면 새 길을 찾아야 한다.
우격다짐이 길이 되지 않는다는 걸
우리는
이미 알고 있다.

정면 돌파란 우격다짐이 아니다.
무엇이든 인연 없는 결과는 없는 것이므로
그 무엇의 본질에서
길을 찾아야 한다. 비바람 궂은 날
꽃이 고개를 들어서는 열매가 되지 않는다.
고춧잎 속에서 흰 우산을 쓴 애들이
반짝거리고 있다.

비 내리는 날, 궂은 날
고개 들어서는 그 무엇도 안 되겠기에 꽃은
고개 숙일 줄을 안다.

억새꽃

수정 하늘을 이고
누구의 혼백이 길래 저리도 슬픈가
내 어머니 가신 "통악(桶岳)"의, 내 동생
가신 길섶에

칼 같은 무성함으로
천둥을 이겨 보리라던 겁 없음
광풍에 맞서던
"역발산기개세"로 냉담한 계절의 배반을
이길 수는 없었는가

검은 잎이 단풍이 되고,
꽃도 아닌 꽃들이 열매를 맺어
산짐승,
들짐승을 유혹하는데

너는 어찌
깡마른 몸으로 서늘바람에
된서리 맞고
죽어서도 죽지 못해 꽃이라 하는가

* 통악: 산 이름(제주 서귀포시 성산면 신산리 소재).
力發山氣蓋世: 산을 뽑고, 세상(世上)을 덮을 만한 기상(氣像). "項羽"의 詩句.

복 받은 배

속도 쓰리고, 배도 아프다!

아빠 배가 어딨어! 뼈뿐인데,
배고파! 아빠.

펴 먹어!
거지만 앉아 있는가보다, 그 배는.

거지 아니야! 복 받은 배야.

-淳風이 죽다호니 眞實로 거짓말이
-人性이 어질다호니 眞實로 옳은 말이
-天下에 許多 英材를 속여서 말할까

중얼중얼 비 맞은 아빠야.
거지가 밥 달래!

펴 먹어!

* 인용구는 〈도산 十二曲 중에서〉

통도사를 거닐어도

한 님 있어 젊어지고 싶은 날 천년
고찰을 걷는다 또각또각! 문장을 찍는 님의
걸음마다 잔가지 없이 곧은 적송이다
산 깊어 골도 깊은 비탈에 뿌리 내리고 곧게 뻗어
하늘이고 싶었을까 적송의
숲속 흐르는 얼음장 밑 물속, 붉은
점박이 잉어가 유유하다

천년 하고도 오백 년
산같이 굽어도 다하지 못한 情도 있는 것이어서
기단(基壇)에 머물던 바람이 섬돌을 안고 돌아

대웅전

휑한 냉기가 일원을 도와 허한데 지는 해
문틈으로 새어든 한줄 빛, 度一切苦厄
모든 苦와 厄을 건너는 通度의 계단이라 하지만
경내를 밟고선 몸이 산 같은 업이라, 내 어찌
世間의 흙먼지로 님의 발끝에 이르랴

돌아서는 발걸음에
곧은 적송의 그림자가 어려
죄스런 마음이 천년 무게로 다가설 따름

몸 느릴수록 시간은

육모 서릿발 뚝, 떨어져 나간 절벽을 병풍처럼 두르고 앉아
억만년 이대로 굳어버릴 것만 같은 협곡,
소나기 한차례 퍼붓고 구름이 지났는가. 서둘러
낚시꾼들도 제각각 흩어져 간다.

밑 빠진 독에 채워도, 채워도
끝을 모르고 흐르는 시간 위에서, 파도는
저 어느 곳에서부터 일어나 살았노라 하겠지만
스스로는 알지 못하고, 예까지 밀려서 왔으리.

할 말이, 왜 없겠는가. 세상사
하루 이틀도 아닌데 어찌 할 말이 없다 하겠는가. 파도
어떤 것은 조용히 스러져 가고, 또 어떤 것은 부러 쿵쾅!
요란한 거품을 물기도 한다. 돌아서면서 다그르르!
잔돌 구르는 소리도 요란하고.

가까운 바다에 오징어잡이 배가 진을 치기 시작하자 선을 그린 듯 또렷한 수평선, 어느덧 노을빛도 스러져 모든 것들이 서둘러 제 모습을 감춘다. 밤배가 불을 켜기 시작하자 일어선 나는, 집어등의
그 남은 빛을 도와 절벽을 기어오른다.
가슴 터질 듯 가쁜 숨
몸 느릴수록
시간은 숨 가쁘게 흐르는가 보다

걸어서, 존자암

1)
실비단 결이다, 운무
적송 붉은 숲길을 스쳐 산으로만 흐른다
반주 한 병이 관지놀이에서 방망이질인데, 나는
가다마다 쉬면서도 할딱거린다
굽은 이 고개 넘어서면 있겠지, 보면
돌아가는 길,
저 어디쯤 돌아가는 길

어찌 걸었을까
층층 계단 백팔을 밟아 막다른 길에 올라서자
시멘트 건물의 종각 굽은 발아래로는
흐르는 물, 나뭇잎 서늘히
매미울음
시끄런 매미 소리뿐

2)
한 중년부인이 삼신각을 묻는다 어디서
본 듯도 가물거리는 미소
아, 그렇지 그 얼굴
지금쯤, 저 나이가 되어있겠지 반백을 얹고
어쩌면, 저 부인처럼 삼신(三神)을 찾아, 이국의
산자락이나마 더듬고 있겠지

물이 흐르고 있다 산 개울 소리
산 내리흐르는 물도 때로는 오던 길 되돌아
흐르기도 하는 것인데 어둑한 숲속
박새 몇 마리

나뭇잎 더듬다 날아가자 밀려온 구름
또다시 자욱하다

이제 그만 내려가야 한다 가랑잎 쌓인 부엽토
미끌미끌, 헛디딜 것만 같은 발자국
조심조심 걸어서

가난한 시인은 갈 곳이 없다

옆집 화분엔 영산홍도 피었고
평생교육원 뜰엔 목련이 부풀어 춘삼월이라는데
하늬바람은 여전해, 독촉장 채근하듯 철렁거리는 소리
앉아 있으면 오만가지 생각에 머리 아파서
나서면 허깨비

사람 보기 싫어 눈알 내리깔고 걷다 보면 나사며, 못이며, 기계부속 같은 쇠붙이가 보인다 보도블록 사이에 끼인 신주 너트 한 개를 주워들었는데 몇 걸음 앞에서 꼭 맞는 볼트를 주었다 주어든 볼트를 너트에 끼워 무심히 돌리면서 걷다가 문득 비춰 본 유리창엔 한 비렁뱅이가 넋없이 걷고 있다 어느 잘난 사모님께서, 그 남편에게 당부하기를

저런 거지 행색과는 어울리지 말라 하더란, 그 몰골
어디서 본 듯도 한
그가 누굴까 생각하다가, 그도 귀찮아서
동네 개천 다리 난간에 걸터앉았다

아무 데서나 보이는 산은, 늘 그 자리에 있고 저 갈 길 바쁘던 구름도 바람이 났는가, 산을 품어 목을 감싸고 있다 나 또한 죽어서, 저 산이 되면 예쁜 구름에게 가끔, 안겨 들기도 하며 영원하겠지만 지금은 멀건 배두(白頭)만 썰렁하다

아이들이 저들의 소리로 말을 하는 참새 떼처럼
지난 후, 풍 맞은 중늙은이가 열심히 허우적거리며 지나갔고
한 여인이 뜻 모를 웃음을 지으며 빙긋이 지나갔는가, 여전히
나사를 돌리며 다리 난간에
마른 엉덩이 붙이고 앉아 있는데

"이 봐요! 냄새나요, 저리 가세요!"

다리 아래도, 위에도 휑한 바람 소리뿐, 아무도 없는데

"이 봐요, 냄새나요, 저리 가세요!"

나를 슬프게 하는 것들

1)
수만 광년을 날아도 이르지 못할 별이 있는가 하면
눈만 감아도 다가오는 불꽃이 있습니다.
군함인 듯 보이는 섬 하나엔 등대, 날마다 빔배는
높다랗게 불 밝혀 어디론가 달려가지만, 섬은
늘 제자리에 있습니다.

2)
바다가 출렁거립니다. 엷은
바람을 타고 물안개가 절벽을 기어오르고 있습니다.
그 절벽에 뿌리 내린 아름드리 소나무에
자연보호 캠페인 플래카드의
벼릿줄이 감겨있었습니다. 해마다 봄 · 여름이면
송진 하얗게
뚝,
뚝,
떨어질 때에도 나무는 자랐고 올가미는
나무의 뼛속으로 파고들었습니다. 그러던 어느 날
돌개바람 한 떼에 나무는 뎅겅, 부러지고 말았습니다. 붓꽃이
그 일을 하늘에 전했으나 하늘은 묵묵부답
인간의 잘못을 하늘이 벌한다는 성인들의 말씀은 새빨간
거짓입니다. 성인의 하늘은
결코 천한 백성을 사랑하지 않습니다.

3)
가시 많은 해당화가 말라비틀어졌는데도
명줄을 놓지 않고 있습니다.
그 다른 가지에
제 철에 피지 못한 꽃 한 송이 홀로 빨갛게 짙은 화장
파리가 날자, 폴폴 똥 냄새를 날립니다.
떠나는 자의 아름다움이란 결코
저런 모습이 아닙니다.

억만금의 가치를 놓고도
미련 없이 떠나버린 월나라의 "범려", 개는
컹컹 짖어도 제 주인을 알아보지만 남을 위하는 척, 알 까는
오골계는 뼈까지 검습니다. 한이 아무리 깊어도
창칼을 앞세워 자신과 남의 아픔을 들쑤시는 잔인함, 이것은
결코 사랑이 아닙니다.

4)
피묻은 독수리 머리가 보여서 어제부터
머리가 아팠습니다.
고장 난 컴퓨터는 뚜껑을 열어도
속을 보여주지 않습니다. 그래픽카드는 멀쩡한데
하드디스크가 먹통입니다. 속을 모르는
사람이 사람을 사랑하는 일, 결코
쉬운 일이 아닙니다.

동백꽃은 지고

꽃히는 햇살 휘감아 오르는 물안개, 욕실에서 갓 나온 여인의 등줄기 같은 풀 길을 걷는다. 해송의 숲길을 걷는다. 서귀포 외돌개. 신혼여행의 봄바람 쌍쌍은 꽃 같은데 늙은 갈매기 하나 바위 끝에 앉아 있다. 밟혀도 기어이 사는 질경이가 길경이인 것처럼 모진 삶도 있는가보다. 가슴 속 어디론가 흐르는 바다, 멀게는 수평선 에두른 그리움이라 하자. 유채꽃 샛노란 밭둑, 쑥붙이들도 파랗다. 봄빛은 제각각

멈칫, 날개를 접은 채 절벽 끝 아래로 지빠귀 하나가 언뜻 스러진다. 거머쥔 땅덩일 슬쩍 놔버린 가슴 서늘히 툭! 떨어져 구르는 동백꽃, 4 · 3 때에 떨어진 어느 원혼의 두상처럼 살아 떨어진 눈빛 붉게도 서럽지 않을까. 한 백 년 홀로 선 여인의 노을빛 바다.

살아, 살아도 저승은 문밖이더라. 늙어서 더욱 젊어버린 해녀의 숨비소리, 저 먼 소리, 고동소리 어둑어둑 4 은 63년을 돌아 두웅 둥 북소리. 가슴 먹먹 둘둘 말아 젊어진 지겟다리 거적때기가 해 저문 산 능선을 따닥따닥, 떠났다 하던가. 꽉 막힌 울음 돌처럼 갔고, 울음 울음 구름처럼 갔고, 터벅터벅 바윗돌처럼 오던 산자락에 꽃 붉은 울음, 꽃은 떨어져

누가 또 저 바다를 지나갔는가. 치맛단 쓸린 자국의
허연 물거품 붉게만 빛나 서역으로만 뻗은 길
그 비행운 가로질러
말술을 부어도 바다는 허공

使者의 눈빛을 보다

절벽 한단이 있고
또 한단
급히 내려서면 갯바위
온통 바다가 집어등 분수처럼 하늘로 이어지는
파도가 높다 자칫
절벽 한 단까지 치솟을 것 같다
통 전갱이 한 마리에 대물바늘 두 개를 끼워 던져 넣고, 홀로
파도 높이를 가늠하며 서 있는데
어쩐지
어쩐지
뒷머리가 시리다
모자에 달린 안전등을 켜고 뒤돌아보는 순간, 아!
파란빛 인광
검은 절벽 한 단 높이에
야생고양이 두 눈 뚜렷한 별빛의
끈질긴 기다림

대 재앙의 일본을 보면서

교육이란 것, 아니

쇠뇌라고 해야 할까, 저 무서운 사람들

대 재앙이 휩쓸고 간 폐허를, 죽음을 앞에 놓고도

빙하의 납덩이!

에도의 도꾸가와 이에야스는, 결코 서두르는 법이 없었다.

문화란, 전통이란

저토록 처절한 것인가, 쇼윈도의 발가벗은 마네킹처럼

.

.

.

나는 오늘,

내 아들에게 무엇을 가르쳤는가?

허전함

제사 끝나고 가족들 하나같이 우르르 나간 후
아들은 과일이나 깎아 먹고, 나는
남은 소주잔이나 기울이다가 아들이 나를 보면
나는 또 씨익, 입술이나 달싹거리는

그러던 아들마저 한라산 넘어 학교엘 간다고
그 눈물 콧물 꺾지 못하고
자취방 얻어주고 돌아오던 날, 작아서
못 입는다고 내놓은
옷가지를 들었다 놓았다 물끄러미 보다가
가슴 가까이 대고 만지작거리다가 도루 방안에 갖다 놓고
나오면서 문 닫았는데
쿵! 소리는 왜, 그리 크던지
다시 방문 열어 둘러보고 문 살짝 닫고 돌아설 때
방마다 밝힌 전등만 덩그러니
왜 그리 밝던지

四七理氣 같은 불꽃 튀는 싸움이나 읽다가 덮고
그나마 일이라고 남의 글, 손끝 저리도록 보아 주다가, 문득
뒤를 돌아봐도 어깻죽지 서늘해 눈은 창밖에
가로등
점-점 사라져가는
불빛이나 헤아리면서 앉아 있는

뜨개질하는 남자

"지각해도 선생님 뭐라 안 하셔?" 물으면
"괜찮아~ 벌(罰)서면."
"숙제했어?" 또 물으면
"괜찮아~ 손바닥 한 대 맛으면."
나, 참
이거야, 원

초등 6년, 몸무게 50여 키로, 키 큰 편
허리둘레 35, 나보다 굵고
얼굴 계집애 같은데 속은 태평양 같고, 덩치는 산이다.
팬티 : 아빠와 공용.
잠바 : 공용.
바지 : 아빠 옷 가랑이 접어 입었는데, 지금은 어림없음.
일요일 최고 18시간 게임하며, 겜도사!

"너 학급에서 몇 등이냐?"
"21등에서 하나 올라 20등."
"모두 몇 명인데?"
"41명, 충분하지."
"야!, 것도 잘한 거야!"
"41에서 20이니까, 반은 넘잖아. 그러니까 상위권이지."
"?? 갖다 붙이긴."

헌데 희한한 일이 생겼다.
그 죽자사자하는 겜도 마다하고 뜨개질이다.
“헐, 이거야 무슨 일?” 책을 펴놓고
끙끙거린다. 요리 해봐도 안되고, 저리 해 봐도 안되고.
내게 해 달랜다. 헉! 이거야.
겨우 어찌어찌 시작하고 손 끝 놀려 본다.
어! 이것도 재미가 있네.
손끝 콕콕 쑤셔대는 맛이, 잠이 달아나고 머리가 맑아진다.
뭔가 모르지만.
한 코 식 돌아가다 보니 어느새
손바닥만큼의 넓이,
하! 그렇구나. 요것이다.
무얼 만들어서 되돌아보는 재미

등대처럼 앉아서

어금니도 없는데 가시 센 놈을 씹으라 한다.
다 늙은 동창생 놈들이 해산물 잔치마당에 앉아서
날 것, 익은 것 골라가며 천천히 씹어 대는데 나는
해안 절벽으로 날아오르고 내리는
갈매기처럼 한가하다.

맹물인 듯 싱거운
소주 몇 잔으로 저무는 노을빛
나에겐 씹을 이빨이 남아있지 않다.
젊어 한때 씹을 것, 못 씹을 것 가리지 않고 씹었으니
성한 이빨도 없지만 씹어 보아야, 지금은
다 부질없음을 안다.

하늘 높은 줄 왜 모를까.
금빛 날개를 달고 천정부지로 오르는 기름값,
저들의 처지 또한 은근히 불안할 것이다.
노스트라다무스의 예언이 아니더라도 세계는
열사의 기름과 전쟁 중이다. 문명은
너무 많이 먹었고, 너무 많이 싸 버렸다.
기름 값도 안 된다는 어선을 굴비처럼 엮어 가둬 놓은 포구,
물만 마셔도 살이 찐다는 중년의 뱃가죽처럼
안 봐도 그림인
속살까지 흔들리고 있다.

환히 보이는 물속, 장바구니 가득
한숨뿐인 여인들도 소주잔 기울이며 무언가
열심히 씹고 있다. 그 그림이 슬프다.

방파제 끝 등대, 끝없이 기다려야 할
간절한 그리움처럼 한자리에 서 있다. 지금까지
할머니, 큰아버지와 큰어머니, 셋 아버지와 사촌 셋, 그리고
나의 부모와 동생
하나씩 뽑히는 이빨처럼 눈물도 없이 떠나보냈지만
잊을 만하면 동창 놈,
누군가 갔다는 이야기를
확인이라도 하듯이 갈수록 모임의
머릿수가 줄고 있다.

비눗방울 날리며
한 아이가 젊은 엄마 손을 잡고 간다. 파르르파르르!
노을빛 물 위로 내려앉는 무지갯빛 방울.

저녁 해,

천심(天心)은 물속에 있고
방파제 끝 등대를 스치는 갯바람, 그저
바람일 뿐이다.

짙은 안개가 유리창에 덧칠해도

삶이란 늘 안갯속을 달리는 뱃길이 아니던가요. 오늘 비가 내렸으니 내일 해가 떠야 한다는 법도 없고, 오늘 비가 내일까지 내리지 말란 법도 없는 것이고 보면 인습이든, 습관이든 암초는 늘 있는 것이어서, 어느 날 덜컥! 이름 모를 돌섬에 주지앉기도 합니다. 갈리피고스의 이구아나처럼 사랑스럽던 얼굴도 살다보면 가시 퍼런 꽃이 되기도 하는 바다에서, 섬은 어이없는 바람으로 둥둥 떠 떼밀리기도 하지만 그것은 한때의 환상일 뿐 눈뜨면, 늘 제자리에 있습니다. 사계절로 이어지는 목숨이 원대한 수레바퀴라 해도 잊고 싶은 기억은 빗물로 변한 안개가 대롱대롱 반짝이는 방울처럼 또렷한데 애써 그려야 할 얼굴은 날이 갈수록 안갯속입니다.

빗물에 젖은 접시꽃 붉은 공사장, 뿌리째 뽑혀 누운 나뭇가지 아래로 빗물이 흐르고 있습니다. 제 몸으로 긁어낸 골로 흐르는 게 삶이라 하지만 연일 내리는 빗속에서도 건축공사는 거푸집을 세우고 철근을 조립하고 있습니다. 시간이 금이란 철학을 뼛속까지 익히는 사람들, 하루가 다르게 오르는 자잿값을 이기기엔 역부족인 듯싶습니다. 바람이 저 스스로 가는 게 아니듯 흐름의 길이란 늘 부드러운 골에 있는 것이므로 대중의 삶이야 등 따습고 배부르기만 하다면

얼었던 고깃덩이가 알알이 터져 고인 핏물의 분노도
또 다른 길을 찾아 흐르겠지요
번데기를 꿈꾸다 나비가 되기도 하는 풀벌레일수록
그저 목숨이란 것, 삶이란 것
그 하나면 될 테니까요.

늙어서 아프다

1)

보고 듣는 것 모두가 '너는 늙었으므로'를 강요한다. 늙었다는 것, 까맣게 모르고 살았다. 아니 인정하고 싶지 않았을 것이다. 취한 객기가 시비를 걸어오면, 꾹 참거나 일어서버리면 그만인데 끝내 짓누르지 못하는 반골의 몸짓도 이제는 저 먼저 부서지고 만다. 내지른 분노가 손 마디뼈 두 개를 부러뜨린 얼마 전의 광기도 그저 그러려니 하였으면 그만이었을 것이다. '나'만을 아집하고 '우리'라는 울타리의 정체성, 자긍의 기치가 자못 드세어 나뿐인 줄도 모르는 아집을 자존이라 포장하는 것도 알고 보면 찬란한 착각이다.

한물간 이데올로기의 남북이 우리로서는 엄연한 현재진행형이며 다문화의 이질 또한 적잖은 현실이다. 합종과 연횡의 춘추전국의 백가쟁명들처럼 지혜라고 보기엔 갈대와 같아서 권모술수로만 보이는 이 시대에 政과 治를 붙여놓고 보면 면면은 호박 같아 그게 그것인데, 나는 지초(芝草)라 하며 너는 개망초라 폄훼하든 말든 인정해버리면 그만인데, 자신의 그 좁디좁은 식견으로 아집을 제압하려는 어리석음도 거오(倨傲)의 만용일 것이다.

2)

거울을 본다. 상강(湘江)을 배회하다 돌을 안고 강물에 뛰어든 굴원(屈原)의 몰골에 비할까만 퀭한 눈에 잇몸뿐인 얼굴의 깊은 골짜기, 험악한 건천(乾川)을 가린 수염이 하얗고, 아무렇게나 자른 봉두산발(峰頭散髮)이 보리바심 끝난 보릿짚 같다. 물이 흐리면 내 발을 씻고 비켜서면 그만인데 이처럼 '이다, 아니다' 말 많음도 눈 내리는 날, 제 빛을 잃지 않으려는 구름 속의 해와 같아서 스스로 안타깝기는 하다.

3)

가난한 아비일망정 귀천 모르게 키운 딸년이, 이제 24살. 아비 모르게 그만둔 직장도 직장이지만, 제 딴엔 많이 생각했다고 저지른 엉뚱한 독선이 못내 안타깝다 다단계 수렁. 급변하는 세상을 아비는 모른단다. 구닥다리어서 모른단다. 우선은 좋지만 자신이 생각하는 비전이 없었으므로, 직장은 그만 두었다는 항변. 재학 때부터 뽑혀 인턴과정을 마쳤으니 직장이 귀한 줄을 이해 못 하리란 걱정은, 늘 하고 있었다. 가난한 아비이므로 착실히 모았다가 시집가라고, 어떻게든 아비는 살아갈 것이니 아비 걱정 말라고, 그만한 직장도 요즘 같은 세상에 어디 흔하냐고, 작은 것이지만 그것이 큰 것임을 알아야 한다고, 유학 가겠다, 미국 가겠다 할 때마다 이, 저런 이유를 들어 말을 했으므로 이해하고 있겠거니 하였는데 있는 것, 없는 것 다 집어넣고도 모자라 허우적거리는 물귀신. 저도 바다가 고향이니 사내보다는 여자가 드세고, 억척인 것은 섬나라 집구석 내력이어서 어찌하든 살아가겠지만 한 때의 인생 수업료를 물었거니 하고 별 탈이나 없기를 바라는 아비의 심정을 헤아리고나 있을지. 얼어버린 눈 속 깊이 파묻힌 마음이 아득히 아리기만 하다.

빈자리에 남은 것은

떠나는 것들은 무언가
흔적을 남긴다
바람 휑한 들에 귓불 시린
나목(裸木) 같은 건
나 몰라라 시린 하늘에 두고
비가 눈이 되고도 남았을 한겨울에
눈도 아니고 비도 아닌 것이
흙바람 타고 터덜터덜
시그널도 없는 큰길을 질러서,
골목길 모퉁일 돌아서
보도 불럭 깨어진 막다른 길에 들면
시멘트 옹벽 높다란 벼랑 끝에서
구구 비둘기
누런 가로등도 희미해
스치는 바람도 피해 가는지
구석으로만 쌓이는 체납 독촉장
시퍼렇게 붉은,
붉은 물이 들었다 빛바랜
낙엽 겹겹이

귓속도, 마음도 씻고 싶을 땐

차양이 넓은 모자를 푹! 눌러쓰고
비쩍 마른 어깨에 낚싯대 두 개와 미끼통, 더불어
소주 한 병과 초고추장을 싸 둘러메고
바쁠 것 없다
바람 건듯 부는 듯이 뙤약볕 아지랑이 아른아른 걸어서
로터리 돌아, 큰길 건너고 골목으로 들어서면
소주와 호프집 [구2와 닭똥집],
구이똥집 구이십팔 이구십팔 삼육십팔! 닭똥집에 불이나
빨간 글씨가 더욱 불타는 긴긴 간판을 지나면
1004번 전화가 주인인 천사다방
유리창에 비친 반백을 거꾸로 돌린다 그 옛날
천사의 무덤에 술병 꽂고 쓰러질 때까지
닭똥집에 불나던 망나니
그런 세월 있었지, 있었는가 싶기도 한데
더는 태울 것도 없는 새까만 팔뚝 위로 뙤약볕 죽어라
내리쪼이는데도 그저 무감각이다 불타는
불타는 무심(無心)

걸려도 그만, 아니 걸려도 그만

큰놈이든, 작은 놈이든 아가리 ㄷ센 놈 걸리면
소주잔에 절여 질근질근 씹다가
부실한 이빨이 다 못 씹는다 해도 속상해 할 것도 없다

낚시터와 지척간(咫尺間)으로 숲이 우거져있고
펑펑! 쏟아져 흐르는 물 있다 석간수(石間水) 맑은 물
알몸 내어 머리통부터 발끝까지 담군다. 아! 입 벌리면 철철
찬물이 숨 막히도록 가슴까지 식힌다 불편한
뱃속도 식히고, 식혀서 차가운 머리통
바위에 기대어 반쯤 누워보시라!
석간송(石間松) 그늘이지만 바위가 따뜻하고, 절벽 끝
소나무 가지마다 걸린 하늘 빛

청정(淸淨)

걱정한다고 일되던가. 취한
술병 물위에 떠가듯 흥얼흥얼 눈 감으면
세상 모두가 내 것인
부자!

장작

검은 새 한 마리 날았다 어제
죽었다고 잘린 나무가 오늘은 다시 도막도막 잘린다
무한직진의 영원 속으로 날아가면서도 영혼은 말이 없었는데
오지 진물이 흐르는 아픔만이 그의 것인 양 울음은
뼛속을 파고드는 기계 톱날 소리에 묻혀
메아리가 되지 못 한다

쌓인다 차곡차곡, 어느 슬픈 역사의
흑백사진 속 주검처럼 굴뚝 세운 처마 밑에 뉘어서
하나가 죽어 무수한 목숨을 먹이듯 그는
이 땅의 혼백으로 돌아갈 것이다

땅을 짓밟고 산 하나를 짊어진
일주문의 '섰다' 가 천년을 버티며 콧대를 세워도
초분(草墳) 속의 깡마른 혐오, 죽어도 썩을 줄 모르는
위선(僞善)이다 신의 이름으로

신의 이름으로 신을 장엄(莊嚴)한다는 믿음의,
신의 이름으로 신의 꽃송이를 무참히 꺾는 사랑의,
신의 이름으로 신을 위하여, 아니다

나를 위하여!

그 하나를 위해 콜럼버스의 달걀처럼
산하(山河)를 뒤집고 배 띄워 역행하려는 뻔뻔함
산으로 배를 올려야 한다는, 이 기차게도 기가 막힐!
오늘에 이르러 생각해보면

–50년 동안
'철의장막' 속에 중국을 가둬둔 모택동은 위대하였다 적어도 우리에겐
위대한 은인이었다–

장작이 쌓인다 기름 한 방울 아쉬운 세상에서
장작은 누워서 잘 마를수록 따뜻한 불꽃이 될 것이다 태워야 한다
죽어서 썩어야 한다 하늘을 지붕 삼아
발 뻗은 와불(臥佛)의 '눕다' 처럼 평안한 이 땅의
불새 하나가 그리운 지금은

리셋버튼을 누를 수도 없고

숨이 턱에 닿도록
영실 계곡 오르다 말고 주저앉는다.
황솔 우거진 골짜기를 오르는 사람과 사람들, 개미떼의 길
밟힐수록 잔디는 고개 숙여 매끄럽고, 밟힐수록
시간이란 돌부리도 번들번들 대머리.
어떻게 쌓였는지,
어떻게 쌓았는지 알 것도 같은 산, 금빛의 산
계곡이 마르고 닳도록 정상까지 계단을 깔아놓았다. 오르고 싶어도
오르지 못하는 산, 끌어내릴 수도 없는 산
산 같지 않은
그런 산이란 것도 있다.
산을 밟는다, 밟아도 짓밟고 싶은, 길 좁은 산
에스컬레이터가 오르고 있다 에스컬레이터가 내려오고 있다.

오르고내리고내리고오르고오르고내리고오르다만엇박자의 망막에
노이즈

흐린 안경을 닦는다.
구두와 치맛자락이 천연스레 오르는 산길, 에스컬레이터 동굴 속
오던 바람도 숨 막힐 듯, 반쯤 가렸으면 더 좋았을
거웃 우거진
계곡이 낯설지 않다.

배곯아 죽은 귀신 많던 나라답게 하나같이
TV의 휘황찬란한 살덩이들의 쇼핑카 가득 먹을거리 방송
지금, 또 어디에서 주접을 떠시는가, TV맨들.
먹고 싸기 바쁜 되지털의 꿀꿀한 훈장처럼
늘 도마에 오른 가랑이는
되다 만 암탉
계곡까지 수선하는 성형수술대의 백정은 빌딩을 짓고
한 시대의 도적놈들은 단상에 앉는다.

"여러분의 안전을 위하여 어린이 손은 잡아 주시고," 에스컬레이터의
앵무새 레퍼토리가 숫자로만 날린다.
고객님,
우린 당신을 사랑해!

숫자를 모르는 아날로그가 디지털에게 묻는다.
캐릭터가 죽었는데 어떻게 하지?
리셋버튼 누르고 다시
시작하면 되지.

리셋,

다시 시작하면 되지, 다시 시작해도 돼지(豚)!

엔진은 개똥이지만

1)
딸가닥거린다. 엔진 소리 그렁그렁
오늘내일 덜컥,
주저앉을 것만 같은 스쿠터가 그래도 굴러다닌다.
80 노구와 함께 떠났으면 좋았을 아버지의 유산, 낡은 바퀴는
당신의 마지막 숨소리처럼 고개를 넘어 해안 절벽에 섰다.
섬과 섬 사이를 지나 먼바다
그 평평해 보이는 바다 속도 구곡간장(九曲肝腸)의
강물임을, 이제야 알았을까만
허름한 약속이 쉬이 끊기거나 깨지지 않는 것일까.
외항에 정박한 큰 배는 외줄 닻 하나를 내려
원심을 돌며 바람을 안는다.
저처럼 흐름이란
올곧거나 딱딱한 것이 아닌데, 어쩌자고 나는
단단히 약속한 철로의 열차처럼 위태위태
살았을까 싶다.

2)
마주 달려온 바람이 절벽을 들이받고 치솟는다.
바람 세찰수록 절벽 끝에 서면 무풍지대
두루미목 가는 꽃대를 뽑아 해바라기처럼 나리꽃도 피어 있다.
위태할수록 편안한
가난할수록 게으른 눈인데도
꽃을 보면 눈알 돌아간다는 것이 부끄럽고, 더하여

씹을 수 없어 내린, 모래알 같은 밥알이 반란이라도 일으켜야 하는데
때마다 마시는 술을 척척 받아 삭히는 걸 보면
내 몸뚱이에게도 미안하다.

깎아지른 절벽 밑 암반을 뚫고 치솟는 용천수
그 맑은 물이 탐스럽다.
가장 단단하다는 금강석이 물방울에 잘리는 이치는 알지만
그 절대라 할
이빨이 먼저 무너져버린
밥알마저 굴려야 하는 물렁한 굽 자리
아기 잇몸처럼 매끄럽다.

3)
거꾸로 가는 시계가 오후 5시를 가리킨다.
신의 말씀도, 성인의 말씀도 다 똥 같다. 도법(道法)이 어떻고
인의(仁義)가 어떻고, 예(禮)가 어떻고, 어떻고 어찌하고
그게 그 같은 개똥인데 나는
맨 아래층에 산다. 누운 자리에서
일직(一直)한 위층의 똥을 받아야 한다.
그 모든 똥 덩이들의
은혜를 믿어라, 먼저 믿어야 한다고
여호와의 증인은 내 마음의 현관을 두드리지만
내 문이란 문은, 언제나 꽉 닫혀 있다.

철석같이 굳은 건물도 폭삭,
무너져 내리는 마당에 약속이란
깜깜 동굴 속에 남아있는 통과제의(通過祭儀)의
한 요식행위일지 모른다. 사람이 사람 되기 위해
당신을 죽어도 사랑한다는 그것.

4)
초보 낚시꾼의 무질서? 아니다 기껏
한치 한두 마리가 고작인
그 이기(利己)가 극에 이르면, 나는 그만
바다를 들어 엎질러 버리고 싶다.
그 사이에 끼어
한통속이 되는 게 바보스러워서가 아니라
그만 더러워서 일어서고 만다. 내 한 걸음 위태한 갯바위에서는
마음과 몸이 서로 가깝지 않음을 알기에.

그래도 순풍처럼 돌아가는 엔진은 있다.
그 낡은, 그 거친 엔진이 역회전 걸고 일어서며
생각한다, 똥 같은 말씀 한마디

"不爲也 非不能也!"

* "不爲也 非不能也!" : 아니 하는 것이지, 하지 못해서가 아니다. –맹자. '양혜왕'

어쩐지

동네 슈퍼 가는 길, 오르막 거슬러 가는지 마는지 걷고 있는데, 어떤 여자 둘이서 나를 가운데 두고 쑥 비켜 앞서더니 두 강물이 합수를 하듯 서로 손을 내밀어 다시 붙어가면서 킥킥거린다. 나는 힐끗, 앞선 청바지 엉덩이의 높낮이와 모양 그리고 그 골을 비교 분석해 보자고 자못 점잖게? 헛기침하는 순간, 기차게 떠오른 생각! 아, 저들은 나를 탐라시대의 삼성혈에서 막 기어 나온 원시인 같다고 생각하면서 킥킥거렸나 보다고, 그 잘난 상상력을 발휘하였던 것인데 물건을 보면서 매대를 도는데 어딘가 서늘하다는 느낌, 아직은 겨울인데 갈옷(감물 들인 면)을 입어서 그런가 보다 하면서 허리를 굽혀보는데 뒤에서 또 누가 킥킥거리는 것만 같아 휙, 돌아보면 황급히 입을 가리고 지나쳐가는 여자들.

옛날, 제주에 물이 귀하던 때에, 이 갈색 무명옷은 빨래를 해도 그만 안 해도 그만 바람 잘 통하지, 땀에 절어도 잘 마르지, 해서 하루는 동생에게, 앉았다 하면 주야장천이니 미골부분이 자꾸 벗겨진다고 말했더니, 생각지도 않게 올봄에 갖다 준 것인데 입고 나서면 맵시는 촌스러워도 서늘키는 하다. 홀아비살림 안 씻고, 안 갈아입어도 잔소리할 사람 없어 좋은, 나 같이 게으른 자에겐 딱 맞는 옷이라 내 꼴이 말이 아니라서, 그래서 웃고 있겠지 했다. 하여튼 거의 여자들뿐인 슈퍼를 습관처럼 한 바퀴 슬슬 걷는다. 모를 일은, 왜 앞으로 오는 사람은 웃지 않는데, 내 뒤에서 앞으로만 나서면 사람들은 킥킥거린다. 아무래도 물가가 사람들을 이상하게 만드는 건가, 그 것 참 왜, 저러지? 재밌는 뉴스가 있어도 나만 모르고 있는가보다 생각하면서 요즘, 비교적 싼 생닭 하나와 술 한 병을 들고 계산대에 섰다. 진열장 유리를 봐도 얼굴에 뭐 묻은 것도 아니고, 뒤를 봐도 별 이상은 없어 보였다.

계산을 치르고 막 돌아섰다.
아저씨, 부른다. 점원은 익히 나를 알고 있으므로 또 무슨
농담을 하려나 생각하면서 돌아본다.
왜요, 아주머니!
점원은 사뭇 진지한 표정으로 뒤를 가리고 들어가세요, 한다.
순간, 무심코 돌아간 내 손에…… 아, 이런! 어쩐지.
내 엉덩이, 살이 만져지는 것이었다. 손바닥 반쯤 넓이다.
이것은 내 의자의 심술만 같다.
비쩍 마른 엉덩이가 밤낮 앉아만 있었으니 이제는
굳은 살 박혀 벗겨낼 살갗도 없었던지
겉옷에 그 속옷까지 너덜너덜하게 만들어 놓았다.
하긴, 안 씻고 안 갈아입은 나를 앉히고도 말없는 의자이니
그 고초가 오죽했으랴 싶기도 하다.
어쩔 수 없이 씻고 갈아입어야 하겠지만, 문제는
내 게으름이
그 몰골을 이해하고
순순히 따라줄 것인가 하는 그것

난, 너를 사랑하지 않는다

침대 머리에서 창문틀까지는 정확히 32센티
열린 창밖 바람아,
네가 무시로 드나들어도 좋다. 다만
걸린 옷가지 날리지 마라, 며칠 안 남은 해 날리지 마라. 저무는 해
잊고 싶구나. 취하면 피식 입은 채로 잘 것이다.

나, 자거든 깨우지 마라.

기름값, 썰렁한 대합실
금년은 노숙자들도 춥겠다. 그들보다 나는
따뜻한 이불이 많단다. 내 입김 이불 속에 불어넣으면
따뜻하단다. 난 너를 사랑하지 않는다. 바람아

나, 자거든 깨우지 마라.

침대 머리에서 창문틀까지는 정확히 32센티
열린 창밖 바람아,
네가 무시로 드나들어도 좋다. 다만 난
너를 사랑하지 않는다. 바람아

나, 자거든 깨우지 마라!

몸으로 쓰는 글

詩를 가슴으로 외치며 과거를 당긴다. 몸을 오그려 주먹을 쥔다 豕, 돼지는. 사람과 공생하던 움막(家)의 돈(豚)이 해(亥)가 된 귀하신 몸. 우(禹)의 아들 계(啓)가 夏나라를 세우고 제 아비 禹를 시조로 만들면서부터 전욱고양의 넷째 아들 '여목(余目)'의 四가 死와 詐가 되어버린 내력을 외치고 있는 것일까. 까맣게 타는 연기 자욱하다. 禮의 으뜸인 祀가 땅에 떨어져 尸(屍)가 되면서부터는 엉덩이 까고 앉아 똥 누는 통시에서 똥(屎)까지 받아먹던 네가 오늘은 문자를 읊고 있다. 豬, 돼지 옆 '귀한 사람 者'가 놈으로 폄하되었는지, '당선자'가 어느 날 갑자기, '당선인'으로 아첨하는 것처럼 祖ㅅ도 모르는 무식이 그런다고 하자. 저요, 豬요! 하면서도 내가 돼지인 줄도 모르는 게 세상인심 아니더냐. 풍류(風流)를 알았더냐? 화랑(花郎)의 춤사위를 알았더냐? 술병이 쓰러지고, 명동의 옛 깡패새끼들과 강력계를 뛰면서도 주먹 형님이 고향인, 그렇게 뿐이 모여서 빈병에 헛바람 날리는 소리로 소설들을 쓰고 있다. 동생은 조조 같다느니, 형님은 항우 같다느니, 글 아는 형님의 고조선은 어떻다느니, 동북공정이 어떻다느니, 공천은 또 어떻고, 누구는 현 아무개가 무료 변호로 키워놨더니, 지금은 저 잘난 맛에 은혜를 까뭉갠다느니, 어떻게 배신했다느니. 깡패새끼들에겐 도저히 어울리지도 않는, 나도 모르는 소리만 지껄이면서 말이다. 그래, 돼지야! 네게 술 한 잔 올리마. 비록 祝을 읊는 초헌은 아니다만

시월(豕月, 十月) 상달의
시(豕)를 위하여, 시촌(屎村)을 위하여! 맑은 술 한 잔 올리니
흠향이나 하고 가거라, 돼지여!

고운 눈으로 보면

걸을 때마다 흔들리는
그런 것이 있다 오른발이라고 흔들리고
왼발이라고 흔들리는 형형색색의
넥타이

깃발도 아닌, 그런 것

이기와 질시, 비굴이란 이름의
바람 습지에 철새 떼, 강물에 저어새
이쪽으로 저었다가 저쪽으로 젖는 흙탕의 갈대숲

그런 늪지를 나와 함께 지켜보던 안동의
한 젊은이가, 어느 날 문득
보내온
문자 메시지

–선생님, 늘 같은 눈으로 세상을 보면 가을은 아름답데요

–그래, 꺾이지 않으려고 흔들리는 대나무란 것도 있지
참, 경이야! 학위
논문은? 식구들 건강하고?

가을인가 보다, 국화야

벼랑 끝에서 내려다보면
모래펄 깊은 물속은 에메랄드빛
그 속까지 보이는 바다가 참으로 싱그럽다
네 아름다운 별빛

활짝, 웃는 네 모습을 그려 보고 있다
마음 건강한 네 남편의 행복한
웃음까지도

감사합니다, 무당님!

가끔 타(他)에 의해서 머리가 아프면 바다를 찾는다. 기껏 가르친 것이 흐트러져 보일 때는 힘이 쫙, 빠지다 못해 옆구리에 바늘이 솟기 시작한다. 때론 귓전에서 눈물 소리를 듣게도 되는데, 이럴 땐 달려가서 보듬어 안아주고도 싶고, 등을 토닥여 주고도 싶다. 또 어떤 학생이 이유 있는 반항일 때는 그보다 더 고마운 일은 없지만, 성의를 다한 회초리가 적반하장일 때는, 이보다 더한 슬픔은 없을 것이다.

바람 없다. 바닷가 숲 속 石泉水에 몸을 담갔다. 조각하늘일수록 더 높아 보인다. 참새, 직박구리, 뱁새가 갯바위에 어렵사리 핀 찔레꽃과 더불어 초여름을 노래하고 있다. 넓지 않은 시멘트 광장. 이게 무언가. 소주병 마구 던져 깨뜨린 조각들, 라면 봉지, 고기를 구워먹은 탄 부스러기가 널려 있다. 한 떼의 관광객이 몰려오는데 청소원을 기다릴 시간이 없다. 마침 빗자루가 있는 줄 알고 있었으므로 쓸어 모아 치운다. 한 낚시인도 거든다. 땀이 흐른다. 다시 찬물에 몸을 담갔다가 식힌 몸으로 시집을 읽는다.〈飛流直下三千尺, 疑是銀河落九天 날아서 바로 떨어지는 삼천척이라, 의심스럽다, 은하가 구천에 떨어지네〉호방한 '이백'의 기막힌 시구.

징 징징! 징소리. 좀 전, 그들은 무속인. 간단한 제물과 촛불을 켜고 빌고 있다. 글쎄 이 쾌청한 날에 저들은 무엇을 빌고 있을까. 나라면 어제부로 담배 살 돈도 없으니 무엇을 빈다고 하지만, 저들의 손목엔 하나같이 금시계를 차고 있다. 6월 17일은 아들이 생일이었다. 줄 돈이 없었다. 그날 아들은 일언반구도 하지 않았다.

아저씨! (머뭇머뭇).
네, 말씀하십시오.
아저씨! 저~ 이 음식 가져가실래요?
아 네, 감사합니다. 누발 않고 받는다. 그 예쁜 얼굴이 미안해하지 않도록,
술 한 모금 남아 있어 마신다.

용왕님 먹고 남은 것
다 싸 준다 젊은 무당님께서.

가다 말고 되 온다. 일금 오천 원, 소주 값이란다.
무당이 더욱 예뻐 보인다.
어디서 오셨어요?
서울요.

네에

냉기(冷氣)

아, '아리다'가 지나치면 무감각이 되는 것일까.
혓바늘 구렁이가 꽃뱀인 척 재빨리 뚫는 냉기의 살촉
애써 두르고 싸매도 속수무책. 쏴쏴, 내리꽂고 죽은
무수히 죽어 빳빳한 비닐 장판의
송충이가 되쏘는 바늘 끝

발바닥이 아리다.

물에 뜨는 돌처럼 속 빈 뼛속 구멍마다 누가
똬리를 틀고 등줄기를 잡아당기나 보다.

401호입니다.
그제 갈아 끼운 LPG 통이 비었습니다. 어찌 된 일입니까.
갸우뚱 배달원은 새 통으로 갈아주면서 말한다.
오늘은 그냥 해 드립니다.
손비닥 뒤집고 이웅 히는 그것조치도 무슨
은혜를 입은 듯 조아리는
이때의 내가 싫다.

늙을수록
다 내 주어야 가볍다는 이치는 알겠는데
산 높을수록, 해 가까울수록 만년설 가득한 이유를
나는 아직 모른다.

모닥불 옆에서

가루눈 은빛으로 내리는데
아직도 울 밑에 소담한 국화는 노랑 빛, 그래도 조금은
추운가 보다 홍조 띤 얼굴 탱탱하다
배추 무 새파란 텃밭에 모닥불 활활!
타는 불꽃 속으로 달려드는 눈송이, 치익 칙, 없다 그들의
그 먼 여정도 한 순간이다
그렇게 사라지는 걸까, 저들처럼 우리도
무한히 사라져가는 것일까
처남과 매부는 앉아서 소주잔 기울인다. 잉겅에 그을린 삼겹살
한 점 입속에서 우물거리는 매부(妹夫)의 눈빛 아득하다
“이젠 이빨도 흔들려서…….”
혼잣말처럼 읊조리며 소주잔 채워주는 그의 손 투박하다
아직도 계집애 손인 내가 부끄럽다 구운 고구마 속 같은 손으로
앉은 자리에서 뜯은 배춧잎 달콤하다
비누처럼 쥐면 불쑥,
어디론가 튕겨 달아나던 사람, 어쩌면
나는 그때, 그대의 철없는 그림자를 사랑했는지 모른다
참새 몇 마리 날아와, 던져준 고구마껍질 하나씩 물고
파르르 담을 넘는다 모닥불 활활!
내리던 눈 잠시 그친 사이
국화꽃잎에 녹은 물 방울방울, 공항대합실
어린 자식 둘을 두고 돌아서던 그대의
아득한 눈물방울처럼

꽃을 받다
- 2007년 12월, 누군가로부터

"자줏빛 바위ㅅ가에 잡은 손 암소 놓으시고, 날(我) 아니
부끄리시면, 꽃을 꺾어 바치오리다"

수염 허연 늙은이가, 그것도 절세미인이라면
무슨 짓은 못할까

마는

하는 짓이 어린애 같아
스스로 허리 꺾은 주제가 누워서 꽃을 받다니,
이불솜 구름 둥둥 허방지방 헛딛는 걸음마다 철없음이라
늙을 날 멀었는지

수로부인(水路婦人)을 만난 듯 가슴은

철쭉꽃, 한겨울의

밀감알갱이 상큼하도록
베란다에 드는 햇살이다 낯모른
누군가로부터 꽃을 받았다는 즐거움에

'아름답다' 라는 의미에 대하여

쌀을 씻어 올려놓고 창가에 섰다. 작은 불씨도 따뜻하다는 것이 새삼스럽다. 문득 내가 한심하다. 남자인가, 불알이 있기는 한 것인가, 배알은? 있기는 있다. 멀쩡하게 연일 내리는 눈, 구름 위 산정 하얗다. 눈꽃 장관일 것이다. 산 중턱까지 무료 셔틀버스를 운행하는 모양이다. 무엇일까, '아름답다' 를 찾는 이유. 먹을 게 지천인 남방의 사철 꽃들의 관능과 북방 이(夷) 민족의 야성, 부시먼의 목에는 동물 뼈가 걸려 있고, 문명한 여인의 목에는 꽃그림이 걸려 있다. 효용성의 가치

사냥이 목숨인 그들에겐 짐승이 아름다움일 것이고, 농경 사회의 아름다움은 꽃이라는 "루쉰"의 이야기를 내리는 눈발로 그려본다. 르네상스 풍만의 '아름답다' 와 면양의 몸집이 커야 美라는 생각은 동서고금이 한결 같았는지, 우리도 보름달 덩실한 '한아름' 이 '아름답다' 인데 내 스스로 이, 저것 다 놓아버린 한여름 밤의 꿈같은 해원(解冤)을 후회하랴만 가난의 베란다엔 꽃 한 송이 없는 것이 보통이라 보면 꽃을 보는 여유도 배부른 다음이 아닐까.

"가난도 자랑이냐!"

이 기막힌 비아냥을, 내가 들어도 싸다는 생각이다. 작은 불꽃도 상대적으로 따뜻하다는 느낌, 이 또한 작은 행복이라 자위는 하면서도 설거지통 속을 들락거리는 남자의 손등 빨갛다는 것,
새삼스럽게 들여다보고 있다

발밑이 따뜻하다

어쩐지 잠자리가 무겁다는 느낌이어서 깨면
꼭꼭 방문, 창문 닫혀있고, 이불 하나 더 덥혀 있다.
늦게 든 잠자리도 일어나 보면 어김없이 그랬다. 한 며칠
모른 체하다가, 방학이라 잠시 내려온 아들을 앉혀 놓고
아빠는 담배 때문에 문 열어놓고 자는 것이니 걱정하지 말라고,
너는 누나와 함께 보일러 켜고
살고 있으므로 따뜻이 자는 게 좋겠다고 일렀다.
"그러니까, 담배 끊어. 그리고 술도 줄이고." 한다.
"너 공부는 하는 거야, 학원도 못 가는 게 스스로 좀 하면 안 돼!"
궁하면 써먹는 레퍼토리.
"하잖아, 잘할 테니까 아빠는 술, 담배 끊어!"
어, 안 통한다. 공부하시지, 하면 꼬리 내리던 놈이.

발밑이 따뜻하다.
간밤에는 술 한 잔했으므로 몰랐을 테지만, 어떻게 찾았는지
제 어미가 쓰던 전자찜질팩이 발밑에 있다.
저 혼자 장판 켜고 자는 게, 못내 마음에 걸렸을까
아들의 방문을 열었다.
장판을 켰다고는 하나 제일 하단 볼륨에 냉방이다. 저도
추운지 토퍼를 입고 쓴 채 자고 있다.
이불 밖으로 삐죽이 나온 발, 통통하게 예쁘다.
그래, 이게 삶이다. 한파가 낼 모래면
풀린다고 하지 않더냐!

5월 5일 아침에

제 어미 얼굴도 잊어버린 놈이 그래도 태평인가 보다. 전화를 걸어도 받지를 않는다. 아마 게임을 하다가 늦잠을 자고 있으려니 하지만 집구석 내력인지 아비도 혼자, 저도 벌써 자취생활이라니. 무엇을 해 먹고 싶어도 그 양이 적당치 못해 내려놓기 일쑤고, 좋은 고기라도 만나면 꼭 죄를 짓는 것 같아 돌아서다 보면, 맨밥 한 그릇에 김치쪼가리나 들고 물 말아먹기. 대개는 그것도 귀찮아서 누가 보내준 과일즙이나, 커피 한잔으로 때우고 만다.

되돌아보아도 어린이날이라고 무엇 한 가지 특별하게 해준 것이 없고, 생일이라고 무엇 하나 제대로 해준 적이 없다. 잘 키웠거나 못 키웠거나 자식은 자식인데, 가난한 아비라고 근 이십 년 넘도록 소식도 모르는 또 다른 자식은 어찌 사는지. 지척인 듯 눈앞에 한라산, 저 모두가 내 죄업만 같은 무게에 잿빛 구름만 가득하다.

술(酒), 서역(酉=西)으로만 가는 강물(水)이 노을빛에 젖어 날밤 모르고 흐르는 취(醉), 내 그것에 영혼을 팔면서 살았다 싶기도 하다.

예(禮), 뒤늦게 따져서 무엇하랴만 부모 살아생전이나 죽어 무덤이거나, 제대로 갖추어 곡진히 헌작(獻爵)한 적이 없고, 형제와 아이들에게까지도 애틋한 사랑을 준 적이 없으니, 여기서 내 무엇을 더 바라랴.

술을 끊기로 하였다.

눈구멍에 술 채우고 혓바닥에 술을 실어, 바늘 세우면 술에 채이고 사람에 차인다. 사랑한다고, 미워한다고 취한 놈의 몸짓을 맨정신으로 보는 저들의 취한 눈도 눈이지만, 오만가지 쓰레기만 잔뜩 쌓인 고압가스통도 녹슬어 더는 어쩌지 못할 것 같은 두려움. 사람도 스스로 무서울 때가 있는 것인가. 창밖 세상은 푸르기만 한데, 왜 저리도 아침부터 비둘기는 꾹꾹거리시는가. 여염(麗艶)의 자태에 하이에나 같은 저승사자의 목소리가 안쓰럽기도 하다. 그러나

5월 5일, 아이들 머릿결처럼 살랑거리는 아침. 神보다 더 위대한 태양 빛의 명암은 벽면에 공존하겠지만 헹군 빨래처럼 머릿속은 개운하다. 반짝! 밀감 꽃잎에 물방울, 되쏘는 빛 풍년이 들려나 보다 올해는 꽃이, 너무 많이 피었다. 밀감 한 톨 얻을 수 없는 처지이지만 이 고장 모두의 살림살이이기에 걱정이 앞선다. 이 봄을 위해서는, 아이들을 위해서는 꽃은 피어야 한다.

쫑쫑 바장이는 참새떼 재잘거리는 아이들, 저들의 노랫말처럼
5월의 푸른 하늘에 흰 구름.
꿔엉 꿩!
창밖 과수원 작은 숲, 장끼가 목청껏
보리 꽃 피었어, 밀감 꽃 피었어.
제 눈에 안경인, 사랑을 부르는 소리, 꿔엉 꿩!
밀감꽃 5월 향기가 싱그럽다.

억새, 그들은

온실에서 자란 꽃이
된서리를 알까요? 창밖 궂은 바람을 알까요?
하루살이는 다음날을 모르고
여름 한철 벌레는 겨울을 모릅니다.
무엇인지도 모르고 농을 친 돌은 솜뭉치였고
자기가 되 맞은 파편은 경천동지(驚天動地)였다고
발 삔고 앉아 우는 새가 있습니다.

나비를 키워 풀어주어야 열매를 맺는 온실 속에는
계절이 없습니다. 목마름도 없고, 배곯아 죽을 일도 없고
덥거나 추울 일도 없습니다. 그들은
저 황량한 들판의 아귀다툼으로 살아야 하는
억새를 알까요?
마소에 뜯기고, 밟히고, 비바람에 꺾이고
산불을 만나면 꼼짝없이 불타야만 하는 억새의
분노와 사랑을
온실 나비와 꽃들이 알까요.
필요하면 언제든 사랑놀음은 할 수 있기에
그들은 외인구단처럼 창밖에서 우는 바람 소리는
들으려 하지 않습니다.

똥이 무엇인지 만나 본 일이 없기에
대수롭잖게 헤집어 놓고 냄새는 너라는 적반하장.

저 먼저 농(弄)을 친 줄을 알았다면
상대가 참다못해 내지른 발길질에 뼈 하나
부러졌다고 하소하는 비굴은 없어야 하고
실정법이 어떠하든
이유도 조건도 없이 고개 숙이고
용서를 구해야 함은 마땅한 것입니다.

저 황량한 산야의
아귀다툼으로 살아야 하는 억새,
된서리 맞고
불에 타 없어진 것처럼 보여도 그들은
결코 죽지 않습니다. 죽고 싶어도
죽을 수가 없습니다.
밟힐수록, 뜯길수록 억세고 억센 그들 뿌리는
더욱 깊이, 끈질기게 땅속을 파고들어
생명의 물을 찾아야 하니까요. 그저
살아야 하니까요.

적반하장

말뚝 박을 일도 아니지만 빼라 하기에 쑥, 뺐고, 방 빼줬으면 수고했다는 말은 못할망정, 당연히 전세금은 내 줘야 하는 거 아닌가! 늙은 여우가 한두 번 해 본 일도 아닐 터, 나 또한 아무리 늙었어도 지붕에서 날아본 전력도 있고, 남의 팔 분질러 놓고 내 팔로 대신한 전력도 있고 하니 빼면, 빼버리면 허전하리란 것쯤은 미루어 짐작은 되지만 하루가 다르게 나뭇가지마다 혓바닥 무성히 걸어 놓고 바람 좋은 아침엔 앞인가 하면, 저녁 바람이면 뒤집어 놓기 일쑤. 차일피일 하루가 다르게 허파 뒤집는 소리뿐이어서 아예, 그 시커먼 혓바닥을 몽땅 뽑아버릴까 보다 하고 내 피묻은 야성을 천천히 가동하기 시작하였다.

돼지주둥이 당기면 뒷걸음질이요, 꼬리 잡아당기면
앞걸음질인 줄을, 내 먼저 아는 바라
참자, 참자!
고개 숙일 일도 아니지만
아주 금빛 아가리에 쇠말뚝을 박아 버리자고
꾹꾹 누르면서 깎고 다듬어서는
꼬리 살짝 비껴 묘하게 쳐진 엉덩이를, 툭 걷어찼더니 깨갱!
잇몸 누런 똥개가 이빨을 내보이면서도 꼬리를 내린다.
그것참! 가죽피리 같은 호박꽃이 깨갱!
내일 오후 2시에 만나자고, 전셋돈 내 준다고.
내 것은 더욱 내 것, 네 것 또한 내 것처럼 아까운 그런 흉물들의,
흉물스런 엉덩이에 붙은 개 꼬리 걷어찬
이야기 한 도막.

자식이란 것도

어디로 가든 길은 통하고, 어디로 가든 세상 밖을 향하는 걸음이지만 바람이 양떼구름을 몰고 가듯 눈 멀리 지평을 쓸어 당긴다. 풍 맞은 듯 엇갈리기만 하는 걸음을 달래며 창밖을 다시 보아도 선 채로 말라죽은 앞집 리기다처럼 빨갛게 굳어 버린 인도 없는 찻길을 기어가야만 하는 자동차의 열통 터지는 더위뿐. 한낱 석상으로 서있는 기다림이란 초조가 이제나, 저제나 눈 부옇게 뜨고 좁쌀 같은 시간을 한 알 한 알 주워 담는다. 어쩔 수 없이 돌아가는 천정의, 힘겨운 회전날개처럼 우웅 웅! 꽉 찬 숨결을 지그시 누르면서

지나친 욕심이 화를 부른다는 이 진부하고 식상한 말도 사람이면 몸소 끝장을 경험해 보아야 비로소 깨닫게 되겠지만 직장까지 그만 두었다는 딸년이 헛나가는 것만 같아 아비에게 오라 하였는데 묵묵부답이다. 딸의 앙다문 이빨을 열어 볼 수 없는 나로서는 가만있자니 천불이요, 뭐라 하자니 딸년의 정강이만 부러뜨릴 것 같아 속으로만 타는 마그마, 답답하기는 좁은 길보다 자동차가 많은 세상에서 걷는 다리나 앉아 달리는 다리나 그게 그것인 것처럼 어디로 가든 길은 통하고

어떻게 가든 세상 밖을 향하는 걸음이지만 정신 나간 것이, 그래도 아니라 하면 도리 없음이지만.

찌는 더위에도 옆구리 더욱 허전한 외발 자전거의 불균형, 또는 비대칭의 안타까움. 이런 때에, 제 어미라도 함께 있었으면…… 하는

그 안타까운 아비 마음이나마 이해할까마는

운전 기능 시험장에서

술 마시고 운전한 죄로 면허 취소가 된 자들이 일시에 풀려난 8월도 9월로 접어들자 면허 시험장 오가는 길가의 강아지풀조차도 고개를 숙였다. 성긴 머리털 올올이 억새꽃은 하얗게 피는데 노송의 등걸처럼 굽은 노. 장년의 거친 손등들, 그 거북등 골마다 숨은 가을도 이느덧 하늬 바람인가. 무사고 운전경력 24년 1개월도 '늙음'이란 벽을 뛰어넘지 못한다.

시험에 들면 손과 무릎이 덜덜거리고, 빤히 보이는 교통표지판도 전혀 보이지 않더라는 익살을 가벼운 웃음으로 들으면서도 낙방하면 스피츠 새끼에게 얻어 물린 것처럼 무언가 씁쓸하다. 융통성 없는 제도라고 따질 수도 없는, 죄진 자들이라 안 되면 또 다음을 기약할 수밖에 도리 없음이지만 시험 아닌 시험에 쫓기면서도 한 세월이 바빴을 나이 지긋한 사람들의 이유도 못 되는 변명들은 대추 풍년이어서 가을 초입인데도 배롱나무꽃은 붉기만 하다.

그 배롱나무 간질이듯 클러치를 다루어야 함에도 기름 마른 관절이 반 클러치라는 것도 잊고 서두는 바람에 엔진은 덜컥덜컥 주저앉기 일쑤여서 감점, 기다려야 할 3초가 초조한 젊은이는 섰을까, 말았을까 저 혼자 가는 바람에 실격, 낡은 자동차일수록 입담은 걸어서, 그 자동차의 입에서 터져 나오는 소리 '어휴, 저 등신!'

머쓱한 들에도 꽃은 제 때에 피어서
이런 자동차, 저런 자동차를 접촉하다 보니

사고도 여러 번 있었지만 그래도
30년 별 탈 없이 살았다는 어떤 장년의 엔진 파워는
아직도 대단한지 RPM 4천이 넘도록 경사로를 오른다. 홧홧 낡은
자동차의 배기가스가 병 되는 줄도 모르고.

1종 보통의 높은 차에서
2종 보통의 낮은 차를 택한 것은
필기시험 80점이 두려운 자들의 궁여지책,
가다가다 그도 안 되니
막가는 심정으로 오토매틱 변속장치로 바꾼다. 그러나
가당키나 한 일이던가, 겨우
합격은 하였으나
곰곰 생각해보니 수동도 곤란한,
저 맥 빠진 줄도 까맣게 잊은 무덤 자리에
하얗게 휘적거리는 억새꽃과
그 돌담 가에 핀
배롱나무꽃처럼 맥없이 붉기만 한 계절의
허장성세(虛張聲勢)인 것을

딸

그러니까. 따알.
소주 한 병까지는 딸, 딸 하던 것이, 소주 두병 째부터는 알딸따알!
"제가 한 잔 따라 드릴게요."
오늘 따라, 이 식당 아줌마가 웬 수선인기. 알딸딸하게.
"아, 네에. 따라 주……." 억, 알딸딸한
구닥다리 아비가 술 한 잔 하고 보니, 엊그제 셜 간
딸년이 걱정이 되어서 전화기를 들었다.
"저녁 머억었어?"

"응, 아빠. 나 지금, 누구 만나러 나가!"

(……)

그래, 굽 높은 신발이면 8등신인 네가 엉덩이
88 팔랑팔랑 88은 자연.
하긴, 눈 비틀어지게 성형 한 번 못해 주었으니
태평양 청어(靑魚)가 옹색한 서울이 넓기야 하겠는가.

가난한 아비가
아들이면 모를까 딸인데,
거친 황무지의 야생마가 따로 없는데

밥걱정은 무슨

연필깎이와 연필

시퍼렇던 날도 녹이 슬었습니다. 하지만 가끔, 심한 커브가 연속인 한라산 길을 연필깎이의 나사처럼 달리고 싶을 때가 있습니다. 산은 높고 길은 급하지만 칼날 세운 바퀴가 바람을 가르고, 안개를 걷어내면서 껍질을 깎아내면, 띠구름 두른 산정은 푸른 연필심처럼 뾰족하게 보입니다. 그렇게 보일 때가 있습니다. 그런데

이미 굳어버린, 가시 센 연필들이 제멋에 겨워 춤을 춥니다. 말도 안 되는 언어가, 논리가, 명분이 오물이 되는 줄도 모르고 부수고 깎아 매끄럽게 긁어낸 강바닥이 설사를 합니다. 오물뿐인 바다를 빤히 보면서도 사람들은 돈을 쫓고, 돈은 또 권력을 지향한다 하지만 잔뜩 겉멋뿐인 아스콘 길가에는 모래주머니, 돈주머니.

오욕(五慾)이 쌓인 눈(雪)길을 달래느라 더러는 뿌렸을 겁니다. 그것마저 계절이 바뀌면, 시간이 흐르면 바퀴를 쓰러뜨리는, 운전자의 눈알을 되쏘는 저승차사가 되기도 합니다. 잘 알면서도 길은 길이어서 어쩔 수 없이 갑니다. 애써 달려야 하는데도 나뭇결은 거칠고 나뭇결 속에 숨은 이빨 같은 옹이가 두드러져 보일 때, 2륜차 운전자는 헬멧을 쓰고 얼굴을 가립니다. 그래도 딱정벌레 같은 것들은 연달아 머리에 부딪고, 말벌 같은 것들은 겉옷을 뚫고 따끔, 쏘고는 바람에 휩쓸려 날려가기도 합니다.

잣나무처럼 곧은 연필이 있을까요. 속살 하얗게 예쁜 연필이 있을까요. 상표도 흐릿한 연필 한 도막이 휑한 들판의 길가에 누워 있습니다. 보이지 않는 심이 당장은 무용(無用)이지만 어딘가에는 청우(靑牛)를 탄 연필깎이가 있을 겁니다. 침묵의 껍질 속에 까만 심, 반짝! 햇살 한 가닥 되쏘고 있습니다.

텃새

누구는 떠나고
누구는 되 온다

섬

날아도
떠날 수 없다

하늘
과
바다

멀리 수평선

틈 없다 꽉, 닫혀 있다

건망증

할 일도 없지, 눈 침침 줄담배 피워가며
남의 문장의 글자 수를 헤아리고 앉아 있으니.
그렇지만 그래도 세어나 보자고

하나 둘 셋 넷…… 아흔아홉, 백!…… 백 여든아홉, 백에
여든아홉이면, 이백!? 이백하나, 이백 두우울. 어, 이런! 그렇다
이상하다 하였다면, 벌써 틀린 거다. 해서 다시
하나, 둘, 셋…… 헤아리면서도 머릿속은 천 리를 헤맨다.

운전대 잡고 한 참을 가다가, 문득 가스 잠갔을까, 잠갔겠지, 아닌가, 안 잠갔는가? 아니야 분명 잠갔을 거야, 렌지 위에 차 끓이던 주전자가 있었는데, 아닌가? 그래도 불은 껐을 거야, 분명 껐을 거야, 하면서 확신하면 할수록 점점, 그 미덥지 못한 머리가 한 참을 티격태격!

'아무래도' 가 고개 들기 시작하면 되돌아가지 않고는
못 배긴다. 그런데 어째 이 길은
비포장인가 보다, 군데군데 이빨 빠진 글자
어울리지 않게 잡풀도 무성하다.
가다 보니 거친 돌멩이들도 겹겹이다.
글자 수 세다 말고 엉뚱한 짓거리, 또 틀렸다.
할 수 없이 메모지 놓고 백자씩만 세자!

이번엔 여든여섯, 여든일곱에서 점 하나가 보여서
그걸 건너뛰려다가 아흔여덟이 되고 말았다.
어찌어찌 메모한 숫자를
그것도 몇 번을 확인하면서 더하고 보니, 무려
421자가 한 문장이라, 히야!
이거야말로 신기록 감이야, 신기록! 하면서
찬탄을 금치 못하였지만

그게 문제가 아니라
평생 숫자엔 담을 쌓고 살았으니 그 사는 꼬라지야
말해 무얼 하겠는가.

어느 드라마에서 그랬다.

꼬라지 하곤!

추석 전날

햇빛 화창하다 통신 탑은
교회당 십자가보다 높다 충전 대에 올려 논 전화기
동서남북이 침묵이다

밀감나무 여름순 살랑살랑 살바람
가을 풀 냄새가 난다. 빨갛게
익은 고추가 하늘 부끄러운 줄 모르는 계절
과수원 질러서 건천을 건너면 마츠비츠와 닮은
오르막 층층, 태양의 신전에
젊음의 피가 붉다 백일홍 만발한 옥상에 내걸린 빨래,
흰 것은 더욱 희고 파란 것은 더욱 파랗다
햇살 가득 광주리를 든 여자가 계단을 내려 들어가자
백일홍 붉게도 지빠귀 노래

전화기의 충전 램프 파랗게 조용한
문지방을 베고 나의 도반, 콩 시인께선 잠이 들었다 커피 한 잔
함께 마셨는데도 그렇다

蟬殼殘暑靑無言 선각잔서청무언
寂寥本來是自然 적요본래시자연
何處西風動初秋 하처서풍동초추
一聲玄鳥淚電線 일성조루누전선

매미껍질만 남은 늦더위 푸르러도 말이 없고
쓸쓸히 고요한 것도 본래 자연
어디서 서풍 일어 초가을 흔드나
한 울음의, 하늘 새가 전선에서 우네

莊子를 빗대어서 중얼거려 본들, 추석이 내일이니
마음 편할 리 없고

그 많던 까치들은 다 어디로 갔는지
하늘 까마귀만 전선에 앉아
까악까악! 급히 울더니 건천으로 내려앉는다
비가 내려야만 흐르는 개천
까마귀는 물 한 모금이 그리웠을 거다

콩 시인! 불러보지만
눈만 껌뻑껌뻑, 열린 문 바람만 실실

역설을 가장하면

마른 말똥의 풀냄새와 메마른 인간의 냄새는 다르지. 인간의 냄새가 가장 역겨우니까. 그것도 쥐꼬리만 한 직함을 붉은 깃발처럼 흔들고 다니는 자들의 입 냄새는 다른가 모르지만 제논의 아킬레우스와 거북이처럼 '눈 깜짝할 새' 를 모르는 모순. 그렇지, 모순을 포장하면 역설이 되기도 하지.

道可道 非常道 名可名 非常名

하지만, 이 역설을 군소리 더해 포장하면 자기기만이 될 수도 있지. 노인의 말씀을 스무 살도 못 된 아이가 뼈대만 남기고 줄여서, 어른들을 횡설수설하게 만들었으니까. 이처럼 거두절미하고 "나도 해 봐서 아는데"의 오류는 시간성, 지금은 그때가 아니라는 것. 지성과 느낌은 다르지. 우리 '콩시인' 께서도 눈빛으로만 말하지. 간절한 눈빛으로 똥오줌 급하다고, 밥 달라고, 산책 나가자고 몸으로만 말할 뿐, 함부로 짖지는 않으니까.

어둠은 사람의 눈을, 사람의 마음을 앞지르기도 해.
그런 인간의 욕망은 모래알처럼 많아서
산은 너무 높고 바다는 끝없이 넓어만 보이지.
그 욕망이 너무 많아서,
너무 커서 주체하지 못하고 돌아서면
절망, 오히려 그때는 토란잎에 고인 눈물이지 불가사의한
내게서 찾아야 할 것은 단 하나뿐인 금강,

하지만 그것이
아무리 단단해도 작은 물방울에 지나지 않는다는 걸 알면
어머니의 탯줄로부터 목숨 줄 닿은
파란 하늘을 보게도 되지, 사람이니까.

작지만 까만 포도 알에서 씨앗 하나, 품는 일.
땡볕의 갯바위에 붙어 할딱이는 따개비의 인고가 기다림인 것처럼
바람결 스쳐 우는 아픔까지도 빈 소라껍데기일 때, 달님은 알지
바다를 밀어주어야 한다는 걸.
인간의 냄새가 아무리 고약타 해도 결국 사람이기에
맨발로 걸어가야 한다는 걸, 달님은 알지.
수많은 선비를 생매장한 진시황도, 그 마지막 길은
제 발로 걸었으니까.

* 道可道 非常道 名可名 非常名 (노자 왕필본. 제1장) '道는 길이지만, 변함이 없는 길이 아니다. 名은 이름이지만, 변함이 없는 이름이 아니다.' 도의 근본은 변하지 않는다. 하지만 그 쓰임은 늘 변한다. 따라서 그것의 이름 또한 얼마든지 다르게 붙일 수 있다는 말이다. 세상에 변하지 않는 것은 아무것도 없다. 무엇이 있다고 하는 그것도 자꾸만 변해가는 한 과정을 보고 있을 뿐이다. 따라서 불변이란 하나의 관념일 뿐이지, 실재로 무변의 존재란 아무 것도 없다. 無名天地之始 有名萬物之母 무명은 천지의 비롯됨(원천)이고, 유명은 만물의 모태이다. 즉 내가 생기기 이전에는 아직 아무것도 없었는데, 어머니 뱃속에서 '나' 가 생기자마자 '태아' 라는 이름이 붙기 시작한다. 비로소 내 세상의 시작이며 '나는 내 삶의 모태' 가 되는 것이다. 그것도 매 순간 변하는 무엇으로서 '나' 이다(필자).

개 팔자 상팔자?

1)
컹! 외마디, 낮은 톤 짧고도 분명하다.
아들과 함께 잠자던 방문을 열어주자 급하다고
오줌이 급하다고 화장실 찾는다.
곰처럼 걷는 친구가 갑자기 뒤집힌 묵정밭의
땅강아지처럼 급하다.
코를 중심으로 쇼팽의 왈츠
뱅글뱅글 돈다 수챗구멍 조준한다고,

시원하시겠다. 부럽다.
그게 뭐가 부러운 일이냐고 하겠지만
아름답게만 보이던 노을빛이 슬퍼 보일 때쯤이면 누구든 안다
먹고 싸는 게 일 가운데 일이라는 걸.

그와 난, 엇비슷이 늙어가는 처지로
그도 이빨 하나가 없고, 나 또한 그렇다. 그래서
고기 씹는 게 힘들고, 생선 가시가 무섭다. 그런데도 그는
황금색을 싸고, 오줌 강이 넘친다.
어떤 곡식은 연작을 꺼리듯 그도 한 번 먹은 것은
그게 쇠고기라 해도 며칠 동안은 먹지 않는다.
입속에 넣어주어도 뱉어버린다 한결같다.
어쩌면 그것이, 그가 스스로 지키는
그의 건강법인지 모른다.

자신을 알고 스스로 지킨다는 것. 그는 철칙인데
나는 사람이라서 쉽지가 않다.
인간 족속이라서 금연이 작심 수분에 불과하고
금주기 작심 하루를 넘기지 못한다.

2)
개 팔자 상팔자란 건,
순전히 인간의 자기중심적 망발이다!
그의 항변이다. 집안에선 짖지 말아야 하며
아무리 힘들어도 식구는 반겨야 하며
있으라면 있고 가라면 가야 하는 충직일 뿐이라고.
눈빛으로만 말한다, 그는
자칫 인간의 고깃점이 되어야 하는
개 팔자 쌍팔자란 걸 아느냐고, 입이 있어도
말 못하는 심정을 아느냐고

늙어도 어머니

택배가 박스 두 개를 내려놓고 나간 후
보았다. 한 어미의
잔잔한 웃음과 손길을.
퇴행성 관절이 아픈 노인의 마디 굵은 손으로
몇 번이고 어루만지며 살폈을 것이다. 물
건너야 할 물건이기에
슬픈 딸의
늙은 선생에게 가는 물건이기에
혹, 터져 김칫국물이 흘러내리지나 않을까 하고.

가시 세워 하얗게 핀 유카의 한겨울

찬바람
매섭게도 홀로 꿋꿋한
딸의 긴 슬픔을 안타까워하는 노모의 마음을
들어서 알기에
얼른 풀어 보지도 못한다.

내가 그 딸에게 한 일이란
정신 못 차리게 공부시킨 일과 대학으로 등 떼민
그 하나밖에 없다. 다행히 석사학위에 오른
그 만학이 대견할 뿐인데 몇 년 전부터 이맘때면
김장김치를 보내오곤 하였다. 그러나 유독

올해가 고마운 것은
내 처지가 예전보다 더 어렵다는
그 한 가지 이유 때문이리라.

한참을 보고 있다. 저 속에는
촌노의 서툰 입술화장처럼 빨갛게 물이든
사랑과 상큼한 정성이 가득할 것이다.
소주 한 병이 없어서야, 하고 일어선다.
찬바람 오히려 따뜻하다. 나의 "콩" 시인께서도
폴짝, 뛰고 모로 달린다 살래살래
하얀 꼬리털 살랑거리면서

소리 없는 시계도 가듯이
– 다시 한 해를 보내며

(팔각의 자판, 캐터필러 트랙의 시곗줄에 금장선)

이 초침 없는
팔각을 끼고 십수 년을 살았습니다. 죽은 듯
속으로만 숨 쉬는 애벌레,
그 벌레가 소리 없이 트랙을 당기면
무한궤도는 또 어디로든 갑니다.
나이가 들수록 졸아드는 손목의 트랙은 헐거워
한 마디쯤 떼 내면 되겠지만
한 번 떼어낸 마디를
두 번 떼 내지 말라는 뜻일까요. 단단한
고리가 금빛 노랗게 유명한, 세계에 이름난 사람의 생각이니
뜻이 없을까 하는 망상입니다.

그 이름난 봉우리에 날개를 편
팔각정 자판에 그리스천 뭐라고 하는 이니셜, CD
그가 누군지, 나 같은 이단은 알 턱이 없지요. 다만 이것은
내가 사랑했고,
내가 사랑할 수밖에 없는
한 여인의 눈물이랍니다. 회한이지요.
삶이란 어디 내 뜻만 하더이까.
내 뜻과는 다르게 한 발자국 헛디딘 길도
어느 날 문득 뒤돌아보면 천 리 밖, 먼 길이어서 다시는

되돌아올 수도, 갈 수도 없는
길이 되기도 합니다.

젊어 한때, 섣부른 객기가 인습의 벽은 넘을 수 없었을까요.
없지 않았을 텐데도 구차하게 변명하며, 등 토닥이며
제 새끼 두고 떠나는 어미를,
새 한 마리 가볍게 날려 보내듯 내보낸 후회가 낯 뜨거운
유리 창면마다 서리꽃을 피우고 있을 때, 어디선가
슬픈 캐럴은 들렸고,
눈 펄펄 내리다 만 길을 하얗게
십여 년이 흐른 여인도 걷고 있었습니다.
그 눈물이 말없이 끼워주고
환하게 웃던 이국(異國)의 거리, 그때에도
불빛 어지럽도록 사람들은 떠들고 있었습니다.
왜일까요.
무엇이 어떻다고 유독, 이때만 되면
가난 부끄럽게 일회용 면피성들은 활개를 칠까요.
형형색색 불꽃들 휘황한데도
오히려 가슴 시리게 느껴지는 것은
나만의 생각이란 걸 모르지 않기에
취한 몸으로
불빛 휘황한 거리를 달리며, 걷다가 노래 부르며
먼 여인의 눈물을
만지작거리고 있습니다.

눈 펑펑 내리는데

솜이불 덮고 앉았어도
눈발 흩날리는 입김 유리창에 성에꽃
어느 먼 그리움처럼 한 줄 또 한 줄, 쩡쩡 금가는 아픔
굳은 관절 속 아득한 곳으로만 당긴다
눈 그쳐 드러난 나목의 가지 더욱 앙상한 아래 잔뜩 웅크린
고양이 눈빛 섬뜩하도록 밤은 깊어
흰 눈의 면포를 쓰고도 밀감은 붉은빛
그 가슴 속 떨리는 달덩일 가르면 노랗게 익은 빛은
문틈으로도 새콤한
혀끝 아리는 정이야 오래전에 잊었다만
제멋에 겨워 날뛰던 야생마도 제풀에 죽었는지
소주잔 붓고, 또 한 병
손마디 굵은 거북등 이리저리 모 돌아
갈 之자 걸었지만 끝나는 길, 어디쯤인지
눈 내리는데, 바람 부는데
창면에 성에꽃 쩍쩍 눌어붙는데
북두칠성 길쭉한 자루에 휘둘린 헛바람이나마 모아
낡은 책상 네모를 에둘러 모 조이면 오롯한 봉분
그 하나는 되지 않을까 하는
그리움으로 강아지 무릎에 앉혀 놓고
솜이불 덮고 앉아서 손끝 시리도록 창 열고 앉아서
눈 펑펑 창밖에
눈 실실 방안에

강아지

눈알 빠지도록 빤히
나를
보고 있음,

뭘 주긴 주어야 하겠는데, 놈이
그 좋은
고깃점도 뱉어버리니

하, 요놈 봐라, 눈 하얀데 아직도 고추가

삐주욱하네.

용쓰지 마라, 그러다 골로

가는 수가 있다.

천하태평

눈 내리다 그친 오후
목욕을 하고 보송하게 말린 털 올올이, 너는 참
햇살 좋은 눈밭이구나 꿈꾸듯
깊고도 머언 눈을 가진 네가 귀한 족속인 줄은 이미 알고는 있었다만
가난이 황제인 나는
네게 해 줄 것이라곤 아무것도 없구나.

어쩌면 무소불위한, 네 황제의 분노도 너를 안고 있을 동안은
그 무릎이 따뜻했을 거라고, 나는 믿는다. 한겨울
경찰서 앞뜰에 핀 뽀얀 장미도 미인천하로 보여서 잠시
세상을 잊기도 하니까.
새삼스럽게 너를 보는 지금은
묵은해를 보내는 날이구나.
너나 나나 묵은해, 새해라고 무슨 의미가 있을까만
그래도 소주잔이나마 너와 더불어 마신다는
이 보잘것없는 일도 우리에겐
그나마 행복이란 것이 아니겠느냐.

겨울꽃이 새를 부르고, 집 밖
고양이들이 골목길 아스콘 바닥으로 모이는 지금은 햇빛
그저 따뜻하구나.
우리에게 좋은 것이란, 저 햇살과 바람의
고른 숨쉬기가 아니겠느냐.

하릴없는 것들이 봄이라고

개가 짖네

개
짖어

동네 개가 다 짖네. 갓 태어난 놈도 짖는데
나와 함께 늙어가는,
우리 콩 시인께서는 아니 짖네.

서산마루에 잉겅불 화로, 이승의 끝장에서 일순! 활활 타오르네.
봄비 그친 날 저녁 아버지의 종천(終天)처럼 이마에
나뭇가지에 방울방울 걸린 바람 한 점의 혼불
여명으로만 타는 능선은
밥 짓는 연기도 없이 위아래가 또렷하네.
개가 짖네, 도시에서도

개
짖어

동네 개가 다 짖고 있네.
목줄에 매여서 오도 가도 못하는 것들의 소리가 목련꽃
떨어져 구르듯
우수 지나 경칩이라고

경칩이라네

우레 한바탕이면 숨어 겨울잠이던 것들 깨는 거야 당연하다. 하지만
2월 강에 숭어 뛰자 여의도 망둥이들도 뛰었다네.
부화뇌동(附和雷同). 탈 없이
뇌물 공적으로 챙겨 먹자는 법안, 정치자금법!

얼음장 밑에서 동면하는
메뚜기도 있던가. 누렇게 고픈 뱃속 꼼지락거린다.
기름 먹은 풀 한 묶음 집었다 놓는다. 풀 값이 너무 비싸
풀죽도 못 쒀먹을 살림 하얗게, 지난겨울엔 눈만 내려서 작디작은
보시기도 못 채울 막김치 2백 그램이 2,900원,
계산대에서 돌려주고 풀보다 싼 덴마크 산 고깃점 구웠더니
비계까지 질겅질겅, 소주잔 부으며 울대를 내린다.

모든 것이 天井不知인데
별빛은 없고 우중충하다. 날마다 뛰어오르는 금빛도, 태양도
구름, 저 너머에 있다.

만년 빙벽 부서져 내린다고
툰드라 녹아 흐른다고 좋을 것 하나 없지만
뇌성벽력! 한바탕 하려나, 경칩이라네. 눈 감았다가 뜨면
금개구리는 또 뛰겠지.
메뚜기도 한철이란 말은 이제 그만
잠 좀 자야 하니까.

적업지가(積業之家)에

1)
솜털 보얗게 푸른 잎, 길가 비탈에 배추 몇 포기
그들 모두는 춘향이 나이쯤 되었을까, 톡!
부리질 깃민 같은 꽃대의 허리가 싱그러웠는네
무참히도
밑동만 남아 있다.

누군가가 남의 눈 살피며 꺾어갔을,
그 된장국 파랗게 설익은 낯가죽 어땠을까 싶다.

길가 돌 틈 사이의 두어 평 남짓한 빈터를
돌멩이 줍고, 호미질로 씨 뿌린 한 할머니. 엊그제도 애지중지
김매고, 나뭇가지 박아 가는 줄로 경계하고 있었다.
분명 할머니도 모르는 남의 땅일 테지만,
내일 당장 건축이라도 시작한다면 헛수고가 되겠지만
그게 무슨 문제라도 되냐는 듯 굽은 허리

허적허적
오늘이 어제이며, 내일이라는 듯

2)
땅이 하늘과 맞닿아, 위로는 비-바람
아래로는 땅 마구 흔들어 천지개벽이라도 하려는가. 바다를 밀어

파도가 바다를 밀어, 바다가 바다를 밀어
모든 걸 쓸어 없는 쓰나미의 그림 속 얼굴들 하나같이
백 년 묵은 종이꽃,

[하이! 와카리 마시다]의 허울.

이것도 저것도 아닌 뜨뜨미지근한 그들의
백지장 미소가 더 역겨운, 메이지 유신의 망령

積業之家에 必有餘惡이리. 되돌아보면

1923년, 간토오 대지진(關東大地震)의 분풀이. 조선인 학살 6,600인!
어디 그뿐인가? 어디
그 뿐이던가!

3)
세상이 미치고 있다.
풋나물 한 줌 돈 주고 사기가, 왜 이리 무서운가.
생명줄, 물이란 물은 다 어디로 날아갔는지 풀뿌리는
보도블록 사이를 기는데

태양은, 저 어디쯤 있다. 치솟는 불기둥처럼 오만한
독재자 카다피.

어디, 그 인간뿐일까. 너도나도
가면을 쓴 독재자.

새 한 마리 날았다. 새 두 마리 날았다. 전깃줄엔
아무것도 없다. 전선은 늘어져 까마득한
소식(消息), 강 건너에나 있겠지, 그러나

남의 땅일 테지만,
내일 당장 건축이라도 시작한다면 헛수고가 되겠지만
그런 걱정은 할 게 아니라고
굽은 허리 허적허적

그 할머니는 배추 몇 포기를
예쁜 꽃이라도 피어라, 가꾸고 있었는데

* 積業之家 必有餘惡(적업지가 필유여악) : 죄업을 쌓은 집구석에 반드시 남은 악업이 있다.

사랑 법, 그 한 가지

비록 가난할망정 허리 굽히지 않았네.
선채로 빨갛게 죽은 소나무

칼날이었다네.

풀처럼 살아라, 어머니는
철길에 몸 붙여 살아도 풀처럼 살아라 하였지만
저 소나무, 불쌍하게도 본래(本來) 풀은 아니었다네.

굽은 갈고리보다 칼날임을 '백거이' 는
자랑으로 삼았듯이
척토에 뿌리박았어도 굽히지 못해
가지 부러지고, 우듬지까지 잘리어 죽었다 해도
의연히 서 있네, 저 소나무.

하늘을 이고 바다를 벗 삼아 죽지 않고 서 있다네.

천품

1)
깡마른 강아지가 섶을 뒤지고 있다 마을 공동묘지의 경내
풀 무성히 바람도 울고 가야 마땅할
그런 곳에
다 죽어 묻혀 있는데
네발 자유로이 왔다 갔다 하는 놈.
선천적 친화력(親和力)일까, 아니면 꼬리 흔드는 법부터
깨우쳤을까. 멈칫
경계하던 놈이 가까이 다가선다 춤추는 꼬리
(어느 시대에도 있었다 역사가 소위, 간신이라 말하는… 그러나
이놈은 아니었다)
야윈 몸에 탱탱 부풀어 오른 배, 보릿고개도 아득한 오늘은
팔월의 풍성한 일요일
네 잔칫날이었나 보다. 벌초한 자손마다
고시례(高矢禮)가 넘쳤을 것이니, 아니 다 버렸을 터이니.

2)
제 굴로 쪼르르 들어가 다리 쭉 뻗고 누웠는데 아들이
놈의 머리를 쓰다듬고 있다
“아빠! 진드기, 진드기가 너무 많아”
그런 놈을, 정말이지 나 같이 죽을 날 머잖은 놈도
거북한 놈을, 아들은
가슴에 꼬옥 붙이고 나온다
“아빠, 데려가자. 얘, 이대로 두면 죽을 거야!”

3)
돌아오는 길, "아빠! 토했다"
놈이 자동차 시트와 바닥에 다섯 번을 토하고서야
철철 용솟음치는 물가에 이르렀다 세차를 하였고, 놈을 목욕시켰다
갈 볕이 따박따박 침을 놓듯이 바윗등을 달구고 있었다.
하, 이거야! 털구멍마다 진드기
살갗을 파고든 놈들을 손톱으로 긁어 떨어졌나 싶으면 다시
털 속으로 요리조리 숨는다 배뿐인 빨간 것들이 제법 빠르다.
"아빠, 진드기가 뛴다!"
벼룩이었다 한 오십여 년 만에 기억도 새로운, DDT란
맹독을 목을 열고 뿌려 넣던 그…… 죽을 놈은 다 죽었지, 그때엔
맹독을 맨몸에 뿌리고서도 살 놈은 살았던 것처럼

4)
예방접종과 함께 구충제를 먹였다
의사가 말한다 "3개월쯤 된 놈이군요. 아마 그대로 두었으면
얼마 못 살 겁니다. 몸 내외의 기생충도 무섭지만
마실 물조차 얻기 어려울 테니까요"
집에 들어서자마자 설사가 시작되었다
깔개와 방석, 책과 노트에, 잠시 벗어 둔 옷가지 등
이, 저런 물건에, 옆에
덩어리가 보였다 하얀 면발 같은 회충이었다
아들과 나는 닦아내서는 빨래하고, 또 빨고 닦고 또
또다시 또

5)

어차피 죽을 목숨인데 괜한 짓거리였다
동생도, 아버지 어머니도 때에 이르자 그렇게 갔는데
가장 모를 것이 사람의 마음이리지만
그 중에서도 가장 모르는 것은 '나' 라는 존재
나는 나를, 잘 안다고 생각했는데
어느 날 문득 보니 세상에서 가장 모르는 존재가 '나'
아무개라는 것이었다 아들과 나를
다시 들여다보아도 '나' 는 '아들' 만 못하였으니

사랑이란 무엇일까? 사랑이란
어떻게 해야 하는 것일까? 어떤 것일까?
늦둥이 아들을, 물끄러미 보고 있다.

* 高矢禮 : 한웅천황의 명으로 농사를 주관하였고, 부싯돌을 발견한 사람이다. 줄여서 '고시' 라고도 한다. 네이버 국어사전에는 '고수레' 의 잘못이라고 하고 있으나 필자는 쉽게 동의할 수 없다. 다만 고대 이두식 표기라는, 타당한 주장이 있다면 모르지만. "桓雄天皇 見人居已完 萬物各得其所, 乃高矢禮 專掌餽養之務 是爲主穀(태백일사/신시본기)" 한웅천왕께서 사람의 거처가 이미 완성되고 만물이 각각 그 자리 가짐을 보시더니, 곧 고시례로 하여금 먹여 살리는 임무를 담당하도록 하시고 이를 주곡(主穀)이라 하였다.- (임승국 역. 『한단고기』. pp168~169. 정신세계사. 2003.)

'콩' 시인과 나는

'콩' 시인이라고 부른다 몸집이 작아서
눈망울이 콩알 같아서
긴 털 속에 깊은 눈, 한 소식(消息) 하였다는 듯 눈빛은
저 너머에 있다

말은 눈으로만 한다 짖는 법이 없다
화장실이 정 급하면 문 앞에 서 있거나 문을 긁는다 그런데도
사람이 못 알아보면 짖는다 단 한 번
낮고 분명하게

컹!

나와 똑 같은 그릇을 쓰며,
나와 한 이불에서 잔다 잠자리는
늘 곱고 폭신한 곳을 찾는다 아무데나 앉는 법이 없다
고운 잔디밭에도 윗도리를 벗어 깔아 주어야만
그 위에 앉는다 가히 황제견이다
들어오면 손발을 씻는다고
곧장 화장실로 간다 양치질한 입에
누가 고깃점을 주면
마지못해 입에 넣었다가 고개 돌려선 뱉어 버린다
아무 거나 먹지 않으며 부산스럽지 않다 늙어서
더욱 조용하다

급할 것이 없으니, 우리 둘은 천천히 걷는다 하늘을
콕콕 찌르며 걷거나 기구에 매달려 육신을 학대하지 않는다 어차피
젊음이 되살아날 것도 아닌데 너무
쭈글쭈글 메마른 늙음의 연장은 욕이 될 것만 같다
작년과 금년이 다르다 우리는

둘 다

되도록 땅과 가까이하려 한다 길게 앉거나 길게 눕는다
풀 한포기 상하지 않도록,
개미 한 마리 다치지 않도록 자릴 잡는다 날이 갈수록
모든 생명이, 내 목숨과 같다는 생각
버릇이 되었다

가버린, 한 강아지를 생각하며

얼마나 각인하였기에 내 너를 잊지 못하는 것이냐.
모래 위에 깊이 파인 발자국처럼
네 쉬던 자리 치우지 못하였구나. 오늘도
홍시 두 알, 물 한 대접 시원히 먹어보라고, 바짝
쏟아버린 핏물이라도 채워보라고
야산에서 태어나 백여 일,
재롱이 한창이었기에 내 너를
잊지 못하는 것이냐. 네가 태어난 그곳에
내 측은지심을 묻고 돌아설 때, 다시 들리는
바퀴소리와 네 단말마!
내 자책의 길은, 네가 내게 오던
그 날의 바닷가로만 달려가고 있었다.
작은 게의 집게발, 네 콧잔등을 깨물고 놓지 않던 일
네 앞다리가 미치지 못하는 그 작은 게
너는 뒹굴고, 나는 웃었지.
배를 쥐고 웃다가, 배를 쥐고 웃다가
눈물 찔끔거려 내다본 서산엔 노을빛 낮달, 까마귀는
울고 있었지.

바다는 달려와, 달빛은 달려와
네 발자국 씻어 가겠지만 새가 되었을 네가, 어쩌면
어쩌면 저 달에서
나를 기다려 줄 것만 같구나.

하지만, 늘 우리는

아침 네 시까지 마신 술이 화근이었다.
잠깐만 눈 붙이자, 했는데 아뿔싸, 여덟 시 사십 분!
남은 시간은 한 시간. 허둥지둥, 그만둘까?
저 민저 문간에서 꼬리 치는 강아지를 아들에게 맡기고
나섰다. 산길을 달려 공항까지
택시기사 : 3만에서, 오천 원만 더 주시면 달려 보겠습니다.
그래요. 갑시다! 총알처럼 날아서 9시 40분,
예약자 홍길동! 하니 창구 왈,
열 시 사십 분인데요!
……………………………… (멍)
'道는 길로써 가하다. 하지만 늘, 그 길이 아닐 수도 있다!'
공항 5호선 살폈더니 "신길역"에서 1호선 환승, "대방역"까지
만을 되 뇌이며 "신길"
보니, 1호선-〉 -〉 -〉 -〉 탔다.
(도는 길로써 가하다) 암, 길이니까. 한데
방향이 어째, 좀. 열차는 섰는데 내가 바라던 곳은 아니다.
우르르, 다 내렸고. 나 혼자뿐, 방송 뭐라 뭐라 왕왕, 듣지 못하고
엉거주춤 내렸다. 하 이거야. 정 반대로 진행하였으니, 역행(?)
하면 좀 젊어져야 마땅한데, 아니다. 아침보다 더 늙었다.
'不在는 *存在*의 時間性' 이니까. 한데, 노인의 "전후상수前後相隨"
이게, 뭔 개똥철학인지 모르겠다.
無 : 방심, 혼돈, 착각! 有 : 낳고, 늙고, 병들어, 죽는다 : 無
두 점이 찍힌 바퀴가 돈다면 앞뒤 구분 못 하고, 혼돈!
문제1. 前後는 시로 따른다(?)

문제2. 앞(前)은 뒤엣것(後相)이 따른다(?)
6학년 5반에 학생은 나 혼자, 이것은 無이다. 나는
저것의 차이에서만 존재하니까.
2등이 따라주지 않는다면 1등도 없는 것이니까.
내가 나갔으므로 사람들 만났다. 하지만 그래도 섭섭한 것은
'항상', '늘' 이란 개념의 부재. 낙엽이 흩날리듯
말로써 말이 많은 것인가. 아마도 그런 것인가.
'存在는 不在의 空間性이다' 걸었다.
저것들과 함께 걸었다. 비워주고 다시 차지하면서
내 집 현관. 우리 콩시인께서 짖어대고, 꼬리 흔들고, 안겨오고
늘 한결같지만

'道는 길로써 가하다. 하지만 늘
그 길이 아닐 수도 있다 道可道 非常道!'

*' 不在는 存在의 時間性이오, 存在는 不在의 空間性이다(김춘수.『詩의 位相』1991).'

나랏밥 팔자

밥통을 열고 밥을 뜨는데요.
밥알이 떨어졌습니다. 낱알로 세어도 두서너 알
그걸 주워 입에다 물고 오물오물 돌아섰는데
아, 우리 "콩"시인께서 나를 빤히
쳐다보고 있었습니다. 눈빛 초롱초롱
가깝고도 머언 눈으로요.
무슨 뜻일까?
전 한 참을 생각했습니다.
어쩌면 이 시인께서 날 생각해서
음, 술은 퍼 마셔도
이제 사람이 되었군, 하는 것
같기도 하고요. 아니면
어휴, 저 머저리
나, 개지만 떨어진 건, 안 먹는다! 하는 것 같아서요.
제가 점잖게 항변을 했습니다. 야, "콩"시인
이 밥알 하나가 몇 번 손이 가는 줄 아냐! 말도 채 끝나기도 전에
꼰대! 웃기시네.
진작 그런 거 생각하시지, 그랬으면 나까지

나랏밥 신세는 안 됐을 거 아뇨!

눈물 나도록
개소리가 정답이지 뭡니까.

정방폭포 아래에서

마구 떨어지는 것들의 소리가 잿빛이다. 내용 없는 슬픔이다. 한 번 쳐다보고 돌아서는 눈동자들만 수북이 쌓인 벼랑 끝, 수백 년 소나무마저 말라버린 정점에서 바람 한 꺼풀씩 뒤집어쓰고 떨어지고 있다. 신부의 날개옷 겹겹이 하얗게 나는 것들은 곧 떨어진다는 의미를 다시 확인이라도 하듯 한사코 수직인 벽들의 가슴을 치고 돌아서는 울화통, 저 중국 어느 지방의 언어가 뒤섞인 듯 샬라샬라 내세울 것도 없는 헛기침의 뒤죽박죽인 변명. 그 '할 말이 없다' 라는 망상의 낯가죽을 보는 천인, 만인의 탄식이, 이미 떨어져 돌이 되어버린 등으로 마구 패대기친다. 게거품이다 개 거품, 자던 눈으로도 다시는 보고 싶잖은 그,

그 날름거리는 혓바닥의
그 어떤 개처럼 윗입술을 자주 핥아야 하는
그 6시 5분 전에서 굳어버린 목 줄기,
그 잘난 기생오라비의 얇사한 주둥이와 그리고 또 그리고 그리다 만
그 요강단지
엎어놓고 새빨갛게 웃을 입술들의…… 그렇고 그런
게기품의 폭포 밑에서, 물대포 밑에서

어찌 사냐고요?

그냥 출렁거리며 살아요. 바람 세찬 날은
저 벽에다 머릴 처박으며 살아요. 굳어버리고 싶잖아
출렁거리며 살지요.

서귀포 해안

1)
깎아지른 벼랑 굽이굽이 칠십 리
화산송이에 씻긴 물, 마셔도 좋은 물, 용천수 철철
떨어져 부서지는 온히요, 흐르느니 물.

"飛流直下 三千尺 疑是銀河 落九天!"

한 겨울에도 들국화 피어 이태백이도 걷는
벼랑 끝에 길이 있다.
아름드리 소나무들 병풍처럼 해풍을 가린, 가지 사이로는
바다
멀리 수평선

강아지 앞세워 걷는다, 가는지 마는지

타박타박

2)
가끔, 벼랑 끝가지로 날아드는 지빠귀
접은 날개로 툭, 떨어져서는 바닥에 닿았을까 하면, 나는 새
날아오르는 새 60여 년

아, 4 · 3의

죽창에 꿰어 바다로 던져 버린 혼백들의
저 솔바람의, 우는 소리가 들리지 않는가. 바위틈에 뿌리박았어도
억척으로 살았을
그 핏빛 바다가 보이지 않는가. 배부른
너, 그리고
우리의 두 후손들이여!
아는가. 소름 끼치도록 얼비치는 물 위에, 핏빛
바다가 있었다는 걸.

3)
들국화

계절도 모르는 바람의 송이들, 불협화음의 음표와 소리들

두 손 모아 가만히 쓰다듬는다. 무언가

아프고 또, 쓰린 가슴으로

* 飛流直下三千尺 疑是銀河落九天 (이백.「망여산폭포(望廬山瀑布)」의 제3, 4구)
"물 날아 곧게 떨어지니 삼천 척, 의심스럽다 은하수가 구천에서 쏟아지는지."

흡연

마녀가, 무지(無知)한 주둥이에 걸렸다

이제 나는
그 꼬리에 불을 놓는다 2만 헤르츠의 울음과 희열
아득하다 송신 안테나의 점멸
빨리고 내뿜는 간격으로 화형은 천천히
백 년 철길의 꼭짓점에서 늙은 추기경의 아집
그의 귀는 돌덩이
그 어떤 소리도 듣지 못한다 갈릴레이의 굴욕과
별이 빛나는 아이러니, 깜깜하다
구름 낀 봄이다
시끄러운 봄이다 너 죽고 나 사는 봄이다
그래도 꽃은 피고, 그래도 꽃은
지고

검게만 타들어가는 폐와 간, 그리고 내장들
그것은 목숨 줄로 전이되는 보조관념의 암 덩이
쓰다 버린 언어와 마시다 만 커피와
수북이 쌓인 꽁초

소각로가 아닌 맨바닥에서
불씨 하나로 잿물만 남기고 타 버린 시체의
그 과거와 같은, 그런 것

바람 세찬 바다는 날뛰고

구름 낀 날씨가 물빛을 어둡게 하는 것까지는 좋았다 문제는 바람이었다. 어제는 어설픈 장비로 벵에돔 일곱 수를 올렸기에 오늘은, 하고 고급 장비를 갖고나간 것이 잘못이었다. 던져 넣을 때마다 원투遠投 찌와 밑줄이 꼬인다는 생각을 하며 조심조심

옆바람 줄기차게 세찬 파도, 갯바위를 치고 치솟는다. 눈 파랗게 게거품의 파도 난장판이다. 순간 모 당권 싸움질하던 그날 사람 등 뒤에서 머리채를 낚아챘다는 소위 '머리끄덩이녀' 라는 그 여인의 눈빛만 같다.

늘 뒤를 조심하라! 언제 삼각파도가 덮칠지 모른다. 가깝고도 먼 파도의 조짐을 예측하라. 세류의 물 흐름을 파악하라. 드디어 입질, 동시에 툭! 낚싯목이 터졌다. (뭐가 잘 못이지?) 재정비를 하고 다시 시작한다. 몇 번 당기고 던지고, 다시 던져 넣었다. 이번엔 찌가 제 길에 들어섰다고 생각하는데……왔다, 낚싯대 챔질, 툭! 당기고 보니 도래 부분에서 터졌다. (왜, 이러지)

혈압상승, 손끝이 떨린다. 단단히 묶는다는 것이 줄에 흠집을 내고 말았는지 세 번째도 터져 버렸다! 평생 낚시한 경험으로 처음이다. 있을 수 없는 일도 있는가 보다. 무언가, 어긋나 있었다. 무엇일까? 줄의 인장력과 낚싯대의 강도, 원줄과 밑줄의 상관관계, 날씨와 장소 등. 역시 궂은 날씨엔 무식한 장비가 통한다는 것. 겨우 한 마리 잡고 들어와서는 소주 한 병, 그래 궂은 날씨엔 무식한 것이 힘

이상하게 맑은 바다

누구를 위해 낚시를 하지? 아니 고기를 잡지?
누구를 위……
나?
아니야, 시간이라면 모를까.
무료한 시간을, 그것도 늙은이의
시간을 낮잠이나 재운다는 건 좀, 그렇지 않아?

바다가 맑아요. 물속 고기까지 다 보이는데
나를 비춰볼 수가 없군. 이상하지 않아? 바다처럼 넓은
청평인가, 팔당인가에선
내 얼굴이며, 내 모습이 보였는데 말이야. 바다는
제주 바다는 어째서 거울이 안 되는 걸까?
속이 환히 보여서, 바닥까지 보여서? 그런가, 그런 것인가?
웃기시네, 바다가 투명하다고?
내 참, 바다가 온통 백세병이야. 풀 한 포기 없어요, 가까운 데엔
하얗게 중대가리야. 그거 알아?
살 때는 반짝반짝하던 다이야가 감정소에만 가면
흠이 난다는 것. 흠집이 있다는 것.
도둑적으로 완벽하니까. 임자는 말을 잊게 되는 것이지.
라면을 끓여야 하는데 마땅한 냄비가 보이지 않아요.
속이 쓰려서 허리가 아파서 약을 먹어야 하는데
'마땅하다' '적당하다'가 때에 없을 때
지구가 거꾸로 도는 수가 있거든.

4대 강 수중보처럼 하다못해 갯마을 포구라 해도 크게 벌려놓아야 하거든. 밥을 얻어먹어도 생기는 게 있을 테니까. 바다의 흐름이 어떻게 되든 말든……. 웃기는 일은 해수욕장마다 모래가 사라져 버렸다는 것, 해서 모래를 돈 주고 사서는 차떼기로 부어 넣는다네. 그게 가당키나 한 일이냐고. 누구 말마따나 내가 옛날 관청에서 영선 담당해 봐서 아는데, 뭐 생기는 데에는 토목 공사판만 한 게 없거든. 흙 한 차를 열 차로 불릴 수도 있는 계산법이니까. 그래서 게놈, 게놈 하기에 진짜 개놈인가 보다 했는데, 글쎄 그게 개 같은 놈이 아니라 유전자 정보가 담긴 뱀 두 마리가 꼬인, 그러니까 쌍두사의 형상이다! 라는 거더군. '복희 여와도'를 보면 그 옛날에도 토목 공사판이 있어서 그랬을까? 각기 컴퍼스와 곡자를 들고 있어요.

야, 야! 쉰 소리 그만하고 술이나 먹자. 고기 잡은 거 어딨어?
응, 잡기는 잡았는데, 다 놔 줬어!

왜?

그냥, 너무 예뻐서……. 눈을 보니까아!

돌이 무겁게 앉아서

비바람이란 것이 쒜에, 덜컹덜컹!
베란다 문짝 쥐어뜯을 듯 앙탈이더니, 이 아침
조용하다. 다만 조용할수록 더 크게 들리는
이명(耳鳴)과 썰물의
그 꼬리 사리는 소리가 매끄럽다
바닷속으로 빨려 들어가는 꽃뱀의 꼬리.
여운(餘韻)이란 긴 것인가. 문득 꽃이 핀 풍란
한 송이가 하늘을 날고 있다.
"壽比南山不老松"이란 글귀가 모 병원에 걸려있었다.
'목숨이란 남산의 늙지 않는 소나무에 비할까' 란 뜻일 텐데
이빨 하나씩 뽑히듯 불알친구들의 북망산 소식이야
그러려니 할 때가 되었지만, 공동묘역에서
어미 잃은 강아지를 데려와 함께 산지 꼭 한 달 만에
차에 깔려 죽은 핏덩이를, 저 살던 곳으로
안고 가 묻어주었는데도 비바람 치는 날이면
그 불쌍한 놈을 걱정하기도 한다.
박복(薄福)은, 늘 박복을 낳기 마련이다. 묘한
돌멩이를 주어다 놓고 보아도
돌멩이는 돌멩이일 뿐, 언감생심 그 무슨
오만 고상을 바라겠는가.
낚시나 갈까. 가서 안주거리만 낚아 올리고 나서
늙은 목숨, 한 놈이라도 불러 한 잔, 그래 일어서자. 박복은
늘 박복이지만

급한 일도 없는데

시속 80에서 100, 어쩌다 순풍이면 백이십.
바람 한 점 없어도 그만한 속도의 바람을 치받으며
2륜 중형은 제힘이기에 막무가내로 날뛰는데 겨우
관성에 의지한 나는 젖은 빨래처럼 휘청, 휘청휘청!
우선은 바람과 맞선다.
'아차,
하는 순간!
저승 문턱이다' 를 되뇌면서도
두 팔과 두 다리는 물론 제 육감(第六感)까지 동원한
허리선을 틀어야 커브를 돌아도
제 속도를 유지한다. 바쁘다 머릿속은

영 점 일 초를 아껴야 한다.

급커브에서 몸을 트느냐, 차를 트느냐, 아니면
차는 바르게 몸만 틀 것이냐.
기상, 노면, 국지적인 측풍 등등을
순간, 순간 계산하여야 한다.

그 나이에 자동차를 타야지, 미친 망아지처럼 날뛰느냐고. 산길에서 당신이 보이면 저절로 긴장한다고. 아직도 늙을 날 멀었느냐고, 어느 전문 기사님께서 그랬다. 하면 나는 거두절미하고 무조건 하이고, 죄송합니다. 그래도 그게 살아 팔딱거리는 것 같아서요. 허허

웃어도 앞니 한 대 빠진 광대다. 한 대에

백 수 십 만원씩 하는 이빨을 해 넣을 처지도 아니니 이빨 없어 씹도 못히지만, 있이도 씹을 힘이 남아 있을 것 같지 않나. 독수 아닌 공방근 이십 년, 한 여름 깊숙이 넣어둔 양초가 가만가만 휘어서 안녕하신 것까지는 좋다고 하자. 한데 이 빌어먹을 것이 추운 날이면 어김없이 찔끔거리는지라 바짓가랑이에 한두 방울, 얼룩은 그렇다 쳐도. 꼭 남 앞에만 서면 자칫 속옷을 갈아입어야 할 운수 나쁜 날이 될 것만 같아

아닌데, 아닌데, 이건 아닌데 하면서 달려보지만
벌써 산에는
산 중턱까지는 눈도 내렸고
지평 가득 지천인 억새꽃 훠이훠이 상여의 백지전(白紙錢) 마냥
나부끼는 들길
사통팔달이어도 쭉 뻗은 나의 길은 오직 하나

RPM을 내리고,
제동을 걸어도 급한 내리막

풍치 · 3

– 1993년 어느 날

벌레 먹은 이가 아프다 하니까, 의사는
물어보지도 않고 구멍 깊게 뚫고 무얼 채웠는데
이것이, 자주 말썽이다.
뭐가 잘못되었는지 잇몸이 붓고 기분이 나쁘다.
날씨가 우중충해서 그런가, 어깨도 무겁다. 해서 한잔할까, 하다가
아, 내 이빨이 그렇지, 생각하고 있는데 어둠 속 주꾸미가 보챈다.
참자, 아프니까. 한두 번 참아본 일도 아닌데
그 방면에선 이력이 대단한지라 잘 참는다 했었지. 한데
무슨 바다 축제에서 생전 처음 맛 들인
주꾸미가 퉁퉁 불어 앙탈이다.
생각 없이 한 번 먹자고 사온 것이지만 어쨌거나, 그만 자자
라 했으면 그만인 것을 돈 아깝다고 왔다갔다, 문 열었다 닫았다.
잇몸은 붓고 어둠 속 목구멍은 채워 달라 하고.
어디서 주워들은 풍월은 있는지라 읊조리는데
'데리다의 difference', 차이에서
동일성이 만들어지는 것이 아니라… 어쩌구… 하였으므로
돌다리나, 나무다리나 다리는 다리인데, 저 다리
사이가 문제로다.
무슨 말? 나도 몰라. 하여튼
그 비슷한 염불을 하면서, 이젠 아주 누워 버렸다. 눈을 감고
아무리 잠을 청해도, 그게 천장에 가물가물 왔다갔다
사람 미치게 하는지라.
에라 모르겠다 먹다 죽은 귀신 어쩌구 하면서

냄비를 찾았다. 그런데 말이다. 항상
뜨건 냄비를 다룰 때는 조심조심 자동차 클러치에서 발 떼듯 살살,
급브레이크 밟지 말고 길 가는 환상적인 운전이 필요하거든.
요 말씀은 '심성 000' 의 말이다. 들은풍월이라 믿을 수는 없지만
하여튼 또 있다.
'소녀' 가 이르되 머리 작고, 발도 작고
복숭아뼈도 작아야 맛이 있다고, 해서
소주 한 잔 붓고, 주꾸미를 통째로 집어서, 한입 가득! 이때부터
정말 중요한 것은 구천일심(九淺一深)이다. 한 번은 깊게 푹!
씹고 아홉 번은 얕게 씹어야 제맛이 난다는 말씀 말이다.
다 먹고, 다 마시고 잤다. 아마 코를 골았을 거다. 제 콧소리는
제가 못 듣는 법이라 오리발이고,
이명(耳鳴)은 남이 듣지도 못하는데, 알아 달라는
멍청이 무지 많다, 세상엔.
특히 저도 못 알아보는 글을 뭐랍시고 내보이면서 소크라테스의
흉내를 내는 인사들 말이다. 그래도 세상 너무 좋다.
광속 날아서 자꾸자꾸 날아서 억만 광속 날아서 옛날로 돌아가서
아가야, 문명한 나라엔 핸드폰 속에 사는 닭도 있다!
털 벗겨도 머리 없는 짐승,
마트에 줄줄이 있는 그런 것 중얼거리고 있었는데
깨었다, 아침 해

그것참, 잇몸도 가라앉았고 온몸이 개운하다 이상타, 그지?

밤새도록 앉아서는

달밤에 체조하는 것도 아니고 야삼경 지나, 사경 거쳐 오경(五更).
산만한 아들놈
가로지른 다리 한쪽 비틀어 굴려도, 쌕쌕
새벽이로고 동창(東窓)은.

"머무는 것이 삶이고 하늘로 돌아가는 것이 죽음이니 죽음이란 것은 영구한 생명의 근본이다"* 하였으므로

이미 문명이란 똥 맛을 다 본 내가 이렇게 앉아 날밤 새는 것도 살아 있다는 이야기가 되는 것이니 감사하기로 말을 하면 하느님 덕이고, 못된 주둥이로 주접을 떨면 또 하느님 탓만 같다. 왜냐하면, 양심, 양심하기로 그것 하나라도 잘 지키면 어찌어찌 사는가 보다 하였는데, 그것도 아닌 것이 하도 억억 하길래, 나도 억 하고도 더하기 이천육백을 발차기로 날려버린 후, 갚다갚다 주저앉아 버린 그 잔돈 몇 푼 때문에 비굴이 들볶인다. 붉은 도장, 파란 도장 찍힌 협박도 가난이 극에 이르면 무덤덤.

통하지 않았던지
–갚으실 생각, 없는 것 아닙니까?
허파 뒤집다 못해 생살에 염장 지르는 소리,

야, 씨입 할! 빨간 딱지만 보내지 말고 쓰레기라도 좀 치워 갔으면
좋겠다 이, 새~꺄!

—딸깍!

구멍이란 구멍은 모두 연기가 솟는데, 그 어느 날
불어 닥친 미친 태풍의 개떡 같은 그 마기가, 또 어른거려서
소주병 붓고 붓다가 찔끔 맺힌 눈물에 어리는 가로등

하나, 둘, 셋, 네엣, 다서엇…… 어, 진짜 개떡

개떡, 돼지먹이 갈아 만든 개떡, 배 홀쭉한
어미 몰래 담 너머로 버린
그 개떡이 자꾸만 생각나는지 모르겠다.

쌕쌕 꿈나라 아들놈, 슬며시 뒤척인다.

註 :

住世爲生 歸天爲死	머무는 것이 삶이고 하늘로 돌아가는 것이 죽음이니
死也者 永久生命之根本也	죽음이란 것은 영원한 생명의 근본이다.
故 有死必有生	고로 죽음이 있으면 반드시 삶이 있고
有生必有名 有名必有言	삶이 있으면 반드시 명분이 있고, 명분이 있으면 반드시 말씀이 있고
有言必有行也	말씀이 있으니 반드시 行이 있는 것이다.

『太白逸史』「三神五帝本紀 第一」

땅강아지에겐 귀가 없다

홑눈 겹눈 있어도 땅굴 10여 년, 가끔
나서면 세상이 하얗다
작은 날개로는 날 수도 없어 하늘은 또 다른 어둠
천하의 태양은 하나
아, 아픈 소 때려죽이는 그들의 언어로 몰입(沒入)하라는
독수리와 비둘기를 적당히 섞어 번성한 까치들
그들, 흑과 백의 두 날개를 위하여
나불거리는 디젤 굉음의 강변에 쌓인 패총, 수억 년
말, 말, 말의 파편들, 세계는
천민의, 천민에 의한, 천민을 위한 자유라고
아무리 노래해도 그는
귀가 없기에 번갯불에 콩 구워먹었다 해도
너무 큰 신문 글자는 읽지를 못해
다시 땅속 나무뿌리로 돌아가 듣는다 나무의 안테나를
눈 속에 꽂고
글로벌 독수리의 음흉한 눈빛과 천박한 비둘기의 음울한 울음과
흑백뿐인 까치의 쪽박 깨는 소리를 들어야 한다
덮어야 한다 이제 그만

책 속에는 길이 없다

빨강 꽃 빨강 바람

꽃 하나가 빨강 꽃을 피운다.
빨강 꽃은
빨강 꽃을 피워 내고
바람은 바람을 모아 눈덩이, 갈수록
골목길 눈덩이

오월 바람은 툰드라에도 있다.
어떤 사슴은 서서 죽고, 어떤 사슴은 죽어서 산다
서서 죽어야 하는 것들, 깔려서 살아있는 것들
죽음은 죽음을 끌어들이고
산[生] 바람은 산 바람만 끌어들인다.

흔드는 입, 흔들리는 잎
바람 드셀수록 혓바닥 뒤집는 적반하장(賊反荷杖)!
바람은 바람을 키운다.

햇살 따갑다, 눈덩이는
제 몸 녹이려 바람 들이고, 제 몸 숨기려
바람 세운다 골목길 되돌아선
빨강 바람이 가시에 핀 꽃을 흔들고 있다 더러는
꽃가시에 찔리면서도

빨강 꽃엔 빨강바람만 분다 빨강바람만

밥이 끓고 있는데

1)
확! 쏟아졌으면 싶은 비가 진득진득
압력 솥뚜껑을 누른다, 사내는 다리가 아프다.

아픈 다리는 잘라 버려야 해!

그런 노인이 있었다. 제 새끼들만 데리고
한강을 넘자 다리를 끊어 버린, 한강을 끊어 버린 노인.
지금이 그때와 다른 것은 앗뜩앗뜩 매병[呆病]기 있는 시계가
잃어버린 십 년을 찾아 거꾸로 간다는 것과
한강을 가로질러 장벽을 쌓는다는 것뿐이지.

끓는다, 칙칙!

밥 되기 싫어서, 죽 되기 싫어서
한 번은 구름, 한 번은 비가 되기도 하면서
부처를 닮은 쌀알들이 끓고 있다.

2)
돌아라, 하늘!

칙칙 파르르르 압력조절도 하면서
광대한 공간에 양자도 돌고, 중성자도 돌아야 한다.

터지지 않기 위해 돌아야 한다 속으로 앓기도 하면서 모로 섰다가
옆으로 부딪치며 칙칙거리다 보면 저들은 저절로, 저절로
드러눕겠지, 와불(臥佛)처럼 드러누웠을 테지. 하지만

기다려라,
대인은 기다려야 하느니.
기름 값도 오르는데 양초라고 남아 있겠느냐. 벽창호라 하건 말건
못 들은 척, 불 끄고 뜸만 들이고 있으면

비천하고
가난한 것들은
밥이니까. 저절로 밥이 되는 것들이니까.

낡은 CPU

나르키소스(Narkissos)를 낳은 리리오페는
예언자 테이레시아스에게 물었다.
"아들이 오래 살겠는가?"
"자기 자신을 잊으면 오래 살 것이다."

죽은 쌍둥이 여동생이 그리운 나르키소스는
숱한 처녀들과 숲 속의 님프들에게 사랑을 빌렸다.
과거를 사랑할 뿐인 나르키소스, 그는
사랑을 돌려주려 하지 않았다.

"나르키소스, 사랑을 돌려주세요, 제발 돌려주세요."
나르키소스는 아랑곳하지 않았다. 어떠한 말도 받아들이지 않자
아메니아스는 자살했다.
"나르키소스, 사랑을 돌려주세요. 제발 돌려주세요."
에코(Ech)도 서서히 말라 죽었다.

"돌려주세요오오오~"

마지막 음절만 남긴 채

북악의 낡은 CPU,
최신 전화기가 무슨 소용인가. 쌍둥이
여동생만 그리워 귀머거리가 된 나르키소스에게

모기
– '분꼬ぶんこ' 상

나비 두 날개 사이에 코브라 대가리.
울 엄마 뱃속에서 울 아빠 대가리가 자지러질 때
튀었지요, 용암 불덩이가요.
힝이리 벽에 부딪고 죽었어야 하는데 죽지 못해 살아나온 세
제 이름
문자(蚊子)에요.

유식하고 유식한 우리 아버지가 지어 주셨지요.
제국 일본을 잊지 못 해 지어준 이름
모기 蚊, 씨앗 子.

'분꼬ぶんこ'

피를 빨아야 해요.
꽃구멍을 빨아야 해요. 박쥐처럼 황홀하게 녹여 뚫고
땀구멍 똥구멍도 빨아야 해요.
할아비전 부전자전 손자전 대대로 빨아야 하겠지요.
돈과 지식과 권력과,
그것들 모두는

내 같은 족속의 목숨 줌 아니겠어요? 슬프지만, 제 이름은
'분꼬 상' 이니까요.

고추밭에 벌거숭이

내 귓속 이명에다 불을 지른다. 매미는 나무 그늘에서
'땅 밑 기어 다니기 7년, 아니다 10년이다' 하면서
염장을 지르고,
제주 도백(道伯)이란 자도
자본의 똥강아지 노릇 못해 안달복달
영리병원(營利病院) 세우자, 곶자왈 깎고 다지고 세워서 세상의
모오든, 돈주머니 두둑한 어르신들만 오래 살게 하자고
망아지 몰듯 공무원 앞세워 여론몰이
깽깽거리던, 그 잊고 살던 반상회까지 열면서.
화, 덥다 더워!
볕 살 따갑다, 독가시 세운 더위
낚아 올린 따치는 이판사판, 가시란 가시는 다 세운다. 죽어도
가시 세운다 벌거숭이는.
우리 아들 고추처럼 자라는 7월 염천의 고추밭에서
벌거숭이 날고 있다. 벌거숭이 해변,
그때가 그립다. 지금은 어미 뱃속에서부터 팬티를 입고
나온다. 해변 절벽을 나는 아이들도 팬티를 입는다.
샛강이 흐르는 모래둔덕, 어쩌다 가랑이 사이에 생겨 역사의
걸레가 되어버린 여의도에서는
부끄러울 것도 없는 것들이 팬티를 입고
이명 따갑도록 개소리뿐이다
개울가에서 똥개 패듯 두들겨 패고 삶아 먹어도
시원찮은 것들이

저들 사무라이가 노리는 것은

패망 일본제국의 사무라이,
도둑고양이들이 또다시 야옹거리고 있다.
동해 속 보물에 눈독을 들인지
어언 수십 년.

메탄하이드레이트!
그 금빛 찬란하게 타는 불꽃을, 그들은
노리고 있었던 것이다.

도요토미헤데요시의 사무라이와 패망 일본제국의 도둑고양이들,
제주의 왕벚꽃을 워싱턴디시에 심어놓고 자기들 꽃이라 우기는
저들의 100년을 내다보는 집요함.

그들에게 물려
이름 없이 죽어간 영령들이 통탄!
하시는가, 낙뢰소리 무섭다.
소탐대실(小貪大失)의 어리석음을 범해서는
안 된다. 5년의 짧은 치적을 크게 내세우려 할 것 없다.
동해의 작은 섬, 그 하나면 그대의 얼굴은
자손만대로 빛날 것인즉

* 독도 근해에 묻혀 있는 불타는 얼음, 메탄하이드레이트(methane hydrate)

아랫동네 용궁 되겠다아!
– 대운하 어쩌고 하기에

개웅개웅 깨겠다 디젤 공이 세웠다
붕어, 메기 홀–딱, 자빠지겠다! 철새도 철수하고, 영이도 철수하고
고향은 보따리 싸고오~!

출렁출렁 네 강변
사돈의 사돈과 사돈의 팔촌도 땅 팔아 돈 사겠다 개웅개웅 돈 사겠다
착암기에 불붙겠다 나비나비 붙겠다

훤히, 훤히 뚫어서
일사천리 뚫어서 놀이터도 만들고, 축구장도 만들고
떡 치고 바닥치고 눈 가리고 아웅아웅거리다 보면 천둥치고 벼락치고
쏟아라, 부어라! 마셔라, 부어라!

얼쑤우! 더쿵더쿵

넘쳐 나겠다
아랫동네 묘여언(渺衍) 하겠다
물속나라 되겠다! 아라비안나이트 홍콩 가겠다아~!

*渺衍(모연) : 물 아득히 넘쳐흐르는 모양.

새빨간 그림

백만 촛불도 우습게 까뭉개던
강부자들이 웬일일까. 뚝심으로 버티지 않고?
유리 틀 속에 핏빛 그림,
몇 익이라는데
아무리 봐도 내 눈엔 달력 그림 같은데
그 새빨간 헛소리 3일이더니, 벼슬 빨간 햇닭이 끝내
옷 벗고 말았다고. 역시
붓은 칼보다 위대하군, 대단해.

"실배암이 용의 초리 담북이 물고 고산준령을 넘단
말이 이셔이다. 왼 놈이 왼 말을 하여도 님이 짐작 하시소."*
가 맞는데 내가 잘 못 봤는가, 다시 봐야겠군.

혹 맞는다면,
'노세노세 우리끼리 노세!' 하면서 끝까지 가야
맞는 거 아닌가?

*주: *는 작자미상.『해동가요』蛇含龍尾 聞過泰山岑 萬人各一語 斟酌在兩心 《高麗史樂志》' 어떤 뱀이 용의 꼬리를 물고 태산 높은 봉우리를 넘었다는 말이 있소이다. 뭇사람이 각기 한마디씩 해도 짐작은 두 마음에 있습니다.' 즉 우리 두 사람 마음먹기에 달렸습니다.
* 有 : 명사 앞에 있을 때, (어떤 무엇)

오일난장에서 한잔하고

사탕수수 찌꺼기에 개미떼 북적이는 길목
전두엽 한쪽 모자란 어릿광대들 품바 넋두리처럼 오처넌
골라잡아 오처넌!
냉동 풀린 동태 아줌마
먼 산 쳐다보는데, 배 불뚝 오지항아리
쓱쓱, 무참하게 썰어버리는 막창순대 팔팔한
국밥 한 그릇 사처넌
걸터앉으니 건너편, 처넌 보리빵
따끈한 젖가슴도 찬바람 무말랭이 신세
바닥 쪼그려 앉은 늙은이
달래, 풋마늘, 겨울배추만 살아서 꼼지락거리는 난장에
온갖 첨가물 뒤범벅, 창란, 멸치, 새우, 오징어, 꼴뚜기 사촌들
무릎 맞대고 탁주사발, 나는 소주병

대목장이라는데
해 바랄 것도 없는 해바라기들의 하루
싸구려 생선, 감자 비닐봉지를 거나한 빈 병에 걸고
청양고추 한 입 베어 문 입도 밍밍한 길을 털레털레 걸어서
지는 해 흥얼흥얼 가슴에 안고 문전인데
어라, 생선님 다 달아나 없고 봉투 밑구멍에 아가미 걸린
황새기 한 놈 달랑, 놈의 눈, 빤히
야, 멍청 인간아, 뭘 봐!
나 안 죽었어, 나도 천정부지로 날 거야!

길에서 길을 묻다

1)
길에 섰으면서도 길을 모른다. 길을 가면서도
길을 모르는 이 답답한 길가에서, 아무리 기다려도
버스는 오지 않는다.

무엇이 한스러워서 저들은 절규하는 것일까. 한겨울 찬바람 속에서
나무들은, 선거철 사람들은
끼리끼리 모여서 울부짖는다. 내가 최고라고
내가 아니면 길이 아니라고.

하지만 아무리 기다려도 버스는 오지 않는다.

붕어빵에게 물었다. 버스가 오긴 오나요?
모르지요. 바다가 메마른 저희는 이미 눈 · 귀가 없습니다.
뜨겁게 태어났어도 저희는 이미 잠깐인 걸요.
저 보세요.
나요, 나요 하고 있잖아요.
그들이 길이란 것도 모르세요?

2)
길을 헤집고 물길을 묻고 있다. 녹슬지 않는 PVC
길을 내는 저들은 알고 있을까. 녹슬지 않는
물길을 알고 있을까.

눈물 단단한 길이었을까.
내가 그대를 보낸 길은 저 거칠 것 없는 몽골의
어느 초원이었을지 모른다. 말들이 바람처럼 지나가 버리면
시간의 허상만 허공중에 덩그러니 머문다는 것,
그들은 알고 있을까.

가슴 한편에 빈자리

해마다 나무는 자라고,
바다가 차오르면 먼 산이 가깝다는 것, 그들은
알고나 있을까.

3)
평생 흙을 밟고 사는 동생네 과수원.
나처럼 사람도 못 되는 것들이 뒹굴고 있다. 너무 크거나
너무 작은,
규격 밖의 것들
쓸모없는 것들의 속살에서 바람이 운다. 액액!
산새 소리가 귀청을 뚫는다.

길이란 길은
헛바람뿐이라고, 아직도
그 헛바람의 길을 모르더냐고

ᄇᆞ름광 ᄃᆞᆯ밧디 ᄉᆞᆯ아도

암만 오몽허기 실펴도
동 새벽이 물 혼 허벅 질어다 놓곡
놀 불엉 암만 바당이 대싸져도
바딩 고이 돌 코시에 성갱이 부슬러 먹으멍
듬북 혼 짐 지어다 놓곡
아침 먹어 아정
밧더래 도르멍 도르멍 강 일했져. 경허당 보민
샛별은 조녁에도 뜬다.

바당 고이 구롬비 낭광 가스레기 낭은
암만 쫀물 치댁여도 노릇 허지 아니 헌다.
살암시민 살아지는 거주, 니 초록 뻣뻣허민 어떵 사느니 게.
존둥이 꼬부렸쟁 똥 꺽어지느냐 게!
존둥이 꼬부렴서사 저슬 들엉 소곳헌 밥 먹주, 뻣뻣허민
여물 어신 고라조만 먹나.

놀 불엉 대싸져도 오몽허곡,
저슬 상강(霜降) 볼랑 대갈라져도 일어낭 걸어사 산다.
울멍 시르멍 해도 오몽해사 배지근 헌 날도
이실 거난.

바당고이 구롬비 낭광 가스레기 낭은
지래는 쫄라도 불린 깊엉

암만 쫀물 치댁여도
게고저고 센 보름에 맞추멍 오늘 살곡, 내일 살멍
눈 까지게 강남만 보멍 산다.

* ᄇᆞ롬광 돌밧디 ᄉᆞᆯ아도 [바람과 돌밭에 살아도]

아무리 움직이기 싫어도/ 동 새벽에 물 한 허벅 길어다 놓고/ 큰바람 불어 아무리 바다가 뒤집어져도/ 바닷가 돌부리에 정강이 깨지면서도/ 해초 한 짐 져다 놓고. 아침 먹으면/ 밭으로 빨리 달려가 일했다. 그러다 보면/ 샛별(개밥바라기)은 저녁에도 뜬다.

바닷가에 구름비 나무와 가스레기 나무는/ 아무리 짠물 끼얹어도 시들지 아니한다./ 살고 있으면 살아지는 거지, 너처럼 뻣뻣하면 어떻게 사느냐./ 허리 꾸부렸다고 똥 꺾어지더냐!/ 늘 허리 꾸부려야 겨울 들면 소곳한 밥 먹지, 뻣뻣하면/ 여물 없는 가라조만 먹는다.

대풍 불어 뒤집어져도 움직여야 하고/ 겨울 상강(霜降) 밟고 넘어져도 일어나 걸어야 산다./ 시름겨워 울면서도 움직여야/ 배지근(다시 국물 정도의 맛)한 날도 있을 테니까.

바닷가에 구름비 나무와 가스레기 나무는/ 키는 짧아도 뿌리는 깊다./
아무리 짠물 끼얹어도, 어떻든지 간에/ 센 바람에 맞추며/ 오늘 살고, 내일을 살면서 / 눈 까지도록 강남만 바라보며 사는 거다.

* 가스레기낭 : 사스레피나무, 향나무과에 속하는 상록활엽수. 다른 이름으로 가스룽낭, 갯쥐똥나무, 섬쥐똥나무라고도 한다. 해변이나 야산의 바위틈 같은 척박한 곳에서도 끈질기게 생육한다.

기생과 숙주

스스로 설 수 없는 것들이 있다 숲에 들면
으름, 다래넝쿨 같은
해를 바라고 기어오를 때까지는
키 큰 나무를 찾는다
숙주를 타고 오른 것일수록 숲을 우습게 본다 잎 무성히
깃발 날리는 혓바닥
기어이 죽이고, 저도 쓰러져 있다 다래 넝쿨과 소나무
선생과 학생, 스승과 제자
"백락(伯樂)"은 어디에 있으며 준마는
또 어디에 있는가.

* 世有伯樂然後有千里馬 千里馬常有 而伯樂不常有.
세상엔 백락이 있은 연후에 천리마가 있다. 천리마는 늘 있다. 그러나 백락은 늘 있지 아니하다.
故雖有名馬 祇辱於奴隷人之手 駢死於槽櫪之間 不以千里稱也.
그러므로 비록 명마가 있어도, 단지 노복의 손에서 욕이나 당하다가 마구간에서 다른 말들과 다름없이 죽는다. (때문에 천리마라 해도) 천리마라는 호칭이 없게 되는 것이다. – "韓愈"의 「雜說」 중 "馬說"의 한 대목. (번역은 필자)

* "한유"는 당나라 문호이다.
* "백락"은 진(秦)나라 사람으로 말을 잘 다루었다고 한다.

이국 쫑 이국 쫑?
– 영어를 공용어로?

사철 붉었다고 단풍(丹楓)이랴. 잎 지고
꽁꽁 얼었다고 죽음이랴.
속으로도 물은 흐르고, 얼었어도 물이 흐르는 끝가지에
화백(和白)의 봄은 아직
멀기만 한데

피었다.
쬐그만 것이 배시시 피었다 민들레.
꽃으로 보면, 무엇하나 가진 것 없는 가난, 그래도 노랗다.
유구만년 우리말의 회로가 '한 알의 한 얼' 인 것처럼
낱낱이 모여서 하나가 되는 꽃,
작지만 앙증스런 끈기가 깃털씨앗 깃발 날리는 IT의

애국 쫑! 애국 쫑 강아지!

할 때는 언제고,
이 산야에 미궁 말발 세운 도깨비 바람 좀 분다고
마구잡이로 서양민들레 일색이라고 길거리로 내몰려야 할 민들레.
오 갈 데 없는 꽃이 보도 불럭 깨어진 틈을 비집고 얼굴 내민
저 아픔을 못 본 체하랴?
아니면, 거꾸로
이국 쫑! 이국 쫑! 노래하며 짓밟고 그러모아
한 바다 한 점 섬,

저 무인도로 보내야 할까?

"불휘 기픈 남곤 보로매 아니 뮐세 곶 됴코 여름 하노니"
"새미 기픈 므른 고모래 아니 그츨세 내히 이러 비로레 기노니"

* 주: '아래 아' 를 (ㅗ)로 적었음.
* 불휘: 뿌리.
* 기픈: 깊은.
* 남곤: 나무는.
* 보로매: 바람에.
* 뮐세: 뽑히매(뮐=ㅁ+ +ㅣ+ㄹ. 세=ㅆ+ +l)
* 곶: 꽃.
* 됴코: 좋고.
* 여름: 열매.
* 하노니: 많나니.
* 새미: 샘이.
* 므른: 물은.
* 고모래: 가물(가뭄)에.
* 내히: 내.
* 이러: 이루어.
* 바로래: 바다로

(뿌리 깊은 나무는 바람에 아니 뽑힐세 꽃 좋고 열매 많나니.)
(샘이 깊은 물은 가물에 아니 그칠세 내를 이루어 바다에 가느니.)

– 『용비어천가』

빈 것들만 모여서

잉카의 제단(祭壇)에
희생(犧牲)의 피가 태양이 되던 날부터
누에를 성(姓)으로 받은, 염제(炎帝)의 딸, 누이(嫘祖)는
천충(天**虫**)의 황(凰)이 되었어도 술통(臼)에 신대 하나 꽂고
신(申)이라 받들어 모셨을 테지만

닐 암스트롱의 깡통 하나가 새(鳥)처럼 날더니
뉘조(嫘祖)의 딸 달님(姮娥)의 태초를 간직한 꿈같은 골에
깃대 하나 꽂고 오, 잿빛 섬(島)이여!
폐경의 황량한 여인이여!

방아 찧는 토끼를 그려 넣은
동심의 이야기에 공자가 무색할 뜻이 없었을까만
고금동서가 동서(同壻)가 되는 혼돈의 시대에
빈 술병 여럿과 빈 깡통, 빈 물통들만 모인 쓰레기 집하장
냄비 뚜껑 열린 수거통도 나자빠져 바람소리 우우

속없는 것들만 모여서.

* 炎帝: 삼황 신농의 다른 이름(농경문화를 연 불의 신, 태양 신)
* 뉘조(嫘祖): 염제 신농의 딸이며, 황제 헌원의 부인, 양잠의 신이 되었다.
* 천충(天**虫**): 잠(蚕)인데, 누에는 여러 번 잠을 자야 실을 뽑을 수 있는 고치가 된다. '잠들다' 의 '잠' 과 음이 같다.
* 姓 : 고대 모계사회에서 姓(女生, 즉 여자가 낳았다)은 모계의 족표를 이르는 말이며. 아버지 쪽의 족표는 씨(氏)이다.
* 구(臼): 절구인데 여성의 음부를 상징. 상형은 양손을 모아 쥔 모습이다. 곤(丨)을 모아 쥐고 받들어 모시는 모습이 신(申)이다.

* 鳥 : 신농의 작은 사위, 소호 김천(金天)의 관명이다. 새는 '삼족오' 에서 보는 것처럼 해를 상징한다. 닭의 볏이 오늘의 '벼슬' 이며 작위(爵位)의 작(爵)은 '벼슬' '술잔(새 부리처럼 주둥이가 달린 잔)' '참새' 를 의미하는 말이다. 우리의 대통령 뒤의 봉황문양도 이와 무관치 않을 것이다.
(김대성 엮음. 『금문의 비밀』(주)북21 컬처라인. 2002)에서 참조.

* 鳥 : 『說文解字』에 海中往往有山 可依止曰島 (해중에 가끔 산이 있다. 멈춰서 의지할 수 있다. 곧 섬이나)라고 되어있나. 한편 중국인의 발일 테지만, "殘靄弄影 孤蟾浮天 (쇠잔한 노을은 구름을 희롱하고 외로이 달만 하늘에 떴네)"라는 「宋史 樂志」의 시구를 들어 옛날에는 달을 蟾(뚜꺼비-섬)으로 표시하였다고 한다. 말하자면 하나의 비유이다. 따라서 섬은 달을 상징한다. 즉 하늘을 나는 새가, 잠시 쉬는 곳이므로 하늘의 섬이란 뜻이다. 島를 파자하면 '새 鳥' 아래에 '뫼-山' 이 들어가 있다.

존나 배고프다

1)
祖의 且,

중국의 시조 황제의 무덤 주변에선가 출토된,
이 모양의 도기를 중국 어느 박물관에 전시했는데,
祖陶(조도)라 붙였겠다.
관광객이 是甚麻(이, 뭐꼬?) 하니
안내양 왈 "몰것다."

것 보고 '조상의 도기'라 해 놨으니
하화족으로서는 발음이 안 된다. 하니 이해곤란, 한데
울 나라 사람들은 척, 보면 알거든
첫 '좆도' 한다 하데.

男, 요것도 상형자를 보면, 담벼락에다 대고 오줌 누는 모양이걸랑.
田에서 力한다는 건, 후대에 와서 짜 맞춘 거고. 하여튼
그 잡은 것이 뭐냐?

I, 이것이거든.

중국의 "낙빈기"가 이걸 가지고 10년을 헤맸다나, 뭐 어쨌다나.
생긴 대로 보면 될 것을.

하지만 그들의 발음으로는 도저히 불가능, 해서 이것도

순 우리식으로 '무엇대가리', '뭣대가리', '멋대가리'

'멋대가리' 없기는…….
하하 여딤이고, 그게 뭐냐 하면
且, 요것인데, 점잖게 祖. 그래 조상님!
그래서 저 그림의 ㅣ밑에 ●을 붙인 금문의 술잔을 앞에 놓고 보니
막막, 적막강산(낙빈기가 미치고 환장했다지 아마).
ㅣ, 이걸 우리식으로 보면 아주 간단하거든, 그게 뭐냐?
祖의 且(좆)이니까, 아비이고 할아버지가 아닌가.
하면 '아비-父' 즉 ㅣ은 父

한나라 "허신"의 『설문해자』에 "ㅣ"의 발음을
아래로 내려그으면 '뚫을-곤',
위로 죽 그어 올리면 '가마-신'이라 했겠다. 하니 囟(신)은
머리 꼭대기 정수리라서 神, 腎(좆)과도 발음이 같다.
그런데 말이야, 神의 申은, 또 뭐냐? "ㅣ"을
여자가 '두 손으로 받든' 글자.
응, 두 손은 臼(구)이고, 이것을 절구라 하거든. 그러니까 申은
그 속에 절굿공이를 세운 것. 암, 申이고 神이지. 허허허

그래서 저 동그라미는 우리말루 '알'이니까, 붙여서 발음하면
'부알' '불알' 고로 "且"는 좆이고, 좆은 조상이란 이야기이지.
조상은
잘 받들이야 하는 것이고. 하하하

2)

말도 못하는 애기 앞에 놓고
우리 조상님들께서, ㅣ地ㅣ地, ㅣ知ㅣ知, 坤知坤知(곤지곤지)!
왼손 펴고, 오른손 손가락 하나 세워서 콕콕 찌르던.
편 손은 땅이니까, 어미이고 어미는 여자가 아닌가. 난수표 같은
우리의 전래경전을 보면 6이 정 가운데 있거든, 이제 보니
음수(陰數) 6은 2-4-6-8-10의 정중앙. 그러면
다음 말은 안 해도 짐작하겠지?
여자의 그것은 칠성을 닮았거든. 해서 여자를
匕(숟가락-비)라 하는 거고,

匕(숟가락-비). 比(뒤로 껴안았으니 나란할-비), 妃(여신의 비)
妣(죽은 어미-비),
동음이의의 글자들이고.

다시 숟가락은 북두칠성이기도 하지, 옛날엔 모계사회였으니 당연히
匕(암컷)가 중심인 것. 그러니까
6은 정중앙이어서 곤지곤지 곤지곤지!
땅의 이치를 알아라, 어미를 알아라, 여자를 알아라, 그래야

잘 먹고, 자손 번창한다는, 뭐 이런 뜻이겠지.

3)

(근데 배, 고프다. 오늘은 종일 안 먹었으니까. 술로 하루를 ㅠㅠ)

김삿갓이 길가다가 배 무지 고팠다.
점심때를 기다려 어느 집에 들어가서는 주인과 이런저런
이야기를 하면서 점심을 기다리고 있었는데, 그 집
부인께서 납시었다. 왈
서방님, 人良且八하오리까? 하니, 그 남편
月月山山커든
했겠다.

김삿갓, 일어서며 한마디 한다.
犬者禾重이로군.

4)
아, 배가 고파서, 너무 고파서 헛소리, 하는갑다.

그 어떤, 집안일 때문에 만땅 취해서는 꼭지 홱, 틀어져
유리창, 그릇 다 깨부쉈고, 컴퓨터도 깨부숴 버렸고, 또 또 미치겠네.
–다 늙어서, 이 무슨 추탠가. 그 오만 고상은 다 어디 가고.
나도 모르겠다, 빌어먹을!

근데, 어쩌지?
당장 갈 곳도 없지만 해 지면
땅 좁아 야산에도 못 오를 것 같고

* 3 人良且八 : 食具, 즉 밥상. *月月山山 : 朋出, 친구가 가거든.
* 犬者禾重 : 猪種, 돼지 종자.

(황헌식의《인생을 버리고 시를 얻은, 김삿갓》.『한국의 괴짜』. 사회발전연구소 간. 1984.)

* ㅣ 은 중국인 학자 "낙빈기"에 따르면 신농의 이름 글자라 한다.
* ㅣ은 또 '허신의 설문해자' 에서는 '위아래로 통할 곤' 또는 '引而上行 讀若 囟 '이라 해서 "위로 그어서 읽을 때는 가마(정수리) 신이라 읽는다."라고 설명하고 있으나 4,000여 년 전 청동기 금문은 人:사람, 任:임금님, 神:하나님, 柱:기둥 등 변음, 변체가 여러 가지라고 한다.
* ㅣ 의 반절은 '古本切' 古의 성모 'ㄱ' 과 本의 운모 'ㅗ + ㄴ' 을 모아 소리 내면 '곤' 이다. '꽂는다' 의 '꼰' 이다. 참고로 문자의 반절표시는 '한 나라' 때 진의 소전을 예서체로 정비하고 소릿값을 정한 것(신농의 시대로부터 대략 2,500년 후)인데도 지금의 하화족의 발음으로는 맞지가 않는다. 오직 우리가 읽는 一字一音節의 '음가' 라야만 맞아 떨어진다. 중국 25사를 유학한 고 "임승국" 박사는 이것 하나만 들어도 이 문자는 우리 조상이 만든 글자라고 주장한 바 있다. 예를 하나 더 들면 鶴의 반절은 '割覺切' 인데 割의 'ㅎ' 과 覺의 'ㅏ+ㄱ' 은 '학' 이다. 그러나 지나인은 '흐[hé]' 로 읽는다. 후대 청나라 강희제 때 편찬한『강희옥편』의 4만 9천여 자도 글자마다 달려있는데 위와 같다고 한다.
* 가마: 사람 머리의 정수리 부분이 '가마' 이다. 熊의 곰과 같은 소릿값으로 신을 이르는 말이다. 일본어의 神이 '가미' 인 것처럼 왼 새끼줄을 걸어 부정을 방지하는 줄이 '검줄(神줄)' 이며, 장사 지내고 무덤 앞에 뿌리는 황토를 '神土' 라 적고 '검토' 라 읽는 것과 같다. 가마의 제주어가 '가뫼' 이므로 우리의 고어로도 '가뫼', '뫼' 는 山이다.

* ●: 珠: '구슬', '알' 인데 아비 父인 곤(ㅣ) 아래에 ●이 그려져 있으나 중국인의 발음으로는 도저히 해독할 수 없는 상형자(문)이다. 해를 뜻하기도 하는 염제의 씨알, 즉 '아비의 씨알' 이며 '불알' 이다. 낙빈기는 父珠, 즉 '아버지 구슬' 이라고 표시하였다.

참고문헌---
1. 김대성 엮음.『금문의 비밀』(주)북21 컬처라인. 2002
2. 임승국 번역주해.『한단고기』. 정신세계사 간. 2003.
3. 段玉載註.『段氏說文解字註』. 台北, 文化圖書公司. 1971.

하필이면 · 2

참, 재수 없다! 하필 돌이라니, 그것도 제주 감장 돌.
머피의 법칙이라나 뭐라나. 하필(何必)이면
재수 옴 붙었다 하는, 그것 말이다. 그게 뭐냐면
언 놈은 꽃밭에 살짝 떨어지고
언 놈은 물 좋은 샛강도 모자라, 삼각산 아래
잘 다듬은 풀밭에 고이고이 내려앉는데 말이야. 어째서 나는
낙하산도 없이 머리통 깨져라!
수박 통 깨져라! 돌에 떨어졌느냐고.
불쑥! 솟는 것도 세상의 이치야, 알아?
요즘처럼 지진(地震), 그래 땅 마구 비틀어 흔들면 비쭉, 솟거나
갈라지는 그 단층엔 가리비, 대합 같은 조개들 무지무지 많다!
그거이 전설이거든,
억조창생의 단순한 이치로 谷神不死하는 곳 말이야.
아, 죽는 귀신도 있을까? 모르지만 하여튼, 그 희한한 귀신도
'죽어봐야 저승 맛을 알거든*' 그런데 나는
없다, 죽을 곳이 없어요오.

아침부터, 웬 횡설수설?
음, 나 말이야! 왜 하필 돌에 떨어졌냐고오, 묻고 있잖아!
하필, 하필이며언
왜? 감장 돌에 떨어졌냐고오

* 『죽어봐야 저승맛을 안다』(이정섭 저. 문학과현실사 간. 1993)

머리카락

때깔 좋은 꽃뱀이었는데 빛바랜
백사 몇 마리,
그들 조상이 냉혈인줄은 알지만 춘삼월 냉골도
저들은 추운가보다 웅크리고 있다.
너희와 나는
본시 한 몸이었으되
내 먼저 훌훌 떠나도 너희는
썩을 수도 없게 되었다.
죽어서 살아야 하겠구나, 이 세상.
누가 아느냐.
어느 귀한 손이 있어
너희를 쓸어 모아 화톳불이나마 있다면
소쩍 소쩍새 우는 고 스님 다비장은 아니어도
활활 태워서 세세생생(世世生生)
천지합일(天地合一)일 것이니,

그나마
천행(天幸), 아니라 하리.

이상한 봄비

어미 치마꼬리 붙잡고 징징거린다
밤낮이 없다 어둡고
칙칙하다 되다만 술이 뽀글거리듯 콧물 풍선 풀럭, 징징 눈물 찔끔, 가면 가고, 오면 오는 아이처럼 그침 없이 비, 이슬비, 빗방울 없는 빗방울

늙은이의 오줌발, 남은 오줌발 사타구니 타 내리듯 장맛비

비이 비 비이비이 비 목련 꽃망울 아기 고추도 비이 비 사쿠라 게다 짝까지도 非而非 아닌 건 아니라고 非而非

오리에 오리발 삐리리한 놈들처럼 非理한 놈들의 변명처럼 비리비리한,

남모르게

사타구니 타 내리는 오줌발처럼

유령도시

사람 사는 동네에 사람이 없다는 건, 슬픈 일이다 낮에는

비만 내리고

비에 젖은 개다리가, 술에 젖은 부엉이가 밤이면

불빛 어지럽게 방황하는 거리, 눈이 없거나, 귀가 없거나, 멀쩡한

사지를 비틀어 병신이 되어야 신나는 나라, 춤추는 나라

내가 나로서 살 수도 없는 나라

거짓말이 거짓으로 들리지 않는 나라

이상한 나라

밤에는 사람 살고, 낮에는 개가 사는 나라

밤이 신나는 나라

사람이 개 같은 세상

강 건너, 저편 나라에도 세월이란 게 있을까요.

바람 막대기에 휘말리는 연기처럼 과거와 현재가 뒤섞여 조이고 조이다가 끝내는

폭발히고야 말 불씨 하니.

내가 내 아닌 잿빛 강물도 흐르고 있습니다. 돌같이

흐르고는 있습니다.

황혼이, 왜 이리도 길까요. 사람 사는 세상이, 왜 이리도 먼 것일까요. 개가 개 아닌 세상엔 사람도 개가 될까요. 똥오줌 잘 가리고, 귀 팔랑거리며 꼬리 세워 멍멍 반기면 귀엽다고, 사람 같다고

사람 먹기도 비싼 갈비

몇 점 얻어먹고 낮잠이나 자는 개 팔자.

그런 개가 될 수는 없을까요.

참말을 참말로 들어주는 나라는 없을까요.

몸으로 때운다고 말이 될까요. 문명한 세상이므로 노공(老公)의

行不言之教(행동은 말없는 가르침)는 수정되어야 마땅하다고요?

그렇습니다.

몸으로 때울 수도 없게 된 황혼이면 더욱.

싫든 좋든 생이별은 하는 게 아닙니다. 삼각형이 한 변을 버리고 한 변과 한 변이 나란하였다고 끝이 날까요. 양철 째는 시비가 무덤 속까지 따라붙겠지요. 사람이 개 같은 세상에선 개가 사람이 됩니다.

슬레이트 지붕 위에 빗소리 타닥타닥

내가 내 아닌 세월도 흐르는

강 건너, 저편 나라에도 세월이란 게 있을까요.

백장미

삶는다
암탉 한 마리

팽팽고고(彭彭鼓鼓)! 허여멀겋다
엊그제 같은데

팽팽 청바지 “사랑이란 다 그런 거야아 “

라디오 틀었다
바람 드센 창밖에 눈을 두고

끝까지 사랑, 사랑.
먹다 죽은 귀신도, 고파 죽은 귀신도 사랑, 사랑, 사랑
“나보기가 역겨워 가실 때에는, 죽어도
아니 눈물 흘리오리다아아아!”

핏대 세워 얼굴 시뻘겋도록 흔든다 담벼락 높은 바람결에

메이퀸! 줄장미

팽팽, 허여멀겋다 5월 볕 뜨건 솥에 암탉 한 마리

팽팽고고 팽고팽고!

밤에 우는 매미

더위 먹은 것들이 많은가 보다
열린 땀구멍마다 바늘 꽂는 소리에 잠이 깨었다
낮에는 사마귀도 방충망에 붙어 꼼짝 않더니 지금은
밤거리의 호객꾼처럼 눈알 굴리고 있다

'우리' 란 단어는 다른 뜻으로 쓰인다 도시에선
한밤에도 열 받은 빙하가 야금야금 땅 녹여 먹는 소리, 불야성

밤낮이 바뀐 아기의 울음처럼
문밖 소리가 날카롭다 칼같이 네모뿐인 도시에선
꽃가게도 밤에만 문을 연다 꽃의 꽃 같은 것이 돈이 되는 세상에서
고해성사는 성형술사가 듣고 말씀은 스피커 속에 있다

속없이 나태한 무소유란 게으른 자의 변명

산방산 밑 좁디좁은 마당엔 급조한 절
일곱이 들어서 있다 기계로 깎은 돌부처가 금장하고
장사한다 바겐세일, 중국제 福이 가장 싸다

바퀴는 둥글어야 굴러간다 아니다 바퀴는
바퀴 없이도 잘 달린다

싸구려 복은 아무리 빌어 봐야 효험이 없다

아무리 모난 별도 먼눈으로 보면 둥글다 둥글어서 둥글다 하면
세상은 네모라고,
돈이라고 몰아붙인다

저 시끄러운 매미처럼 변(辯)만 무성해 말씀은 없고
소리(聲)는 있되 음(音)이 없는
고성능 스피커의 게거품이라야 전지전능(全知全能)이요,
색즉시공(色卽是空)이다

모든 것이 네모뿐인 도시에서는 福도 돈으로 산다
이 네모의 위세는 묶음이다 겉은 둥글고 속이 네모인 옛 동전의
구멍 그들끼리만 모이는 묶음의

구멍이다

그 구멍을 알아야 한다 게으른 무소유는 잘 들어야 한다
밤매미의 쇳소리가, 왜 슬픈지를

*全知全能 : 모든 것을 알고, 모든 일을 할 수 있는 능력.
*色卽是空(반야경 구) : 색은 곧 공이다. 즉 있는 것은 없는 것과 같다.

그냥, 앉아 있어요

1)
창 너머 저 속에는 집들이 있고, 길이 있어요.
자동차 오가는 길, 사람 오가는 길
아, 길이 열렸나요. 사람들이 막 건너가요, 녹색등
15초 14초…… 3 · 2 · 1 · 0

그만 서시오! 의장병처럼 모두는

“어린왕자”의 여우처럼 길이 든 우리는, 너무 어려서
오미(五味)의 포도를 먹어버린 우리는
너무 많아서
존재가정을 하지 않아요.

‘모든 위반자는 처벌 받는다.’

식사 때마다 한 병 마셔야 밥이 되는 나는
황혼길 달리고 싶어, 길 나섰다가 딱, 걸렸지요.
면허정지 100일
그래서 지금은 여기 이렇게
창세기를 날고 있습니다. 양탄자도 없이, 빗자루도 없이
볕 살 쨍쨍한 태양의 신전을 쌓고도 주문 못 외는 제사장처럼
헛기침하며 눈 반쯤 감고 앉아서요.

2)
저 건넌 마을에 모세를 닮은, 진정
모세를 닮은 알거지 하나쯤 없을까요. 아마 있겠지요.
'나랏 말싸미 듕귁에 달아 문자와로 서로 사뭇디 아니 혼'
깃발, 흔들면서요.
우리에게도 모세의 백성처럼
36년이란 시련이 있었음에도 나랏말씀은
점점 죽는 나이가 어리다네요. 초등쯤 되면 조금 죽고
교복 입으면 거의 죽었다가, 대학 마치면
아주 죽는다고요.

좆대 없는 아비와 입술뿐인 어미들의
잔뜩 기름칠한 맥도날도가 콜라병 허리를 타고 흐르는 동안
각양각색의 울타리 하나씩 지어 보지만
그 어떤 집합에도 낄 수 없는 나는
여집합의 원소 하나.

처량하지만
그 큰 묶음의 ( )마저 풀어 버리면 나는
개도, 돼지도 아니죠.
한 묶음의 정체성을 잃는다는 건,
지팡이 없는 모세의 백성이 되는 길밖에
달리 또 있을까요?

묘지기 해태상을 보면서

글로벌글로벌
쓰나미의 아나콘다가 아가리 열고 휘갈겨 오는 것,
보이잖느냐, 빌어먹을 너는
그래도 너는
앉아만 있는 것이냐!
주인 잃은 강아지처럼 동그마니 앉아서.

똘똘하게 생겼구나.
몇 걸음 물러나서 다시 보니 슬프게도 보이는구나.
꼼짝 않고 있었구나.
풀 무성히 뒤집어쓰고 있던
네 주인은
벌써 알고 달아난 것이냐?
무덤 열고 관 뚜껑 열고, 이 눈부신 빛의 5월을 두고.

국경 없는 것이 글로벌 아니냐, 유대의
돈-나라가 글로벌 아니냐,
主權이란 것과 누대 만년의 정체성쯤은
허리케인에 휘둘려야만 하는, 그것이 글로벌 아니냐. 그래서
초라한 돌담이 촌스럽다 하더냐?
돈 몇 푼 받았겠지, 안 그러냐?
삭은 뼈 들고, 어딜 간다더냐. 알고 있었을 텐데
산에도, 바다에도 갈 곳이 없다는 걸

새집

옛날 옛적에 잘나가던 시절,
서귀포 태평관이란 데서 정종 잔을 기울일 때였습니다.
앙증스런 종지 하나가 방을 옮겼다며
저들끼리 하는 소릴 듣고는
순간 생각해 보니
좋은 집도 없었고, 수도 사정도 좋지 않은 때라
괜한 걱정이 들어서

그 집 방은 깨끗한가? 하니
네, 그럼요! 새 집인데…… 하는지라
그럼, 수도도 잘 나오고?

네, 언덕 밑이라서 잘 나와요.

음, 그런가.
새 집이라, 문 앞에 까만 잔디는 없겠군.

(까만?)

어, 사장님! 호호호 무성해요.
그래! 하하하

산길에서

꽃이 꽃을 꽃 되게 하듯이 숲 속 자투리 개활지에 봄볕

노랑,
보랏빛 꽃망울들
아주 작은 숨구멍마다 소름이 돋듯 열꽃으로 피는 봄
휘파람새 노래가 그 깃을 타고 흐르는 봄바람
실실 S자를 그리며 가는 숲길
아, 벌써 철쭉꽃 두어 송이
십 년 묵은 청상(靑孀)의 가슴처럼 무엇에
화들짝 놀랬을까
장끼가 날고, 까투리 날아오른다
나 무엇을 훔쳐본 것도 아닌데 꿩알꿩알

저 무어라 하는 소리, 언덕 너머로 날아가면서 시끄럽다

그랬구나, 길섶 둥지에 꿩알은 셋, 삼원(三圓)을 품은
일원상(一圓相)이니
둥지 하나가 온 세계였구나

《[경고] 이곳은 헬스타운 개발예정지오니 어쩌고저쩌고,
묘 주인은 어디로 찾아오시오》

길도 묘연한 산속,

기 천만 년 발 뻗고 자리라던 영면마저
하나같이 도륙이다. 저들
나온 구멍의 입구처럼 둥근 봉분에 일자형 삽 자국
하늘 훤히 까뒤집고들 누운 그런 어머니들이 민망스럽다.

산 뒤집어, 수십만 평 천연림 뒤집어 초호화판 병원 짓는다고
그 화단에 심은 꽃이 꽃 같기는 하겠지만
저 까투리 부부가 야단인
알 셋을 품은 새둥지 하나만 할까 싶은 늙은이의,
청우(青牛)도 없는 촌노의 괜한
넋두리이긴 하다만

술, 그것이라도

1)
고등어 반쪽을
놓고
소주 한 병을 마셨다

나는 부자다

새우의 새우깡,
고래 등판도 모르고 죽은 깡

그런

깡으로 마시는 사람들도 많으니까

2)
모두가 운다고 소리만 무성하다

옆집 항아리는, 오지항아리는
그 남편의 술타령,
울고 있다
일도 없는데 돈은 어디다 숨겨 놓고
마시냐고
소리가 소리를 지르고

말도 소리에서 끝나는

정신병동

미친놈이 안 미친놈인지
안 미친놈이 미친놈인지

3)
꿈을 꾼다 사람들은
모두가
꿈을 꾼다

마시고 뻗었다가

문득

로또가 당첨되는 일!

그런 개판을 꿈꾼다 일없이 일없는 놈들은

4)
일만 년의 조상 적부터 시인들뿐인 세계
그런 세계가 있다

여의도

말, 말 그리고 말뿐이다 이런 쥐 족속들에게 딱 맞는, 오직
하나뿐인
서술어가 없다

'쓰레기는 내다 버려라!' 의 '버려라'
아무래도 딱 맞는 서술어는 아니다, 찾아야 한다
그들에게 딱 맞는

하나의 동사, 아니면 하나의 형용사를

설중매는 무슨

금 간 절벽이 무너지던 날, 조각조각 날 선 칼날의 끝에서 바람이 일었다. 현무암 구멍 송송 뚫린 벌집의 어둠 속에서 수만 억년 잠자던 바람, 떼 벌의 날갯짓. 지겹게 날아도 지랄같이 봄은 아직 이르고 세상은 옛날이 아니다. 이미 꽃들은 철이 없어 더러는 온실 속에서 산다. 어디로 가야지, 갈 곳이 마땅치 않다. 바람이면서 바람과는 익숙지 않았고, 바람이면서 바람 되고 싶지 않는 삶. 돌 속에서 억년을 살았는데 또 지랄 같은 봄이라니. 지랄같이 해는 동쪽에서 뜨고 서쪽에서 진다고? 미친놈의 소리. 해는 서쪽에서 뜨고 동쪽에서 지는 것이 반이란 사실을 깨닫기까지 한 일이라곤 아무것도 없지만 그래도 뜨는 것이 지는 것이고 지는 것이 뜨는 것인데, 이 빌어먹을 바람은

어째서 서쪽으로만 가는 것일까.

지랄 같은 노인이 터덜터덜 가면서 혀끝을 끌끌 찬다. 봄눈 나리는데 지랄같이 일찍 피어가지곤 쯧쯧, 지랄 같은 구석에서 피어가지곤 쯧쯧, 설중매라고? 요즘 세상에 高尙은 뭔 얼어 죽을 쯧쯧, 법대 나왔다고? 지랄 같은 국개위원이나 되시지, 지랄같이 뭔 술장사람 쯧쯧! 금 간 것들이 아직도 붙어 있는 절벽, 폭삭! 다 무너져버리든지 쯧쯧!

지랄 같은 봄이군,

쯧쯧!

목련

목련의 붓끝마다
북으로만 날고 있다 구름 낀 봄의 허공에
철새들, 살찐 철새들

두 줄 기러기의 붓놀림,
먹자판 食의 ㅅ은 그럴듯한데 良의 ㅇ은 그리지 못하는 식성의
'듣보잡', 그런 잡것들

바람이다 어지러운

갈-之자

피었다 하면 우수수 떨어져 구르는 꽃잎, 껍질만 하얀 시궁, 시궁창의

혓바닥, 검은 혓바닥들

* '듣보잡' : 듣도 보도 못한 잡것(신조어)
* 목련 봉오리는 모두 북쪽을 향한다. 햇빛 받는 남쪽이 먼저 부풀기 때문.

이 엿 같은 세상에 그래도

1)
60대 아들이 병든 노모를 아기 포대기로 감싸 안고
지극정성이다 병원 로비에 앉아있다.

이미 보도가 된 우리나라의 어떤 사람,
그 자신의 노부모와 처자를 죽이고 자신도 불태운, 그의 눈물
오죽하였을까만

타이완의

저 그림 속, 아들이야말로 참사랑이며 참 保守이며 참 宗敎가 아닐까?

2)
기껏,
한 줌도 못 되는 명리(名利)를 쫓아 어물전 내팽개친다! 동태 잡는
세 치 혓바닥의 칼
이리저리 개판인 꼴뚜기 새끼들,
그것도 직업이라고 밥그릇 당기기에 바쁜
씨불알도 못 되는

본래 예수가 따로 없고, 부처가 따로 없는데
저 잘났다고 귀신(鬼神)이라 하는 것들

좆만한 것들의 먹자판
도둑적으로 완벽한, 가족적으로도 완벽한 쥐새끼들!
그 습성이
과거 달동네의 자기 사랑이긴 하나만
그래도 그렇지

'사람 곧 하늘' 인데, 本來無一物(본래 한 물건도 없다 *혜능)인데

지랄들은 왜 지랄인지, 눈을 씻고 보아도 지랄은, 왜 또 지랄인지
지랄같이, 그 어떤 역사에도
흔적 없는 귀신을 제멋대로 내세운 헛소리의 세뇌
콘스탄티누스의
지랄 같은 죄업의 성전도
후천개벽(後天開闢)의 길에 들어섰다는 것, 이제
종말의 끝에 섰다는 것.

참으로 아이러니하지 않은가?
가장 악랄한 인간 독재자가 조작한 아가페가, 무수한
씹의 씹을
메달아 화형에 처하였는데도
레오나르도 다빈치의 막달라 마리아는 살아있다는 것, 그 위대한

여신의 봄은 꽃이라는 것

왜냐하면

콘스탄티누스와 아우구스티누스는 서로 사랑했을까? 왜냐하면
이방원의 만수산 칡넝쿨처럼 2MB의 메모리에
태양과 다른 미스테리아mysteries의 신비를 심었으니까.
디오니소스와 이에수스의 쌍두마차로 깃발 날리며
아라 뱃길은 막아 트였고, 4대 강은 긁어 막혔다는 것.
아는 사람은 다 안다. 왜냐하면
거짓말 왕국의 양치기 소년께서 공자 왈 맹자 왈 하시되
배 안 다니는 뱃길에 22조 몇 억은 침수방지용(?)이라 하니까.
이제 와서 그렇다 하니까.
깎고 조여서 얼굴은 너나없이 변했는데 세상은
초를 다투어 변하고 있는데 아직도
변한 것은 아무것도 없다는 것, 변한 것은
왜냐하면
마녀사냥이 끝나고
종탑 자리에 시계탑이 서면서부터
중대가리에는 율곡 모친의 모란도 피었고, 선사시대의 웬 화랑은
폭포수 아래에서 득도(得道)를 한다고 돌하르방과 형제인
원효의 도낏자루*를
쇠공이처럼 달구고 있었으니까

* 誰許沒柯斧 爲斫支天柱 : 누가 자루 없는 도끼를 빌려 주려나 내가 하늘을 떠받칠 기둥을 베리라! [삼국유사]

보리밭

입 하나 없던 것들이
하나 둘
송곳
끝

내밀더니

초승달,
초파일 밤에
촉수 퍼런 청룡도 한 자루

허공에 걸어 놓고

아이
어른, 모두 모여
촛불을 밝혔다 청계천 넘치도록 함성이다

미친 쇠고기!
미친 너나 먹어, 너나 먹어!

폐문 · 2

그 입 다물라!

하고
누가
문 닫아걸고 빗장 질렀나 보다 그 컴컴한
골에서 실컷
싸움질이나 하라고

도척은, 저 스스로 도적이라 하였으니
문 닫아걸 이유가 없었으나
어찌 된 영문이지, 이 땅의 족속들은
勢를 얻었다 하면, 당상(堂上)이 되었다 하면 하나같이 플라톤의
동굴 속 '나뿐인 놈' 만 되는지, 오늘도
내 한 표를 가져간 놈들은 저들끼리 난장판이었다.
쥐어박아 달라는 쥐새끼 놈들은, 엄연히
따로 있는데도 말이다.

열렸다 하면, 뭘 '爲 한다' 하는 門,
빈 곳에 문내고 격 없이 열리고 닫혀야 쓰임이 있다고, 일찍이
"노인"은 말하였지만

이건 빔[無]의 헛헛함은 멀었다 해도 첨부터
똥물로 가득하였다니

어찌 그릇이란 물건이 되겠는가.
윗잎이 아랫잎을 감싸안고 애써도 산목숨 하나
생산(生産)키 힘든 판에

저 꼬라지를 보느니 차라리
아랫것끼리 들락거리는 포르노, 빌어먹을!
그 지천에 깔린, 기운 샘솟듯 영상이나 보면서 한잔하는 것이
건강에 이로울 것 같다는 속쓰림도 메스껍지만
온통 이 나라 땅이면 어디든 가릴 것 없이 뿌리박은 서양 민들레
그 노랑 물결을 보던 눈 슬며시 당겨서는
다시 생각해봐도
폐문(閉門)인지, 폐문(廢門)인지가 헛갈리는 오후

폐문 · 3

먹성 좋은 태풍(颱風)이란 놈이 시시각각
몸집을 키우며 다가온다기에,
아무거나 먹어치운다기에
유리창마다
노란 접착테이프를 가위표로 붙였다.

⊠⊠

멸문지화(滅門之禍)를 당한, 어느 시대의 고관 댁
솟을대문에 엇댄 작대기 두 개의 X표,
閉門!
곧 함구(緘口)라야 하는데
　–늙은 마누라의 주둥이는 고양이방울 같아서
　나, 낚시나 가자 하고 일어서면
　아랫도리 삭아서 바다에 빠져 죽는다 하고, 어쩌다
　낚시에 걸린 큰 놈들이 있어 한잔 마시고
　한판 놀아 보자 하면
　상추쌈으로, 저 먼저 다 쓸어 먹고 회초장 빨강 입술로
　지금이, 꼿꼿 선 전봇대에 오줌 갈기던 꽃강아지의
　7080년댄 줄 아냐며 방울방울!
　이런 여편네라도 옆에 있었으면 좋으련만–

閉閉

폐문이다, 멸문이다! 항변하듯
틈도 없이 꽉꽉, 자물쇠까지 걸어 놨더니
금방이라도 집 부숴버릴 듯
이리 돌이 쿵쾅! 지리 돌아 칠랑! 유리판

휘청휘청!

문 틀어쥐고 마구 흔드는 놈을,
지겨운 눈으로 보기만 하던 평생 앉은뱅이가
또 멍청히 앉아서는 돌이켜
생각, 생각해 보아도
그 방울이 딱히 틀린 소리는 아니어서 뒤틀린 심사가
태풍, 태풍 시끄럽게 굴지 마라! 나도 한때는
한 풍류(風流)였……을까만, 하여튼
속으로만 걸어 묶은
커튼이 손사래 치듯 팔랑거려도
마시고 난 다음의 빈 술잔 속, 휑한 폐문(閉門)의
절벽 안

(그 참, 그 자식 시끄럽네, 그래 네 맘대로 들어와 봐라.)고
뒷문부터 활짝 열어놓고 폐문 틈 배꼼이 젖혔다.
한데 짜식이 틈에 끼었다 하면 쐐액!
끼었다 하면 쐐액!
바나나 껍질을 벗는다. 벗고

들어섰다 하면
뒤따라온 놈에게 뒷문으로 밀려나가고, 나간다. 나가는
한 놈의 뒤통수에다 대고
것 봐라, 짜식아!
때려 부술 게 어딨어? 있다면

다 마셔 버린

빈 술잔 속의 虛라는 것. 아냐?
대답도 않고 나가던 놈이 문틈에 끼어서는 액액거린다.
멍청아! 넌, 알아?

나? 알아, 병 밑에 고인 것까지 다 마시고, 수없이 죽어 봤거든.

종(縱)과 횡(橫)

하다못해 모과라 해도 지구의 씨줄처럼 가로 잘라야 꽃이 되는 것 아니겠어요. 그런가요? 아니지요. 사과는 길이로 자르고 보아야 나비가 날아오르기도 하지요. 자른 생나무 토막을 세워 놓고 날을 대 보세요. 그리고 툭, 쳐 보세요. 아주 가볍게 툭!

아! 햇살 반짝이는 그 싱그러운 속살. 향그럽지요? 이 겨울이요. 보면 나뭇결은 또 날줄을 그어 놓고 있네요. 소나무 결을 따라 조금 내려가면, 먼 옛날에 잘린 공이의 금강석이 빛나고, 그 결을 따라 아프리카가 그려져 있습니다. 오른손을 가만히 들어, 그 대지를 덮고 국기에 경례해 보세요. 그래요, 지금은 그래도 그 옛날은 아니잖아요. 안 해도 됩니다. 누가 뭐라 하지 않지요. 무능한 대통령일수록 좋은 것 아닌가요? 하고 싶은 말 막 해도 됩니다, 요즘은. 등 따습고 배부르면 그만이지요. 성인의 이름 몰라도 좋은 '노인의 이야기' 있잖아요.

그런데 똑똑하다고요? 그래요, 똑똑한 사람 좋지요. 달동네에 살았다고요? 가난뱅이가 조금 살만하니까 안하무인이요, 아득바득 돈, 돈 하는 꼴도 있던데요. 성동격서(聲東擊西)가 내놓고 덤빌지도 모르겠군요. 기왕 들킨 서방질 뭐 어때요. 밤빛으로 보면 하이에나는 뼈도 으깨는 도깨비 눈빛 아니던가요. 참, 씨줄 날줄이 섞이면 세상은 범벅이 될까요? 아니죠. 조직이란 무서운 것이 되고도 남지요.

꽃이 피었습니다. 서리꽃이요. 한라산 천백 고지로 갑니다. 하얗다는 걸 느끼지 전에 아, 시커먼 까마귀도 많다 하실지 모르겠습니다. 아프리카 검둥이, 그리고 망망대해에 겨울 섬 하나, 아프리카, 파프리카, 킬리만자로, 그래요. 킬리만자로 한잔하십시다. 호모사피엔스를 위해서

홧술

지난 5년의 4대 강에 이르자
덜컥,
흐르지를 못하네 술을 병째로, 아무리 부어도
강은 썩기만 하네

어디로 흐르려는가, 강은

장벽을 뚫고 압록을 건너 중원이라 할지, 두만을 건너 만주 · 시베리아라 할지 그렇게
달려야 하는데, 광개토의 말발굽 소리처럼 천지를 요동쳐야 하는데 흐르는 강물에 장벽이라니, 또다시 앉은뱅이처럼 장장 22조의 무식한

장벽이라니

어디로 가려는가, 강이여!

부어도, 들이부어도 썩어 문드러지기만 하는 강이여!

03
한시漢詩

촛불을 보면서
타는
소리 듣는다.

조석인심 천차만별인데, 누군들
남의
어지러운 마음
고칠 수 있을까, 스스로

曰 得魚忘筌

癩人生子是以恐 誰能知己愧於蒼 나인생자 시이공 수능지기 괴어창
高山深海欲到底 寸竹向處僅梢上 고산심해 욕도저 촌죽향처 근초상
雪下飄飄霏忽斷 烏飛影鳴留一場 설하표표 비홀단 오비영명 유일장
散去會回如蝶舞 無言汝舞我不忘 산거회회 여선무 무언여무 아불망

득어망전이라 했는데

문둥이가 아이를 낳았다.
그래서 두려운가.
누구나
자신을 안다면 하늘에 부끄럽지.

높은 산, 깊은
바다에 이르고 싶던가.
마디 짧은 대나무가 향하는 곳은
겨우 가지 끝

눈이 내린다.

나부끼며
펄펄 내리다가 문득
그쳤는가,

까마귀 날자
그 그림자와 울음소리

한 마당에 있는데
흩어져 가고
모여서 되 오는 나비의

춤

너희 춤에는 말이 없는데, 나는
말을
잊지 못하였구나.

筆者 註.
* 到底 : ①학식(學識)이나 생각이 아주 깊음의 비유.
* 筌者所以在魚, 得魚而忘筌. 蹄者所以在兎, 得兎而忘蹄. 言者所以在意, 得意而忘言. 吾安得夫忘言之人而與之言哉! —『장자』제26 外物篇.
통발이란 것(통발이 필요한 것)은 물고기가 있기(존재하기) 때문이다. 물고기를 잡았으면 통발은 잊어야 한다. 덫이 필요한 것은 토끼가 있기 때문이다. 토끼를 잡았으면 덫은 잊어야 한다. 말(言)이란 것은 뜻이 존재하기 때문이다. 뜻을 얻었으면 말은 잊어야 한다. 나는 어디서 그것들(意)을 얻어 말을 잊은 사람으로 그것(意)과 더불어 말(표현)할 수 있을까!

知其愚者非大愚也	**자기의 어리석음을 아는 자는 큰 어리석음이 아니요,**
知其惑者非大惑也	**자기의 미혹을 아는 자는 큰 미혹이 아니다.**
大惑者終身不解	크게 미혹한 자는 종신토록 알지 못하고
大愚者終身不靈	크게 어리석은 자는 종신토록 깨닫지 못한다.
三人行而一人惑	세 사람이 길가면서 한 사람이 미혹해도
所適者猶可致也	그 사람이 그래도 갈 수 있는 것은
惑者少也	미혹한 자가 적기 때문이다. (하지만)
二人惑則勞而不至	두 사람이 미혹하면 아무리 애를 써도 갈 수 없는 것은
惑者勝也	미혹한 두 사람이 이기기 때문이다.
而今也以天下惑	지금 천하가 미혹한데
予雖有祈嚮	내 비록 (道를) 바라고 나아갈 마음이 있어도
不可得也 不亦悲乎!	얻을 수 없다는 것 또한 슬프지 아니한가!
大聲不入於里耳	大聲은 속인의 귀에는 들지 않는다. 그러나

折楊皇荂 則嗑然而笑	'절양가' 나 '황과' 라면 와! 하고 모두 웃는다. 이러니
是故高言不止於衆人之心	높은 말소리는 속인의 마음에서 그치지 않는다. (때문에)
至言不出俗言勝也	지극한 말이 나오지 않으니 속된 말이 이긴 것이다.
以二缶鍾惑	두 개의 단(질그릇 타악기)으로써 하나의 종을 어지럽혀도
而所適不得矣	그 마땅함(啇)을 얻을 수 없는 것이다.
而今也以天下惑	지금 천하가 미혹한데
子雖有祈嚮	내가 간절히 나아갈 마음이 있을지라도
其庸可得邪!	그 庸(쓰임)을 얻을 수 있겠는가!
知其不可得而强之	얻을 수 없다는, 그것을 알면서 애써 나간다면
又一惑也	다시 한 번 더 미혹한 것이므로
故莫若釋之而不推	그것을 버리고 생각하지 아니함만 같지 못한 것이다.
不推 誰其比憂?	생각하지 않는다면, 누가 그것에 가까이해서 근심하겠는가?
癩之人夜半生其子	**문둥병자가 한밤중에 아기를 낳고**
遽取火而視之	급히 등불을 들고 아기를 보았다는 것은
汲汲然 唯恐其似己也	급급하여, 오직 자기를 닮았을까 두렵기 때문이다.

* 汲汲 : 마음이 한쪽으로만 쏠려있는 모양

(장자. 天地篇 부분). −번역은 필자.

讀書中

昔人一語頓溢波 今相北岳奇垤化 석인일어돈일파 금상북악기질화
帶領面面亦如是 世遷不變利己火 대령면면역여시 세천불변이기화

글을 읽다가

옛사람의 한 마디가 문득
일렁이는 파도

요즘 북악을 보면 기이하게도
개밋둑이 되었고

넥타이 두른 면면들 또한
그 같지 않던가.

세상이 바뀌어도 불변인 것은
이기의 불꽃이려니

만국의 도성은 개밋둑 같고
천가의 豪傑은 초파리(醯鷄) 같구나.
달빛 창가에 淸虛의 베개로 누웠는데
무한청풍의 울림은 가지런하지 않네.

[萬國都城如蟻垤 만국도성여의질]
[千家豪傑若醯鷄 천가호걸약혜계]
[一窓明月淸虛枕 일창명월청허침]
[無限淸風韻不齊 무한청풍운부제]
—서산대사. (번역은 필자)

爲業

昨夜漫醉未覺曉 瀅氣川邊涉涉路 작야만취 미각효 형기천변 섭섭로
于今青橡下實實 無心腰屈拓數步 우금청상 하실실 무심요굴 척수보
道不拾遺變法鞅 頓見爾之何緣乎 도불습유 변법앙 돈현이지 하연호
作法自斃可函谷 其亦惠少是應報 작법자폐 가함곡 기역혜소 시응보

世界七十億萬危 九九爲一生掮轎 세계칠십 억만위 구구위일 생견교
毛式平和開猫論 存傲中華能皆悟 모식평화 개묘론 존오중화 능개오
斯虛境界非可視 何積遷山流橫堡 사허경계 비가시 하적천산 류횡보
臾眱雙雙鴛鴦游 水響遠遠安處渺 유이쌍쌍 원앙유 수향원원 안처묘

위업

어젯밤 마신 술
미처 깨지도 못한 아침,
물 맑은 기운의
개울 길을 천천히 걷고 있다.
아직도 잎 푸른
상수리나무에서 떨어진 도토리들 무심히
허리 굽혀 몇 알 줍고 걷는다.
길에 떨어진 물건도
줍지 않을 만큼 변법(變法)하였다는 "공손 앙",
갑자기 그가 보이는 것은
무슨 까닭인가.
자신이 만든 법으로 자신이 묶였으니, 가히 함곡(函谷)이라
그 또한 베풀었던 은혜가 적었으니
마땅한 업보라 하겠지만

세계 70억만 위태하다.
99는 하나를 위해 어깨에
가마를 메고 살아야 한다.
모택동의 평화가 고양이론으로 열려 버린 지금
오만한 중화주의가 존재한다는 것도
우리는 알아야 하겠지만
그 허공에 경계가 보이지 않는다고
산을 옮겨
흐름을 가로지른 수중보를
어쩌자고 쌓은 것일까.
잠시
물끄러미 본다.
짝지어 원앙은 놀고 있는데
물소리만 멀리멀리
저 어디로 흘러서 가는지

秦人皆趨令. 行之十年, 秦民大說 道不拾遺, 山無盜賊, 家給人足. 民勇於公戰, 怯於私鬪, 鄕邑大治.
진나라 사람들은 모두 법령을 따랐다. 법을 시행한 지 10년 만에 진나라 백성은 크게 기뻐하였다. 길에 떨어진 물건을 줍지 않았으며 산에는 도적이 없었으니 가세는 넉넉하였고 사람들은 만족하였다. 백성들은 전쟁에서는 공을 세우려 용감하였고 사사로운 싸움이 두려웠으므로 향읍은 잘 다스리게 되었다.

秦民初言令不便者有來言令便者, 衛鞅曰"此皆亂化之民也", 盡遷之於邊城. 其後民莫敢議令.
진의 백성들이 처음에는, 법이 불편하다고 말하는 사람도 있었고, 또 편하다고 말하는 사람도 있었다. 「위앙」은 말하길, "이 모두(좋다고 하는 사람이나 아니나)가 어지럽게 하는 백성들이다." 낢김없이 변두리 성으로 옮기게 하였다. 그 후 백성들은 감히 법에 대하여 말하지 못하였다.

太史公曰 商君, 其天資刻薄人也. 跡其欲干孝公以帝王術, 挾持浮說, 非其質矣.
태사공이 말하길,「상군」은 그 천성이 각박한 사람이었다. 그 발자취(업적)를 바라고 효공에게 제왕의 꾀(術)로써 말한 것은 허튼소리에 의지한 것으로 그의 자질이 아니었다.

且所因由嬖臣, 及得用, 刑公子虔, 欺魏將卬, 不師趙良之言, 亦足發明商君之少恩矣.
대저 그러한 까닭에, 폐신(蔽身 아첨하여 신임 받은 신하)으로 급기야 등용이 되었지만, 공자 "건"에게 형벌을 가했고, 위나라 장수 "앙"을 속였으며, "조량"의 충언을 따르지 않았다. 이 또한 그가 베품(은혜)이 적었음을 밝혀주기에 족한 것이다.

余嘗讀商君開塞耕戰書, 與其人行事相類. 卒受惡名於秦, 有以也夫!
내가 일찍이 그(상앙)가 펴낸 '개색開塞' 과 '경전耕戰' 의 글을 읽었는데, 그것과 그의 행적이 서로 비슷하였다. 끝내 진나라에서 오명을 얻은 것은 그만한 까닭이 있는 것이다.

『史記』卷六十八《商君列傳》부분.

** 공자 건 : 태자의 사부로서 효공의 동생인데, 태자가 법을 어긴 일 때문에 태자 대신 코를 베이는 형벌을 받음, 무려 8년여 동안 두문불출하였다.
** 조량의 충언: 법을 어긴 것보다 형벌이 가혹하였으므로 상나라를 내놓고 운둔하라는 충고. *변법 : 옛 전통과 관습을 타파하고, 새로운 사회질서와 국가체제를 확립하기 위하여 진의 "상앙"이 제정한 개혁법이다.

人傑無常

– 於全州

偶然漢拏灰塵風 飄飄三南天地間 우연한라회진풍 표표삼남천지간
太祖李公全州廟 淹郞看梢浮雲寒 태조이공전주묘 엄랑간초부운한

인걸무상

– 전주에서

어쩌다 한라의
화산재 날리는 바람
삼남의 하늘과 땅 사이에
어지럽다.
'李' 태조의
전주묘(全州廟).
잠시
툇마루에 앉아
나무 끝을 바라보노라니
뜬구름만 춥구나.

克己

稚風日盡圓外星 凝視燭花燒聲聽 치풍일진 원외성 응시촉화 소성청
朝夕人心千差別 誰他撓改修自性 조석인심 천차별 수타요개 수자성
* 撓요 :마음 어지럽다

극기

치기 어린
바람도 하루가 다하니
하늘 밖의
별

촛불을 보면서
타는
소리 듣는다.

조석인심 천차만별인데, 누군들
남의
어지러운 마음
고칠 수 있을까, 스스로

내 마음 다스릴 밖에

* 克己 : '克己復禮 나를 이기고 예로 돌아감' 인데, 노자의 '自勝者强' 과 비슷한 말이다.

顔淵問仁	안연이 仁에 대하여 물었다.
子曰, 克己復禮爲仁	공자가 말하길, 나를 이기고 예로 돌아감이 인이 된다.
一日克己復禮	하루라도 나를 이기고 예로 돌아가면
天下歸仁焉	천하가 인으로 돌아간다.
爲仁由己	爲仁(인을 행함)은 '나' 로부터이지
而由人乎哉	남으로부터 비롯되겠는가?
顔淵曰, 請問其目	안연이 그 조목을 청해 물었다.
子曰	공자가 말하길,
非禮勿視 非禮勿聽	예가 아니면 보지 말고, 예가 아니면 듣지 말고,
非禮勿言 非禮勿動	예가 아니면 말하지 말고, 예가 아니면 행동하지 말라.

《논어. 제12편 顔淵 부분》

知人者智 自知者明. 勝人者有力 自勝者强. 知足者富 强行者有志. 不失其所者久 死而不亡者壽.
남을 아는 것은 지혜이고 나를 아는 것은 총명이다. 남을 이기는 것은 힘(세력)에 있지만 나를 이기는 것은 강함이다. 족함을 아는 자는 부유하지만 行을 굳게 하는 것은 뜻에 있다. 그 자리를 잃지 않는 것이 久이고, 죽어도 죽지 않는 것이 壽이다.

《노자 왕필본. 장33 辯德. 전문》 -(번역. 필자)

自轉車

一直一方二輪行 前任向方後任勞 일직일방 이륜행 전임향방 후임노
失明已舊體亦銹 如何黎明終亦消 실명이구 체역수 여하여명 종역소
左偏左向右偏右 搖而動之欲不倒 좌편좌향 우편우 요이동지 욕부도
爲眼爲足內外同 轉轉未進以休去 위안위족 내외동 전전미진 이휴거

자전거

곧은 일방 길 간다네, 두 바퀴
전륜의 임무는 향방이요,
후륜은 힘씀인데
빛 잃은 지 이미 오래고
몸 또한 녹슬었다.

어쩌랴, 어둔 빛마저 끝내는
사라지겠지만
왼쪽으로 휩쓸리면 왼쪽으로 가고
오른쪽이면 오른쪽,
흔들면 흔들리는 것은
넘어지고 싶지 않음이니
하나는 눈이 되고 하나는
발이 되어
내외가 한 가지로

구르고 굴려도 못 가면, 쉬어서 가고

曰上善若水

零一二數萬世亨 欺民罔燭炎炎聲 영일이수만세형 기민망촉염염성
逆舟不覺恐登山 水善流下連海平* 역주불각공등산 수선유하연해평

상선약수라 했다

일[on]과 영[off],
두 수면 세계가 통하는데
민초를 속이고 촛불을 속였으니
불꽃, 불꽃의 소리.

거슬러
달리는 배가 깨닫지 못하고
산으로만 오를까 두렵다.

물의 착함이란
아래로 흘러서 바다로 이어져야
평평해지는 것인데.

*당나라 "장약허"의 장시「春江花月夜」의 첫 구절.
春江潮水連海平 海上明月共潮生(봄 강에 밀물 들어 넓은 바다로 이어지니, 바다 위의 명월도 함께 떠오르네.)란 악부체 시구가 있다.

上善若水 水善	최상의 선은 물과 같다. 물의 善이란
利萬物而不爭	만물에 이로우나 다투지 않으며
處衆人之所惡	사람들이 싫어하는 곳에 머문다. *惡오 : 싫어하다
故幾於道	고로 도에 가깝다. *幾기 : 거의. 가깝다
居善地 心善淵	살기엔 땅이 善이나, 마음은 못물과 같이

與善仁 言善信	내주려거든 사랑으로, 말은 믿음이 선이다.
正善治	올곧음은 바로잡아야 좋고
	*正은 늘 바로잡아야(늘 다스려야)
事善能	일은 능력껏
	*일은 가능해야(능력 밖의 일은 말라)
動善時	움직임엔 제때(timing)가 善이다.
	*행동은 타이밍이 중요.
夫唯不争	그로써 다투지 않으니
	*夫唯 : 그 때문에, 그로써
故無尤	허물이 없는 것이다.
	*尤 : 허물

[노자 왕필본. 장8, 전문. 번역 필자]

有感誤審

– 慰而惜敗大韓娘子軍 於冬季五輪之短道速滑

連簷涓涓三更雨 眩螢坐聞窓外聲 연첨연연삼경우 현형좌문창외성
正當則命豈人遮 愛憐英英淚如浭 정당칙명개인차 애린영영누여경

오심에 유감

– 동계오륜의 쇼트 트랙에서 석패한 대한 낭자군을 위로하며

처마 끝 줄줄
한밤에
비
흐릿한 형광이 앉아서
듣고 있다

창밖의 소리.

어찌하여!
정당한 규칙의 명령을,
사람이 막는단 말인가.

가여운 꽃들이
눈물
줄줄
흐르는 것만 같구나.

假泊假泊

– 영리병원 예정지를 돌아보고

山頂山下雲霧中 森林狹路難分明 산정산하운무중 삼림협로난분명
尋徯邂鬱腰屈憁 之東之西身衣荊 심혜해울요굴총 지동지서신의형
及其登岸視野豁 墓墓破穿殘院境 급기등안시야활 묘묘파천잔원경
假泊假泊未百年 爲誰謂開有烏聲 가박가박미백년 위수위개유오성

까박까박

산 온통 안개구름,
숲속 좁은 길 구분하기 어렵네.
샛길을 찾다가 가시덤불을 만났으니 허리
굽히기 바쁘고

우왕좌왕, 몸과 옷이 가시에 찔리네.

드디어
언덕에 오르니 시야가 뚫렸는데
무덤마다 묘혈은
파헤쳐져있고, 남은 묘역의 경계에서

까박까박!

거짓 머물음도 미 백년이다, 누구를 위한 개발이냐! 고
어떤 까마귀 울고만 있었네.

蛇行

左傾右斜草徑靄 忽然頭上何處之 좌경우사초경애 홀연두상하처지
裳裏膝間知穿孔 恒示狗盜細一尾 상리슬간지천공 항시구도세일미

좌로 기울다가 우로 기운 풀길에
아지랑이
홀연,
머리는 어디로 간 것일까.

치마 속, 무릎 사이 뚫린 구멍은 안다만
늘 보이는 건
좀도둑의 가는 꼬리뿐.

不撤晝夜轟轟聲 鑿山埋海愚擊碓 불철주야굉굉성 착산매해우격퇴
事事言必爲民策 聖者似言似而非 사사언필위민책 성자사언사이비

낮 밤도 모르고 굉굉 쇳소리로
산 깎아 바다 메우는 우격다짐이면서
일마다
말할 때면 반드시

백성 위하는 짓이라.
마치 성인의 말씀 같은데
그게 아니니……

五月蒜田鼠猖獗 秀盜教耶寇能奇　오월산전서창궐 수도교야구능기
農心足下塵塵債 地火明夷克柔外　농심족하진진채 지화명이극유외

5월 마늘밭에 쥐새끼들 날뛰네.
뛰어난 도적이 가르쳤는가. 좀도둑질
솜씨가 기차다.

농심의 발아래로 먼지처럼
쌓여만 가는 빚.

불이 땅 속에 들었다, 地火明夷의 卦

극기로써
겉을 부드럽게 하시라!

夏傑殷紂終廢亡 褒姒妲己亦如是　하걸은주종폐망 포사달기역여시
文呂渭水無釣緣 何斯隱忍自重匪　문여위수무조연 하사은인자중비

夏의 걸왕도, 殷의 주왕도 끝내
폐망하였고
포사, 달기 또한 그와 같았지.

문왕과 태공망 여상,
그들 위수(웨이수이강)의
낚싯바늘 없는 인연, 그것도
어찌 隱忍自重이 아니라 하겠는가.

春去有花墜不知 冬來有木闊葉持 춘거유화추부지 동래유목활엽지
這間晝夜謂歲月 言語道斷霧中徊 저간주야위세월 언어도단무중회

봄이 가도
어떤 꽃은 떨어질 줄 모르고, 겨울이 와도
어떤 나무는

넓은 잎을 보지(保持)하나니.

저간의 낮 밤도
세월이라 하는가. 말은
말길이 끊겨
짙은 안개 속을 헤매고 있네.

明入地中 明夷 內文明而外柔順 而蒙大難 文王以之 利艱貞 晦其明也 內難而 能正其志 箕子以之『周易』-64괘, 地火明夷 彖辭.
밝음이 땅 속에 들었으나 明夷이다. 안으로는 문명하고 밖으로는 유순해야 大難을 덮는다. 文王(주나라 무왕의 父, 곧 태공망 여상을 발탁한 인물)이 그러하였다. 利(지혜, 이익)가 있어도 지키기 어려우니 그 밝음이 어둡다. 속으로 어렵지만 그 뜻을 바르게 할 수 있다. 箕子(은나라 주(紂) 임금의 庶兄)가 그러하였다.

* 明夷: ①夷를 鵜(사다새-제)로 봐서 明鵜로 해석하는 것과 ②夷는 '활을 맞았다' 로 봐서 '밝음' 이 상했으므로 '어둠' 이라고 해석하는, 두 가지 견해가 있다고 한다. 하지만 필자는 어느 쪽이든 억지 해석으로 본다. 왜냐하면 단사의 내용에 이미 해석의 키가 있기 때문이다. 즉 明이 땅속에 들었으므로 밝지 못할 것은 사실이나 그건 어디까지나 쓰임으로서 밝지 못한 것이지, 밝음 그 자체가 없어진 것은 아니다. 마치 승천하기 전, 龍의 모습이다. 고로 明夷는 '밝은 夷' , 글자 그대로일 뿐이다. 땅 속에 묻혔어도 보석은 보석이 아닌가.

* 夷 : 太. 大人, 平, 君子不死之國, 傷.『설문해자』

風景

昻天狹階累層層 先者尾多無引貧 앙천협계 누층층 선자미다 무인빈
呼吸壺頸急破裂 二步三休雌氣盡 호흡호경 급파열 이보삼휴 자기진
於焉登頂下寒景 紅靑俯伏祈百人 어언등정 하한경 홍청부복 기백인
一介石物觀遠處 空手賜毋屈臀憫 일개석물 관원처 공수사무 굴둔민

풍경

– 팔공산 갓바위

하늘 높이 좁은 계단 층층이
앞선 사람 꼬리는 많아도
가난을 끌어주는 이 없네.
숨 쉬기 병목 터질 듯 급하면
두 걸음에 세 걸음
쉬어가는 여자들 기진맥진
어언 정상에 오르자 아래는 추운 경치인데
갖가지 색깔로 엎드려
뭘 달라는 사람도 많구나.
한 낱 석물은
먼 곳을 보고만 있을 뿐, 빈손이라
내어줄 아무것도 없는데
그 굽은 엉덩이들만 민망하구나.

戱弄 安荷子

擧動 所謂古風之茶房	거동 소위고풍지다방
好惡道師乃來兮 汝之於我謂鬢瑳	호오도사내래혜 여지어아위빈차
誰何爾藝名 受父安荷子	수하이예명 수부안하자
是以客少矣 易也 不如貴!	시이객소의 역야 불여귀!
不如焉? 爲而如何…	불여언? 위이여하…
賓多有美稱……下命 先生任	빈다유미칭..... 하명 선생님
吟, 咸下者!	음, 함하자

"안하자"를 희롱하다

그야말로 옛날식 다방엘 가다.

어머, 도사님! 어서 오세요.
나에게 한 말인가? 수염이 희였다고.
자네 이름이 뭔가?
아버지가 지어주셨죠, '안 하자' 요.
그러게 손님이 없지. 바꾸시게, 불여귀(두견새)!
이상한가요? 하면, 어떻게……
손님 많이 올 좋은 이름 있지,
말씀해 주세요, 선생님!
음, '함 하자!'

映山紅

島越天涯靑廣闊　도월천애 청광활
晝夜長川片途行　주야장천 편도행
晩時靑春深於海　만시청춘 심어해
慕君遠離映山紅　모군원리 영산홍

夕陽落風開一時　석양낙풍 개일시
嬌態滿發笑山影　교태만발 소산영
何然平心根深處　하연평심 근심처
殘焰活氣映山紅　잔염활기 영산홍

市井浮雲別有事　시정부운 별유사
不時偶然遇靑蜂　불시우연 우청봉
前世五百何因緣　전세오백 하인연
勸酒又杯映山紅　권주우배 영산홍

日月空空滿虛空　일월공공 만허공
生滅輪廻同根生　생멸윤회 동근생
人有無常萬事虛　인유무상 만사허
火花炎炎映山紅　화화염염 영산홍

영산홍

섬 너머에 가없는 하늘 끝 푸르고 광활한데
주야로 흐르는 강이 외길을 걸었네.
때늦은 청춘은 바다 보다 깊어
그리운 님 몸은 멀어 영산이 붉었네.

노을빛 지는 바림에 일시에 피어
교태 만발이라 산 그림자가 미소 짓네.
무슨 연유로 平常心 뿌리 깊은 곳에
타다 남은 불꽃 일어 영산홍인가.

저자거리에 뜬구름은 별스런 일도 있어
아닌 때에 우연히 청봉(벌)을 만났네.
전세 오백 겁의 무슨 연인가,
권주 한 잔 또 한 잔이 영산홍

해와 달이 공해서 공이요, 차고 빔이 한가지로 공이라면
생멸 윤회가 한가지로 한 뿌리에서 낳았음이리.
인생은 덧없어 모든 것이 만사 허,
한바탕 태워 보세, 불꽃 활활 영산홍.

殘像

連連蒼波來 夕陽鳥閑去 소년창파래 석양조한거
洗沙不可量 何一囊中餘 세사불가량 하일낭중여

잔상

푸른 파도는 끝없이

밀려오는데

노을빛에 새 한 마리

한가히 날아가네

씻기는 모래알

헤아릴 수 없는데

어찌자고

모래 한 알은

주머니 속에 남아있는가

只

愛酒喫煙至于今 晝夜拙作沒入迷 애주끽연지우금 주야졸작몰입미
離緣廢業過於貧 國保爲生終未貴 이연폐업과어빈 국보위생종미귀
誰敎不狂不及峯 杜門不出十六池 수교불광불급봉 두문불출십육지
世間光榮我何厭 無智性情堇人異 세간광영아하염 무지성정근인이

다만

술 좋아하고 담배 피며, 지금껏
주야로 서툴게 짓는 미망에
잠겨들었더니
인연은 떠났고 생업도 그만.
지나친 가난은
나라의 생활보호가 삶이라 끝내
귀하지 못했구나.

누가 가르쳤는가,
미치지 아니하면 봉우리에 못 오른다고.
두문불출한 지 십육 년의
못물
세상의 광영을 나라고
어찌 싫어하겠는가. 다만
지혜롭지 못한 성정이 남들과
조금 다를 뿐

谷神不死

丨也直立億萬杖 上蒼下坤無限貫 곤야직립억만장 상창하곤무한관
引而上行囟言進 引而下行退行困 인이상행신언진 인이하행퇴행곤
雙手以臼仰其申 申則合宮生子孫 쌍수이구앙기신 신칙합궁생자손
子知保持乃父母 祖之是神腎卽神 자지보지내부모 조지시신신즉신

곡신은 아니 죽는다

丨(곤)이라,
끝없이 곧게 세운 지팡이.
위로 하늘과
아래로 땅을 무한히 뚫은…….
끌어서 위로 진행하면 囟(정수리-신), 나갈-進이라 한다.
끌어서 아래로 퇴행하면 물러날 退(퇴)인데
퇴행이면 울타리 속에 갇힌
나무(困).
두 손을 모으니 절구(臼),
그것(丨)을 받든 것이 申이다.
申은, 곧 합궁이라 자손이 생긴다.

그대는 알라! 편안히 보듬어주시니, 곧 부모이시다.

조상이란 것이 神이다, 腎이
곧 神이니

久視木蓮

拙速銘名玄 黃煙花妬娟　졸속명명현 황연화투연
美醜善惡共 白潔落凄然　미추선악공 백결락처연
百年似一泡 能在幾何年　백년사일포 능재기하년
思倒行逆施 伍胥之私怨　사도행역시 오서지사원

*久視 : 물끄러미 보다 *伍胥 : 伍子胥

목련을 물끄러미 보면서

서둘러 하늘에
이름 새긴다더니 황사 부옇게
꽃샘추위

미추, 선악이 같다지만
티 없이 흰 꽃도 떨어지니
처연하구나

백년이 한 물거품 같은데
그 몇 년이나 있을 것 같았을까.

생각해 본다.
"도리에 어긋난 일을 할 수밖에 없었다는"
오자서(伍子胥)의 사사로운 원한을

* 오자서(伍子胥, ? ~ 기원전 485년)"는 춘추전국시대 초나라 사람으로, 정치가이자 군인이다. 字는 자서(子胥)이고, 名은 원(員)이다.

오자서의 부친 "오사"는 초나라 평왕 때에 태자 "건"의 태부(스승)였다. "비무기(태자의 소부)"의 모략에 의해 태자가 폐위되면서, "오사"와 장남 "오상"은 평왕에게 참살당한다. 이때 오자서는 복수를 맹세하고, 宋. 鄭. 晉나라를 거쳐 오나라로 망명한다. 오나라에 온 오자서는 오나라 "光"의 반란에 협력하게 되고, 광은 성공하여 왕위에 오른다. 이 사람이 오왕 "합려"이다. "오자서"는 "손무(손자)"와 함께 오왕 "합려"를 보좌하여 강대국으로 만든 뒤, 기원전 506년에 고향인 초나라를 공격한다.

及吳兵入郢 [급오병입영] 마침내 오나라 군대가 '영'에 입성하자
伍子胥求昭王旣不得 오자서는 소왕을 찾았으나 잡을 수 없었다.
乃掘楚平王墓 [내굴초왕묘] 이에 초나라 평왕의 묘를 파헤쳐
出其尸鞭之三百 然後已 그의 시신을 꺼내 3백번 채찍질 후에 그친다.
申包胥亡於山中[신포서망어산중] 신포서가 달아난 산속에서
使人謂子胥曰 [사인위자서왈] 사람을 보내어 오자서에게 말하길
子之報讎 其以甚乎 [자지보수기이심호] 자네의 원수 갚는 짓이, 어찌 그리도 심한가!
吾聞之人衆者勝天 내 들으니 사람이 많으면 하늘도 이긴다고 하였다.
天定亦能破人 하지만, 하늘이 정하면 능히 사람도 깨뜨린다고 하였네.
今子故平王之臣 [금자고평왕지신] 지금 자네는 (옛날) 평왕의 신하로서
親北面而事之 [친북면이사지] 친히 북면하여(왕의 자리를 향해) 그를 섬겼는데
今至於僇死人 [금지어륙사인] 이제 와서 죽은 사람을 욕보였으니
此豈其無天道之極乎 [차개기무천지극호] 이 어찌, 그 천도에도 없는 극악함인가!
伍子胥曰 [오자서왈] 오자서가 (심부름꾼에게) 말하길

爲我謝申包胥曰 [위아사신포서왈] 나를 대신하여 신포서에게 사례한다고 말하시게.
* 爲는 僞(作爲). 따라서 필자는, '거짓 나' 즉 내 대신 내 모두를 그대로 전해 달라는 말로 읽었다.
吾日莫途遠 [오일모도원] 내 날은 저물고 길은 멀다.
吾故倒行而逆施之 [오고도행이역시지] 내 그러니 行(도리)을 뒤집어 역으로 시행한 것이라고.

(史記卷六十六 伍子胥列傳第六 부분. 번역-필자)

여기서 일모도원(日暮途遠)과 도행역시(倒行逆施)의 고사가 유래한다. 이는 오자서의 군색한 변명으로 밖에 보이지 않는다. 사마천은 말미에 "소의를 버리고 큰 치욕을 씻어 이름을 후세에 남겼다. …… 굳센 장부가 아니라면 누가 이에 이를 수 있었겠는가!(弃小義 雪大恥名垂於後世 (중략) 非烈丈夫孰能致此哉)"라고 말하고는 있지만, 필자가 보기엔 치졸하기 짝이 없는 짓이다. 바로 앞 대목에서 사마천은 "원한의 독이란 것이 사람에게 얼마나 심한 것인가! 왕이란 자도 오히려 신하에게 그것(怨毒)을 행할 수 없는 것이다. 하물며 신하들끼리인가!(怨毒之於人甚矣哉 王者尙不能行之於臣下, 況同列乎)"라는 내용을 보면, 한무제로부터 궁형을 당한 사마천의 개인적인 감정이 엿보이는 대목이 아닌가 한다. 당나라 사마정의 사기주석, [索隱述贊]의 4언 시

에서도 "참소하는 자들이 끝이 없으니 온 나라가 어지럽다. 아, 저 伍씨여! 더욱 흉측하고 간특함에 빠졌구나. 오자서 홀로 부끄러움을 참으며 생각은 (온통) 원한을 갚는다고, 패자인 오나라 군사를 일으켜 초를 정벌하고 북으로 쫓아냈구나. 시신을 채찍질하고 치욕을 씻었으나 눈알을 도려냈으니 덕을 버렸구나(讒人罔極 交亂四國 嗟彼伍氏 被茲凶慝 員獨忍詬 志復冤毒 霸吳起師 伐楚逐北 鞭尸雪恥 抉眼弃德)라 하고 있다. 여기서 '눈알을 도려내다'는 오왕 부차로부터 자결을 명받았을 때 자기가 죽으면 부차의 오나라가 구천의 월나라에게 멸망하는 꼴을 지켜보겠다며 자신의 눈알을 도려내 동문(東門) 위에 걸어달라고 당부하는 데에서 나온 말이다. 이 또한 오자서의 근성을 엿볼 수 있는 대목이다.

五月野

青麰長田召春風 越牆海龍搖動轉
告天雲雀飛喘鳴 我不知! 我不知! 生惹端

*麰모: 보리, 대맥. *喘천: 헐떡거릴-천.

청모장전 소춘풍 월장해룡 요동전
고천운작 비천명 아부지! 아부지! 생야단.

오월 들판

푸른 보리 사래 긴 밭이
봄바람을 불러들였는지
담 넘어 든
해룡,
요동치며 구르는데
하늘에 일러바칠 듯
높이 나는 종다리
할딱할딱
소리치는데
나 몰라, 나 몰라!
생야단

* 生惹端(야단이 났구나) : 惹端法席의 惹端, 곧 '야외(野外)에서 크게 베푸는 설법(說法)의 자리' 라는 뜻으로 시끌벅적한 모양을 나타내는 비유.

登岳似浮雲

無邊遠海彼岸境 廣闊草原此岸景 무변원해 피안경 광활초원 차안경
連天行途誰不知 石枕臥看處處陵 연천행도 수부지 석침와간 처처능
三月春色馬上惚 杳然花流桃園夢 삼월춘색 마상홀 묘연화류 도원몽
一陣揮風下路混 飄與塵塵轉斜徑 일진휘풍 하로혼 표여진진 전사경

오름에 오르니 뜬구름 같구나

끝없이
먼 바다는 피안의 경계요
광활한 초원은 차안의 경치
하늘로 이어져 가는 길
누군들 모르랴만
돌 베고 누워서 보니
곳곳마다 오름뿐이네.
삼월 봄빛
말 등에 황홀해
묘연히 꽃물 흐르는
무릉도원을 꿈꾸네.
한 떼의 세찬 바람 불어
어지러운 하산 길
바람에 흩날리는 먼지, 먼지와 함께
비탈길
내리 구르고 있네.

謂反本

春陽菜花煌 向海素蝶飛　춘양채화황 향해소접비
非風欺眼惚 艦褸臥磐倚　비풍기안홀 남루와반의
覺來波聲孤 碧水斜日暉　각래파성고 벽수사일휘
否人慕何人 茫看蝴未歸　부인모하인 망간호미귀

*反本 : 原始反本, 原始複本

反本이라 했는데

봄볕은 유채꽃에 반짝이는데
바다를 향해
흰 나비가 날아가네.
아닌 바람이 눈속임 황홀해도
초라한 행색은
너럭바위를 의지하고 누었네.
파도소리에 깨어 보니
나 혼자뿐
벽옥 빛 바다엔
기운 햇살만 빛나네.
사람 아닌데
누구를 사랑하겠는가.
망연히 바라보지만 나비는
아직
돌아오지 않았네.

唯一樂

市邊陋層獨閑居 橘園松淸窓外麗 시변누층독한거 귤원송청창외려
來客別無全裸餘 善風移處臥看書 래객별무전라여 선풍이처와간서

유일한 즐거움

시내 변두리의 누추한 층
홀로
한가롭다네.

귤원의 소나무 푸르러
창밖은 수려한데
찾아오는 사람 별로 없으니
옷을 다 벗어도
여유롭고

바람 좋은 곳 옮기며

누워서는

책을 본다네

春情

細雨寂寂深根孩 蟹行東風柔葉戲 세우적적 근심해 해행청풍 유엽희
置兮百花泉水越 流急邊塢餘明微 치혜백화 천수월 류급변오 여명미

춘정

가는 비 적적
깊은 뿌리 어르고, 게걸음의
봄바람
어린 잎을 놀리네.

그만 두어라!

모든 꽃의 샘은 넘쳐
물 흐름 급해도

강변 마을의 남은 빛

희미하기만 하니.

靈室溪谷

麻古三神綿綿下 躑火炎炎紅河斜　마고삼신 면면하 착화염염 홍하사
生漢五百謂玄牝 仰不愧天不爲花　생한오백 위현빈 앙불괴천 불위화

* 躑착 : 철쭉꽃
* 玄牝 : 玄은 하늘이므로 무한한 여인(노자 구)

영실계곡

마고삼신 이어 내려서
철쭉꽃 활활
붉은
물이 흐르네.

나한
오백을 낳았으니

가물한
여인이라 말해도

우러러 하늘에
부끄러울 것 없는
꽃이라
하지 않으리.

欲燃

急着靑綿脚前行 春陽木蓮蕾膨膨 급착청면 각전행 춘양목련 뢰팽팽
北嶽靄靄亂爾心 深溪火馨玉椀杏 북악애애 난이심 심계화형 옥완행
* 玉椀옥완 : 작은 옥그릇
* 蕾뢰 : 꽃봉오리

불타고 싶은

착 달라붙은
청바지 앞서서 걸어가는데

봄볕에 목련 꽃봉오리
팽팽하네.

북악산 아지랑이 아른아른
이 마음 심란한데

깊은 계곡의 불타는 향기
옥그릇에 담긴 앵두
한 알

松下異心

裏林石池斜日情 荷花一紅咖味馨 이림석지사일정하화일홍가미형
安處飛來胡蝶婓 誰知彼意動於靜 안처비래호접비수지피의동어정
*咖 : 커피 *婓(婔) : 오락가락하다, 여신

소나무 아래 다른 마음

숲속 돌 연못도
비낀 햇살의 정이라
연꽃
한 송이 붉어
커피가 향기롭더니

어디서 날아온

호랑나비가 오락가락 하네

누가 알겠는가
저 靜中動의 의미를

一切自然

春雪三四寒虛空 安處飛來烏奔忙 춘설삼사 한허공 안처비래 오분망
雖享天祚未百年 魂歸魄散何無常 수향천조 미백년 혼귀백산 하무상

* 祚조 : 복, 하늘이 내린 행복

일체자연

– 葬地에서

봄눈 몇 개가
추운 허공인데
어디서
날아왔는지
까마귀만 바쁘구나.

비록 천명을 누렸다고는 하나
아직 백년도 미치지 못한
넋은 돌아가고
형체는 흩어지니

어찌 무상타 하지 않으리.

懷春

山高海蒼閉眼無 寒往春來一輪事 산고해창폐안무 한왕춘래일륜사
騎牛靑人安處留 面壁眩眩水路華 기우청인안처류 면벽현현수로화

봄을 품다

산 높다 바다 푸르다
눈 감으면 없고,

겨울 가고 봄 오는 것도
한 수레바퀴 도는 일

소 탄 靑人은 어디에 머무시나

벽을 마주해도
아찔아찔 水路부인의 꽃

* 水路 : 헌화가의 순정공 부인. 헌화가: 삼국유사 권2 〈수로부인조(水路夫人條)〉에 《해가(海歌)》와 함께 실려 전한다. 성덕왕 때 순정공(純貞公)이 강릉태수(江陵太守)로 부임하는 길에 그의 부인인 수로(水路)가 바닷가 높은 절벽 위에 핀 철쭉꽃을 탐내었으나 꽃이 험한 바위에 있으므로 아무도 선뜻 나서는 사람이 없었다. 이때 소를 몰고 지나가던 한 노인이 부인의, 이 말을 듣고 기꺼이 올라가 꽃을 꺾어다 바치며 노래를 지어 불렀다고 하는데, 그 노인이 누구인지는 알 길이 없었다.

場打令

天生地育大自然 律呂和暢風留泉 천생지육대자연 율려화창풍류천
雨後結露葉葉淸 布穀布穀鳥啼連 우후결로엽엽청 포곡포곡조제연
然而今日非昨夜 靑牛人去幾何年 연이금일비작야 청우인거기하년
上善若水謂盈衍 流水最下到海原 상선약수위영연 유수최하도해원

鷄鳴狗盜貫函谷 金權古今唯一神 계명구도관함곡 금권고금유일신
穿壙昧墓仰虛之 不死申谷似其玄 천광이묘앙허지 불사신곡사기현
山川依舊非依舊 葬幽失宅無常見 산천의구비이구 장유실댁무상견
无骨孫子浮雲聲 醉客妄想歸不遠 무골손자부운성 취객망령귀불원

장타령

하늘이 낳고 땅이 기르네, 대자연
율려의 기운 화창한데 바람은
샘가에 머무네.
비 그쳐 맺힌 이슬, 잎마다 맑아
씨 뿌려라, 씨 뿌려라
포곡조(뻐꾸기)가 재촉하네.
하지만 오늘은 어젯밤 아니네.
청우의 사람 떠난 지, 그 몇 해인가.
최상의 선은 물과 같아서 차면
넘쳐흘러야 하고
흐르는 물 가장 낮아야 바다에 이른다 하던.
鷄鳴狗盜가 함곡관을 지났듯
金權이 옛날이나 지금이나 유일한 믿음인데

구멍 뚫린 무덤 물끄러미 보네,
하늘 우러른 그것은 죽지 않는 신의 골짜기
그 가물한 것(玄牝)이네.
산천의구가 의구하지 아니하고
무덤에 묻혀
무덤을 잃어버린 무상을 보는
뼈대 없는 자손의 자식인지라 뜬구름의 소리.
취객의 망령이로고, 돌아갈 날 머잖은

[필자 주] *睓이: 물끄러미 보다 *律呂 : 律은 질서, 音, 陽, 呂는 혼돈, 聲, 陰.

* 律呂: 신라 박제상이가 우리의 구전신화를 모아 쓴 『부도지(符都誌)』에서 律呂는 태초의 창조신으로 나온다. 마고 이하 네 천인까지 배우자 없는 단성생식이란 점과 포도, 대홍수 이야기 등, 구약의 신화와 유사한 점이 많다.
* 布穀(鳥) : 뻐꾸기 울음의 擬聲語. 말뜻은 '씨 뿌려라.'
* 青牛: 털이 검은 소, 老子가 함곡관(函谷關)을 지나 서역으로 들어갈 때 수레를 끌었다는 소.
* 鷄鳴狗盜 : '닭의 울음소리와 개 흉내를 잘 내는 좀도둑' 이라는 뜻으로, 천한 재주가 있는 사람도 쓸모가 있음을 비유한 말이다. 전국시대 중엽 齊 나라의 맹상군(孟嘗君)은 갖가지 재주를 가진 식객들이 많았다. 진(秦)나라 소왕(昭王)이 재상을 제수하겠다며 부른다. 맹상군은 내키지 않았으나 그 제의를 수락하고 진나라로 가 호백구(狐白裘)를 선물한다. 소왕은 맹상군(孟嘗君)을 쓰려고 했지만, 신하들의 반대로 그만둔다. 한편 맹상군(孟嘗君)은 자신을 죽이려 한다는 음모를 알아차리고 소왕의 총희(寵嬉)에게 나가게 해달라고 부탁하니 호백구(狐白裘)를 요구한다. 당시엔 단 하나밖에 없는 물건이었다. 이때 개 흉내로 도둑질에 능한 사람이 진(秦)나라 궁궐창고로 들어가 호백구(狐白裘)를 훔쳐다 주니 나가게 된다. 그곳을 빠져나와 함곡관에 이르렀으나 닭이 울어야 통관할 수 있다 하므로 객중에 닭 울음소리를 잘 내는 자가 '꼬끼오!' 하니 모든 닭이 따라 울어 관문이 열렸고 무사히 도망할 수 있었다고 한다. "호백구"는 여우의 흰털가죽으로 만든 갑옷이라 하는데, 맹상군이 뇌물로 쓰고 진나라의 성에서 빠져나올 수 있었다고 하는 보물이다(런청진 저. 『지전』참조).

向日白蓮花

擧頭望北玉筆魂 謂蘭貴態倨傲風 거두망북 옥필혼 위란귀태 거오풍
滿開裸身奈雨何 小狗汪汪叫去東 만개나신 내우하 소구왕왕 규거동

해바라기 백목련

고개 들어 북쪽만 바라보는
옥필혼(玉筆魂)이라고,
난초 들먹이며 귀한 몸이라고
으스대며 폼 잡더니
모두 피었네.

깨벗은 몸, 비 내려 어쩌나!

작은 강아지 왕왕
짖으며
동쪽으로 가네

* 필자 주: 목련의 이름은 여러 가지로 부른다. 목련, 신이(약초로 쓸 때의 이름), 木筆, 玉筆(꽃봉오리가 붓을 닮았다는 데서), 북향화(꽃이 피기 전에는 꼭지가 모두 북쪽을 향함), 두란, 玉蘭(난초의 향기가 난다고), 玉樹(귀한 몸이라고), 개목련 등, 우리가 흔히 아는 것은, 中國이 원산지인 백목련이며, 濟州가 원산인 목련이라 부르는 것이 있다. [사전에서]

浮雲一片(뜬구름 한 조각)

1)

觀上察下非無常 未盡川流彼我間 관상찰하 비무상 미진천류 피아간
近而睫毛生不知 何蔽眼中有一蘭 근이첩모 생부지 하폐안중 유일란

하늘을 보고 아래를 살펴도
변하지 않는 것이 없건만
저것과 나 사이에
아직도 강의 흐름은 마르지 않았네.
가까워도 속눈썹은
잊고 사는데 어찌하여
감은 눈 속에 남아있는가
한 송이의
꽃蘭.

2)

花之向日萬古理 然而日日惚恍異 화지향일 만고리 연이일일 홀황리
謂信者焉風如乎 遠蝶徘徊忘性矣 위신자언 풍여호 원접배회 망성의

꽃이란 것이 해를 향하는 건
만고의 이치, 하지만
날마다 뜨는 해도 홀황은 다르지.
소위 믿음이란 것이, 어찌 바람과 같은가
멀리 나비가 배회한다고

그 본성을 잊을까.

於幽谷

殘雪深處白 崗巒暗湮靄　잔설심처백 강만암인애
踏踏山石榴 斜日與登路　답답산석류 사일여등로
淸淸松風裏 忽見反鶯鳥　청청송풍리 홀현반앵조
岩間在乳泉 飮呼骨髓開　암간재유천 음호골수개

*山石榴 : 진달래

계곡에서

잔설의 깊은 계곡은
흰데 산비탈은
이내가 드리워 어둡네
걸음걸음 진달래 꽃밭을 걸어서
비낀 해 더불어 오르는데
맑고 맑은 솔바람 속에서 문득 보이네.
날아오르는 휘파람새
바위틈에 젖 같은
샘물이 있어 한 모금 마셨네
아하!

뼛속까지 열리네

*' 石眼林中開-돌 같던 눈이 수풀 속에 열리네.' 라고 읊은 조선조 '강희맹(1424 1483)' 의 五言絕句가 있음.

朝朝

沃畓渴田耟者耕 禾而秕而啥爲生 옥답갈전 기자경 화이비이 사위생
賤貧人士怠不起 其甕破聲混錚錚 천빈인사 태불기 기옹파성 혼쟁쟁

아침마다

기름진 논이든, 메마른 밭이든

따비란 것이 밭 갈아야

벼든 가라지든, 무엇이 나오는 것인데

천빈한 인사가 시들시들 일어나지도 않는지

그 집 항아리 깨지는 소리

어지럽게

쟁쟁거리네

別崔君看窓外

猛禽徘徊陽春下　맹금배회 양춘하
秀山麗谷慮山隹　수산려곡 려산추
弱剛自然不知何　약강자연 부지하
勝波和人與隨流　승파화인 여수류

최군과 이별하고 차창 밖을 보면서

사나운 새가 배회하는
봄볕 아래
빼어난 산, 고운 골짜기의
작은 산새(山+隹:崔)를 염려하네.
弱肉强食도 自然임을
왜 모를까만
世波를 이기려면
남에게 온화함과
더불어
물의 흐름을 따라야 하느니

靑出

(作號與金美玉)

生丹之石出於山 鹿角聖木飾王冠　생단지석 출어산 녹각성목 식왕관

一事一物有一理 水衍流下是自然　일사일물 유일리 수연류하 시자연

* 生丹 = 靑. *生과 出은, 모두 새싹이 돋는 모양, 같은 뜻.

* 自然 : 自는 코를 상형한 글자, 마치 곧 발아한 씨앗의 모양. 즉 그것은 식물이나 동물이나 거의 비슷한 모양이다. 고로 '처음의 모습'

청출

푸른빛 광물(靑)은
산에서 나오고

사슴뿔은 성스런 나무이니(出)
왕관을 장식한다.

모든 일과 사물에는 이치(理致)가 있고
물이 넘쳐 아래로 흐르는 것도
자연이다.

戒耶! 경계하라!

千里行路 始一步兮　천리행로 시일보혜
泰山高峰 爲有實基　태산고봉 위유실기

천리 길도 한걸음부터요, 태산 봉우리도 착실한
바탕이 있어야 되는 것이다.

宜修外養內 自重以謙讓 의수외양내 자중이겸양

마땅히, 몸을 다스리고 마음을 길러서,
겸손과 사양으로 자중(스스로 귀중하게)하라.

勿恭富貴 勿憂賤貧 물공부귀 물우천빈

부유하고 귀한 것(명예나 권력)에 머리 조아리지 말라!
천하고 가난함을 근심치 말라!

(백락천 좌우명에서 부분 발췌)

洗耳

孤輪獨照湖深靜 晝間生動柳垂影　고륜독조 호심정 주간생동 유수영
突然一陣稚風來 飜手人心溢波荊　돌연일진 치풍래 번수인심 일파형

귀를 씻다

외론 달빛 비춘
물속은 깊어 고요하고
낮 동안
생동하던 버들도
그림잘 드리웠네.

돌연

한 떼의 치기 어린 바람이 부는데
손바닥 뒤집듯
인심도 변하는 것인지,

넘치는 물결은 가시가 되었네.

看 窓外

夜雨寂寂燭涙間　야우적적 촉루한
安處冬栢花房盈　안처동백 화방영
雖樂風流於酒村　수락풍류 어주촌
喫煙冷骨聞雨聲　끽연냉골 문우성

창밖을 보면서

밤비 조용히 내려서
촛농도 한가히 흘러내리네.
어디선가, 동백은
꽃방
가득히 채울 것이고
누구는 술집에서
풍류를 즐기겠다만
담배나 죽이는 냉골(冷骨)은
빗소리만 듣고 있으니

有情無情

昨夜細雨洗琉璃 大洋茫茫渺然碧 작야세우세유리 대양망망묘연벽
言慕天涯白雲起 君回此岸我亦添 언모천애백운기 군회차안아역첨
壁下村老何釣魚 梢上空空處無心 벽하촌로하조어 초상공공처무심
鷗飛率去遊覽船 落日紅照滿海深 구비솔거유람선 낙일홍조만해심

유정무정

지난 밤
보슬비에 씻긴 유리알
한바다 막힌데 없이 묘연히
푸르기만 하다
그리움의 하늘 끝
멀리 흰 구름 인다고
그대가 이곳으로 돌아올까만
나 또한
여기에 무엇을 더하랴.

절벽 아래 촌 늙은이 무얼 낚는지
초리 끝 텅 비어 마음 둘 곳이 없는데
갈매기 날리며
이끌고 가는 유람선
지는 해 노을빛
바다 깊도록 가득하기만 하네

地平

始原不知處 臥母靑有慮 시원부지처 와모청유려
上下不二境 頓鏡蛛網呂 상하불이경 돈경주망려

지평

시원은 모르지만
누운 어미가 푸른데, 무슨 걱정이랴.

위
아래

둘이 하나인 경계

팟싸아! 거울이 깨지자, 거미줄의

울림뿐

遺憾

半輪中天朝來稀 狗耳草如向日移 반륜중천 조래희 구이초여 향일이
行者已渴惶索泉 蓋飮廻唾何言之 행자이갈 황색천 개음회타 하언지

* 狗耳草 : 나팔꽃

유감(섭섭함)

중천에 떠 있는 그믐달
아침 밝아오자 희미하다.

나팔꽃 해를 쫓아 돌아가듯이
길 가던 사람들, 벌써
목이 마른지

샘물 찾기 바쁘다.

대개는 물 마시고
돌아서면서 침을 뱉는다.

하지만
어찌, 그것을
따져 묻겠는가.

於西歸浦 柱狀節理

龍巖流頓絕 成海無風遙　용암류돈절 성해무풍요
日暮始來日 暗夜正爲造　일모시내일 암야정위조
圈外墜爾塵 而之是天道　권외추이진 이지시천도
空手歸非畏 只愁兒前途　공수귀비외 지수아전도

서귀포 주상절리에서

용바위 흐르다 문득 끊겨
바다를 이루니
바람
한 점 없이 고요하다
하루가 저물면 내일이 시작이듯
어둔 밤도
곧 창조를 위한 것
땅덩이 밖으로
이 티끌 하나 떨어진다 해도
그것은 곧 하늘의 길이니
빈손으로 돌아간다 해도
두렵지는 않다만 다만
어린 자식 앞길이 걱정스러울 따름

望意

遠船過天浮雲景 滄波疊疊算不明 원선과천 부운경 창파첩첩 산불명
人人區區無知何 置眼淸虛暫我經 인인구구 무지하 치안청허 잠아경

멀리 바라보는 뜻은

멀리 배 한 척 지나간 하늘엔
뜬구름뿐인데
겹겹 다가오는 창파
헤아리기 어렵네.

사람 많아 구구한 인심,
왜 모를까만

잠시

청허에 눈을 두는 것은
내 마음 다스리고자 함일세.

燭火

再夏嫘月窓外明 闊葉喬木璃面影 재하누월창외명 활엽교목리면영
急惹欲圓花未謝 爾心紛紛締煙莖 급야욕원화미사 이심분분체연경

*嫘 : 뉘조(嫘祖), 염제 신농의 딸이며 황제 헌원의 부인, 양잠의 신으로 추앙받는다.

촛불

다시 여름인가.
뉘조의 달빛 창밖에 밝아
교목의 나뭇잎
유리면에 어리는데

급하구나!

보름달 되고자
불꽃이 사양치 않으니
그 마음 어지럽게도

기둥에, 그을음만 맺히네.

解愛之册

讀書而無架高屋 春雨紛紛開花落 독서이무 가고옥 춘우분분 개화락
農廢綠煎與濁酒 謂言外有塵中玉 농폐록전 여탁주 위언외유 진중옥

사랑이라는 책을 읽다가

책을 읽는데
들보 높은 집이랴!

봄비 분분
피었던 꽃도 지겠네.

그만, 농사일 거두고 빈대떡에 탁주

하긴,
말[言語] 밖에
있지, 먼지 속에 구슬

* 讀書而無架高屋 : 직역하면 '책을 읽어도 들보 높은 집은 없나.' 곧 사랑이라는 책을 읽는데 들보 높은 집을 생각하면서 읽겠느냐.

* "어찌하여 형제의 눈 속에 있는 티는 보고, 네 눈 속에 있는 들보는 깨닫지 못하느냐[기독교 성경 눅 6:41]."

所以醉

– 抄"符都誌"

遂飢眩倒支巢耳 幽顯迷聲呑五味 수기현도지소이 유현미성탄오미
爾巢欄蔓示葡實 嘗酵而醉莫父母 이소난만시포실 상효이취막부모
"浩蕩兮天池! 我氣兮凌駕! 是何道兮萄實之力!"*
호탕혜천지! 아기혜능가! 시하도혜도실지력
破禁自律皆眼明 食貪他生皆生齒 파금자율개안명 식탐타생개생치
獨坐冷房讀古文 揮風亂雪三月眱 독좌냉방독고문 휘풍난설삼월이

*眱 : 물끄러미 보다

취한 까닭에

– 마고부도지를 초함

배고파 쓰러진 지소시(支巢氏)의 귀에
그윽이 현시하는 소리가 있었으니, 五味를 먹어라!
너의 집 난간에
덩굴 포도가 보이지 않느냐.

맛보기 술에 취한 놈이 부모를 알까.

"넓고도 넓다 혜, 천지여! 내 기운 혜, 철철 넘친다! 이 어찌된
도(道)인가 혜, 포도의 힘이로다!"

자율(自律)을 파기 했으니 모두 눈이 밝았다
남의 목숨을 탐하여 먹었으니 모두 이빨이 생겼다는
고대의 전설을,

홀로
냉방에 앉아서 읽는다.
바람 어지러이 흩날리는 3월의 눈을
물끄러미 보기도 하면서

* 인용구는 新羅「朴提上(363~419)」著『符都誌 第五章』部分

於加派島

孤島海邊二三家 閉門廢窓屋草盛 고도해변이삼가 폐문폐창옥초성
有人碣銘昔年記 墻如敝網散波聲 유인갈명석년기 장여폐망산파성
日暮旅征暫時止 醉眼望滄咫尺鳴 일모여정잠시지 취안망창지척명
回頭玄來百舌鳥 昏光潮水浮簷明 회두현래백설조 혼광조수부첨명

가파도에서

외딴섬 해변에 두서너 집
닫힌 문, 부서진 창 지붕에도
풀 무성하다.

사람이 있었는가, 돌 세워 새긴
몇 글자가 옛날을 추억하라만 담장 위에
헤진 그물처럼 흩어지는
파도소리

해도 저물어 가던 길, 잠시 멈춘다.
취한 눈으로
창망한 바다를 바라고 있는데
지척에서 새소리

머리를 돌린다
까맣게 다가오는 지빠귀가 밀물에 띄운 노을빛
폐가의 처마가 환하다.

旅路

鐵馬號聲揮黃昏 情人赤手虛中寒 철마호성 휘황혼 정인적수 허중한
徐至近景急後進 忽現如燐舊人眼 서지근경 급후진 홀현여린 구인안
一雁孤高安處遊 逮雲疊山遠回閑 일안고고 안처유 체운첩산 원회한
淺水悠悠歸去海 秋後再芽靑庾間 천수유유 귀거해 추후재아 청유간

여로

철마의 기적 소리가 황혼을 흔들자 情人의
빈손만 허공중에 춥다
천천히 다가오던
가까운 경치가 후진이 급해지면서 문득
도깨비불 같이 스치는
옛사람의 눈동자

한 기러기 홀로 높이 날아서
어디로 가는 것일까
구름에 붙잡힌 첩첩한 산도
멀리 돌아서 오고
얕은 물도 멀리 흐르면 바다로 돌아가는데

추수 지나
다시 돋아난 새 싹도
노적가리 사이에서 푸르기만 한데

幽靜

蟋叫在莿鬱 娥月高淸明　실규재자울 아월고청명
墜葉何望定 靑虎得水亨　추엽하망정 청호득수형

너무 조용해서

귀뚜리
가시 울에서 우는데
님의 달빛은
청명하게도 높구나.

떨어져 구르는 잎이, 어찌
안정을 바라랴만

좌청룡 우백호에 물을 얻는다면

만사형통일 텐데

素翁

微氣移燭衍枯影 揮風窓外亂思明 미기이촉 연고영 휘풍창외 난사명
何絕喵壺都飮後 慣凝寂寞遠履聲 하절묘호 도음후 관응적막 원리성

늙은이

미세한 기류 촉대에 옮겨
넘쳐흐르던
촛농의 그림자가
굳어 버렸는데

휘풍은 창밖에서
그리운 달빛 어지럽히네.

병 속의
고양이 울음도 그쳤는지
한 병 술 다 마시고 나니
적막강산

뚫어져라,

먼 발소리 듣는 버릇

海巖

山影到海波聲白 羅漢威容片鱗隔 산영도해 파성백, 나한위용 편린격
潮水干滿常無變 矛月輾轉爲一碧 조수간만 상무변, 모월전전 위일벽

해암

산 그림자
바다에 이르러 파도소리 희더니
나한(사나이)의 위용도
한 꺼풀씩

떨어지네.

조수간만이 늘 같던가.

조각달도
구르고, 또 구르면
둥근

옥빛이 되네.

* 爲一碧 : 둥근 옥빛이 된다. 즉 一이란 말로 하면 全一함이요, 그림으로 그리면 둥근 一圓相이다. 우리말의 '한' 이란 여러 가지의 뜻을 가진 말이다. 우선 '하나' 란 숫자의 개념으로부터 크다, 많다, 가운데, 넓다, 대략, 어떤 등 상당히 많다.

看寒水

萬年氷河綿綿去 仰天蘆莖橫折與 만년빙하 면면거 앙천노경 횡절여
若如初見春鳥鳴 誰言淸濁爲遠慮 약여초견 춘조명 수언청탁 위원려

찬 강을 보면서

만년 빙하도
면면히 흐르는데

우러러 하늘이던 갈대는
이리저리 꺾여 있구나.

봄철의 새소리가 처음 만남과 같다면

누가
청탁(淸濁)을 말하면서
먼
걱정을 하겠는가.

未覺

蟬殼殘暑靑無言 寂寥本來是自然 선각잔서청무언 적요본래시자연
何處西風動初秋 一聲玄鳥啼電線 하처서풍동초추 일성현조제전선

아직도 모르는데

매미 허물만 남은
늦더위
푸르러도 말이 없다 쓸쓸히
고요한 것도

본래의 모습

어디서 서풍 일어 초가을 흔드나

한 울음의

하늘 새가 전선에서 우네

已秋

何鳥謠飛魚逆登 有花滿開半午前　하조요비 어역류 유화만개 반오전
季節分明朔風來 越靄遠山咫尺間　계절분명 삭풍래 월애원산 지척간

벌써 가을인가

어떤 새는 노래하며 날고
어떤 물고기는 물 거슬러 오르고
어떤 꽃은
반나절도 되기 전에 활짝
피지만

계절 분명하여 삭풍이
불어오니

안개 넘어 멀어만 보이던 산도

지척간이로고

秋氣

忽冷蓋膝無心仰 風無一飛又一飛 홀냉개슬무심앙 풍무일비우일비
投衣落梢昔人記 白日心亂澒紅柹 투의낙초석인기 백일심란회홍시
*澒회: 흐물흐물하다

가을 기운

문득 서늘하다.

무릎을 덮으며 무심히 고개를 들다.

바람도 없는데 하나가 날자

또 하나

옷 벗어 던지듯 잎 지는 가지 끝에

옛 사람의 생각

멀건 대낮에

흐물흐물 홍시가 마음 어지럽게 하네.

山頂白

岩間銀潔日反射 其矢從天片雲飛 암간은결일반사 기시종천편운비
于今流風山亭會 諸忽擧頭奔忙峙 우금유풍산정회 제홀거두분망치
盜拓柳下代善惡 共無外飾追名利 도척유하대선악 공무외식추명리
言必不知難下手 奈雪無盡春來時 언필부지난하수 내설무진춘래시

산정이 희었다고

바위틈 흐르는 은빛 물결의
햇살 되비치는
그 살촉을 좇아 우러른 하늘엔
조각구름
요즘의 유풍인가, 산정으로만 모이는데
모두가 홀연, 고개 들더니
치솟기 바쁘네.

도척과 유하계는 惡과 善을 대표하지만
둘 다, 명리(이름과 이익)를 좇아 겉을 꾸미지 않았네
말할 때마다 반드시 모른다니
손댈 수도 없는,
그 산정에 쌓인 눈이라고
어찌 다할 때가 없을까, 머잖아
봄이 오며는

* 필자 주: 유하계 (柳下季) 춘추시대 노(魯)나라 사람 현자(賢者)라고 칭송한다. 성은 展, 이름은 獲. 자는 禽 季. 유하(柳下)에서 나물을 먹는다 하여 "유하"라고 하였다. 맹자는 "유하계"를 성인(聖人)이라고까지 하였다. 장자는 도척편에서 '도척' 과 '유하계' 를 형제로 설정하고 유가를 비판한다. 장자의 도척과 유하계는 동양에서 선과 악을 대표할 정도로 판이한 모습이지만 둘 다 겉을 꾸미지는 않았다. "도척"은 철저하게 내외가 도적이었고, 현인 "유하계"는 자기에게 좋은 일이든 나쁜 일이든, 전혀 개의치 않았다고 한다. 장자는 도척의 입을 빌려 유가의 현자들을 모욕하고 나무란다. 하지만 그것은 그들의 이름과 이익을 쫓는 허위(虛僞:거짓)와 외식(外飾 : 겉을 꾸밈)을 조롱한 것이지, 사람 그 자체를 희롱한 것은 아니다. 일찍이 장자를 번역한 "김달진" 선생도 그의 책(『장자』. 현암사 간. 1965)에서 '일면 통쾌한 바가 있다' 고 하였다.

"知不知 尙矣 不知不知 病矣 [백서노자 갑본 71장]"

"알지 못함을 안다면 尙(으뜸. 上)이지만, 無知를 모른다면 病(문제)이다."

如櫻花

春時如雪冬如花 散散飛飛蓋森羅 춘시여설 동여화 산산비비 개삼라
天下齊一寒風白 唯柏其中血燃華 천하제일 한풍백 유백그중 혈연화
呼禽淚氷是暮日 然今連來而昨化 호금누빙 시모일 연금연래 이작화
能笑是非共非眞 或事爲實或物虛 능소시비 공비진 혹사위실 혹물허

벚꽃처럼

봄철엔 눈 같더니 겨울엔 꽃
흩어져 날면서 삼라만상을 덮는가.
세상이 한 가지로 찬바람까지 흰데
오로지 동백은
눈보라에도 핏빛으로 타는 꽃.

새를 부르는가, 눈물도 얼어 버린 이 저문 날에.

그런가, 오늘은
내일로 이어져 어제가 되듯
옳고 그름이, 공히 진실은 아니지만
그래도 웃어야 하겠지,

어떤 일은 진실이 되고
어떤 것은 허상이 되는 것이니

* 필자 주 : '春時如雪冬如花' 는 다음 시의 첫구에서.

秦時明月漢時關 진나라 때 명월 한나라 관문에도 비추는데
萬里長征人未還 만리 원정길 나간 이, 아직 돌아오지 않네
但使龍城飛將在 만일 용성의 나는 장수가 있었다면
不敎胡馬度陰山 호마로 하여금 음산을 넘게 하진 않았을 것을

*未 : 아직 ~하지 못하다. *龍城飛將 : 한나라 장수 李廣을 가리킴.
*敎 : ~하여금 ~하게하다.

–[왕창령 시. 出塞 전문. 번역–필자.]

*胡: 우리를 지칭하는 夷처럼 '오랑캐' 라고들 번역하는데 매우 못마땅하다. 지금에 이르러 胡가, 우리가 왜 오랑캐인가? 아직도 중국 중원이 세계의 중심인가? 우리는 우리나라가 세계의 중심이다. 저 胡 또한 우리 선대와 무관하지 않다. 胡는 한무제도 어쩌지 못했던 용맹한 민족이었다. 따라서 오늘날에 이르러 胡 · 夷 등을, 굳이 그들의 편에서, 그들의 언어로 '오랑캐' 라고 번역한 이유가 없다고 본다.

我不知

太始同分岐 何爲失一個　태시동분기 하위실일개
去冬積雪多 然而又春來　거동적설다 연이우춘래
附驥致千里*芽前有花開　부기치천리 아전유화개
我身坐陋案 心者游世外　아신좌누안 심자유세외

나도 모른다

맨 처음엔 갈림길에서도
함께했는데
어쩌다가
그 하나를 잃었을까.
지난겨울엔 눈도 많았다.
그래도 다시 오는 봄

천리마에 붙으면
쉬파리도 천리를 가고
어떤 꽃은 싹트기도 전에 피는데 나는
낡은 책상에 앉아 있고
마음이란 놈은
세상 밖을 헤매고 있으니

주: 蒼蠅附驥尾致千里(창승부기미 치천리)
쉬파리가 천리마(千里馬)의 꼬리에 붙으면 천릿길도 갈 수 있다.
즉 범인(凡人)이 난 사람에게 달라붙어 이름을 얻는다는 비유.

若至近世(약지근세)　이처럼 근세에 이르러
操行不軌(조행불궤)　조행(나랏법)의 궤도(軌道-규칙)가 아닌

專犯忌諱(전범기휘) 사사로움으로 (남이) 꺼리는 일을 범하고서도
而終身逸樂(이종신일락) 종신토록 평안히 즐기며
富厚累世不絕(부후루세불절) 부귀가 대를 이어 끊어짐이 없다.
或擇地而蹈之(혹택지이도지) 어떤 사람은 땅을 택하여 밟아서 가고
時然後出言(시연후출언) 때 지나서 말이 나오고
行不由徑(행불유경) 길을 가도 지름길을 가지 않으며
非公正不發憤(비공정불발분) 공정하지 아니함에 성내지 않았는데도
而遇禍災者(이우화재자) 화와 재앙을 만나는 것은
不可勝數也(불가승수야) 그 수(운수)를 이길 수 없음이니
余甚惑焉(여심혹언) 나는 심히 당혹스럽다.
儻所謂天道(당소위천도) 이러니 이른바 천도(天道)라는 것이
是邪非邪(시사비사) 옳은가, 그른가.
… (중략) …
賈子曰(가자왈) 가자가 말하길 *가의(賈誼): 한나라 사람.
貪夫徇財(탐부순재) 탐하는 자는 재물에 죽고
烈士徇名(열사순명) 열사는 이름에 죽고
夸者死權(과자사권) 자만하는 사람은 권세에 죽고
衆庶馮生(중서풍생) 많은 서민은 삶에 기댄다.
同明相照(동명상조) 같은 밝음은 서로 비추고
同類相求(동류상구) 같은 무리는 서로 구하며
雲從龍(운종룡) 구름이 용을 따르고
風從虎(풍종호) 바람이 범을 따르니
聖人作而萬物覩(성인작이만물도) 성인이 지으면 만물이 보인다고 하였다.
*(성인이 기록하거나 이치를 말하면 진실이 보인다.)
伯夷叔齊雖賢(백이숙제수현) 백이, 숙제가 비록 어질었어도
得夫子而名益彰(득부자이명익창) 좋은 스승(공자)을 얻었으니 이름이 더욱 드러났고
顏淵雖篤學(안연수독학) 안연이 비록 학문에 독실했어도
附驥尾而行益顯(부기미이행익현) 천리마의 꼬리에 붙었으니 행업이 돋보인 것이다.
巖穴之士(암혈지사) 암혈(바위에 뚫린 굴)의 선비가
趣舍有時若此(취사유시약차) 나가고 머무름에 때 있음도 이와 같으니
類名　滅而不稱(류명인멸이불칭) 대부분의 이름은 묻혀서 드러나지 않는 것이다.
悲夫(비부) 슬프지 않은가.
閭巷之人(여항지인) 마을 사람(평범한 사람)이
欲砥行立名者(욕지행입명자) 행업을 닦아 이름이란 것을 세우자면
非附青雲之士(비부청운지사) 청운지사에게 붙지 않고서야
惡能施于後世哉(악능시우후세재) 어찌 후세에 드러날 수 있겠는가.
(史記卷六十一. 伯夷列傳第一 부분. 번역-필자)

鬱鬱蒼蒼

– 대나무 그림을 보면서

竹竹萬竿一帳幕 人人疊疊次障壁 죽죽만간일장막 인인첩첩차장벽
林壑深利玄烏樂 湮塵多多缸中赫 림학심리현오락 인진다다항중혁
禾花滿開鳳來耶 開闢天地爲徵力 화화만개봉래야 개벽천지위징력
君看其裏眞空與 間間諸諸何如析 군간기리진공여 간간제제하여석

울울창창

대나무 수없는 장대도
하나의 장막이요, 사람사람 첩첩
쌓임도 또 다른 장벽.
숲속 골짜기 깊을수록 검은 까마귀도 즐겁고
꽉 막힌 티끌 많이 쌓일수록 항아리 가운데까지
좋아 죽겠지.

대꽃 모두 피었으니
봉황이 오려나,
천지개벽의 징조라도 되려는가.

그대는 보았는가, 그 속을.

진정 비어있던가? 칸칸
그 모두를,
어떻게든 쪼개 보았는가?

安處 遊

無邊大海靑廣闊　무변대해 청광활
跡跡微軀住壁上　적적미구 주벽상
寒日已落山影滿　한일이락 산영만
慕君雁飛遠遠往　모군안비 원원왕

어디로 가는가

가없이 드넓은 바다는
푸르고 광활한데
작은 몸 걸음걸음 걸어서
절벽 위에 섰구나.
추운 해는
이미 저물어
산 그림자만 가득한데
님 그리는 기러기만 날아서
멀리
멀어져 가네.

冬栢

春氣海龍動 南島松荀風　춘기 해룡동 남도 송순풍
疊紅暗壁間 一鷗飛雲中　누홍 암벽간 일구 비운중

동백

봄기운은
해룡인 듯 일렁이고
남도의 소나무 순도 봄바람

붉은 마음 겹겹
검은 절벽 틈에 폈는데
한 갈매기

구름 속에서 나네.

積業

玄玄非天唯玄飛 橫列奧地烏聲奇 현현비천 유현비 횡렬오지 오성기
橘園紅心一時風 水流逆行上枝肥 귤원홍심 일시풍 수유역행 상지비

쌓느니 죄업

검고 검은 것만
하늘이 아닐진대, 오로지
검은 것들만 날아
오지에서 옆으로 찢는 듯
까마귀 울음 괴이하다.
귤원에 붉은 마음이야 한때의
바람이라 하겠지만
물 흐름도
거슬러 올랐는가, 윗가지의 것들만
살이 쪘구나.

望夫石

雲中去一雁 漢羅紫薇夢　운중 거일안 한라 자미몽
星霜近二十 惟愛只寒峰　성상 근이십 유애 지한봉

망부석

구름 속으로 기러기
하나 떠났지
한라의 배롱나무 꿈
별빛 하얗도록 근 이십 년
생각해보니
사랑한 것은
추운

산봉우리뿐일세.

冷氣

獨坐看窓外 殘日橘園紅　독좌간창외 잔일귤원홍
一光搖揮抱 始覺骨入冬　일광요휘포 시각골입동

냉기

홀로 앉아
창밖을 보노라니 남은 해는
귤원에 붉구나.

햇살
한 줄기
살며시 커튼을 안아 흔드는데

비로소 알겠네, 겨울이

뼛속에 깊었음을

冬柏
– 於茶山草堂

鳥飛浮雲中 裏林巖壁間　조비부운중 이림암벽간
濕露玉井花 誰知靑孀恨　습로옥정화 수지청상한

* 玉井 : 옥 우물

동백
– 다산 초당에서

새 날아서 뜬구름 속인데

숲속 암벽 사이에는

이슬 젖은 옥정의

꽃

누가 알겠는가, 청상의 한

於茶山艸堂

茶山足跡層層高 松竹淸氣不老靑 다산족적 층층고 송죽청기 불노청
安處錚錚亂錚錚 綢根蛟龍貪利名 안처쟁쟁 난쟁쟁 주근교룡 탐리명
一事多言世紛紛 對影旅懷難正明 일사다언 세분분 대영려회 난정명
嗚是裏林非遠天 銀鬢愧回終耳鳴 오시이림 비원천 은빈괴회 종이명

*蛟龍 : 때를 만나지 못한 영웅(英雄) · 호걸(豪傑)의 비유.

다산초당에서

다산의 발자취 층층이라
송죽(松竹)의 맑은 기운
늙지 않고 푸르다.
어디선가, 쟁쟁 어지러운 쇳소리!

뿌리 얽힌 교룡(蛟龍)도
명리를 탐하시는가.
일 하나에 말 많으니 세상 어지럽고
영정(影幀)을 대한 나그네 마음도
밝지를 못하네.

아, 그런가.
이 숲속도 하늘에 가깝구나.
흰 수염 부끄러워 돌아섰는데
끝내 귀 울음소리

於日本江戸川邊

漢拏貧客到日夜 野徑從熒思遠人 한라빈객 도일야 야경종형 사원인
濟海異域不二景 竹葉揮聲月影亂 제해이역 불이경 죽엽휘성 월영란
我行安處信號燈 木造板上如浮雲 아행안처 신호등 목조판상 여부운
何因未歸梅落已 忽聞幻聽花荊見 하인미귀 매락이 홀문환청 화형현

* 江戸(えど) : 도쿄의 옛 이름.

일본의 '에도' 의 강변에서

한라 빈객이 일본에 이른 밤,
들길의 불빛을 쫓다가
먼 사람을 생각하네.
바다 건넌 이국의 땅인데도
野景은 다르지 않은지

댓잎 흔드는 소리가 달빛만 어지럽히네.

나 어디로 가라는 신호등
목조 건물 마루는 뜬구름이네.
어찌 돌아가지 않으면 인연이랴! 매화는
이미 떨어졌는데
홀연
환청으로 들리는, 가시에 핀
꽃이 보이네.

晩時之歎

上蒼老松水面景 幻聽啞啞落日鳴 상창노송 수면경 환청아아 낙일명
烏知反哺墜一針 深淵宏宏波紋聲 오지반포 추일침 심연굉굉 파문성

때늦은 후회

푸른 하늘의 늙은 소나무
물위에 어리는데
환청인 듯

까악까악 까마귀 노을빛에 우네

까마귀도
반포의 효를 안다고
바늘잎 하나 떨어지더니

깊은 못물에
굉굉!
물무늬 짓는 소리

* 反哺 : 늙은 어미에게 음식을 씹어 먹이다.
* 烏有反哺之孝 : '까마귀에게도 반포의 효가 있다.' 실재로 까마귀는 그 어버이에게 먹이를 물어다주는 일이 있다고 한다. 또 가족생활을 하며, 지능지수가 높다.

西歸浦 海岸

老松直壁千尺高 片雲浮彫蒼天境 노송직벽 천척고 편운부조 창천경
風霜萬古長如昨 鳥飛往來久不停 풍상만고 장여작 조비왕래 구부정
弑有四三此斷崖 竹槍刺命幾何靈 시유사삼 차단애 죽창자명 기하령
無常名利一掬土 相殘冬栢于今紅 무상명리 일국토 상잔동백 우금홍

서귀포 해안

늙은 소나무의 수직 벽
까마득 높아
조각구름 붙박인 창천 경계의

온갖 괴로움 길어도
엊그제 같은데, 새 날아 오가도
오래 머물지 않네.

죽임이 있었다. 4 · 3때에
여기 깎아지른 벼랑 끝에서
죽창이 찔러 죽인 목숨
그 얼마인가?

무상한 名利
한 줌 흙인데, 상잔(相殘)의 동백은
지금도 붉기만 하다.

季子巖

妣妣嗚呼聲 天刑是億劫　　비비오호성 천형시억겁
未覺烹母粥 何汝只其業　　미각팽모죽 하여지기업

* 季子계자 : 막내아들

서귀포 외돌개

어머니, 어머니!
죽은 어미, 슬프게 부르는 소리
天刑!
억만 겁이리.
어미 삶아 먹었어도 미처
깨닫지 못한
그 죄업!
어찌, 너 뿐이겠는가.

* 한라산 영실 계곡 주위에 기둥 모양의 바위가 여럿 있다. 五百羅漢, 또는 오백장군이라고도 한다. 전설에 의하면 오백의 아들을 먹여야하는 노모가 하루는, 큰 가마솥에 죽을 끓인다. 발판을 걸치고 올라가 죽을 젓다가 그만 빠져죽었다. 그것도 모르는 아들들이 해질녘 내려와 각각 죽을 먹고 돌아갔다. 그런데 제일 마지막으로 죽을 먹으려던 막내가 살펴보니 어미가 빠져죽은 사실을 알게 된다. 기막힌 일이었다. 그 죄를 어찌 감당하겠는가. 온 섬과 바다를 애가 끊도록 어미를 부르며 돌아다니다가 서귀포 앞바다에 이르러 그만 돌이 되어버렸다는 전설이다. 물론 막내가 돌이 됨과 동시에 형제들도 돌이 되어서 영실에 남아있는 것이고.

於君

錐霜寒風山高高 雪雪散散昇陵飛　추상한풍 산고고 설설산산 승능비
爾之臥病聞子女 視焉能險不麗美　이지와병 문자녀 시언능험 불여미

그대에게

송곳 서릿발
찬바람에 산, 꼿꼿 높은데

눈, 눈 흩날리며 산등성일 오르네.

그대가 아프다는 이야기
그대의
딸에게 들었어.

보세요, 산

험할수록 아름답지 않나요.

夢遊

坐而飛天千里徊　落木寒山野遠圓 좌이비천 천리회 낙목한산 야원원
衆口不聽眼界無　途盡日暮白夜鮮 중구불청 안계무 도진일모 백야선

몽유

앉아서
하늘을 날며 천리를 배회하는데
추운 산에 잎 진 나무들,

들판은
멀리 둥글다.

입 많아도 듣지 않으니 보이는 세계도 없다만
길도 다하고, 날도 저물어

白夜가 선명하겠다.

所謂 百年河淸

昨夜暴雪江山伏 壓折草木山頂雲 작야폭설 강산복 압절초목 산정운
何蔽萬象春不來 白白於焉鳥足痕 하폐만상 춘불래 백백어언 조족흔

소위 百年河淸이라

간밤에
눈 벼락같이 내려
강산이 납작 엎드렸구나.
초목을 누르고
꺾어버린 산정엔
구름

만상을 덮었다고
봄
오지 않을까.
희다, 희다 하였는데, 어느새
새들의 발자국

* 百年河淸 . 백 년을 기다린다 해도 황하(黃河)의 흐린 물은 맑을 수 없다는 뜻으로,
①오랫동안 기다려도 바라는 것이 이루어질 수 없음을 이르는 말
②아무리 세월(歲月)이 가도 일을 해결(解決)할 희망(希望)이 없음
③아무리 기다려도 가망(可望) 없어, 사태(事態)가 바로 잡히기 어려움

曉行之鴞

–고 노무현, 전 대통령을 추모하며

鴞飛獨墜梢折松 蒼蒼碧虛疊疊雲 효비독추 초절송 창창벽허 첩첩운
得天失地一點峯 舊風亂打何撐天 득천실지 일점봉 구풍난타 하탱천
漢水悠悠長過愁 百年河淸壽幾年 한수유유 장과수 백년하청 수기년
時至復興或巖鳴 莫言是非謂未安 시지부흥 혹암명 막언시비 위미안

*鴞효 : 부엉이

새벽길 부엉이

부엉이 날아서 홀로 졌는가,
우듬지 꺾인 소나무의 창창 푸른 벽허에
첩첩 구름만 쌓이네.
天時를 얻고
地利를 잃었구나, 한 점 봉우리
옛 바람
어지럽게 치는데
어찌 하늘을 받치고 버티랴.
아리수가 유유하다지만 길게
흐르는 근심일 뿐
백년하청일세, 인간수명 몇 년이랴.
때에 이르러
혹, 부엉부엉! 바위가 울어도
是非를 말하지 마시게,
미안하다 말하지 말아야 하네.

강경우의 시세계

심규호

미망에 침잠하여

허남춘

틈새에서 도를 보다

미망에 침잠하여

심 규 호

간만에 문자를 받고, 연이어 메일을 받았을 때, 잠시 난감함을 금할 수 없었다. 명색이 중국시학을 전공한 서생으로 한시漢詩 몇 편에 대해 짧은 언급이 불가능하겠는가마는 시문이란 곧 그의 삶인 즉, 강경우 선생님의 삶에 대해 내가 아는 바가 거의 없기 때문이다. 그 만남의 시작은 서귀포 자활의 인문학 강좌였다. 그곳에서 우리는 글쓰기에 대해 이야기했고, 때로 의기투합했다. 한시를 쓰신다는 말씀은 들었지만 구체적으로 어떤 작품인지는 잘 몰랐다. 그러다가 자그마치 이른 세 편의 한시를 받고 보니 어찌 난감하지 않겠는가? 허나 극구 사양도 아니하고 덥석 물어 자판을 두드리고 있는 까닭은 요즘 보기 드문 자작 한시를, 그것도 5, 7언 절구, 율시, 배율, 심지어 초사체楚辭體까지 섞어 마치 발가벗은 듯 자신을 드러내놓은 모습에 절로 경탄과 더불어 흥취를 자아내고 있기 때문이다.

시를 쓴다는 것은, 더군다나 한시를 쓴다는 것은 그리 쉬운 일이 아니다. 외물에 감응하여 자신의 느낌을 드러내는 것이야 누구나 할 수 있는 일이지만, 그 느낌을 함축적이고 상징적인 언어로, 그것도 한자로 일정한 틀에 맞추어 품격을 갖추는 것은 참으로 고단한 일이다. 시를 쓰는 일도 그리 어려운데, 그는 왜 더더욱 어려운 한시를 굳이 선택했을까? 자신의 심정을 풀어내는 일이야 그것이 아니더라도 적지 않을 것인데. 그 속사정이야 어찌 알겠는가마는 한시를 선택했다는 것은 어쩌면 지금의 세속과 거리를 두고자 하는 심사에서 출발한 것이 아닌가 싶다. 그런 심사는 그의 시 곳곳에서 엿볼 수 있다.

人人區區無知何, 置眼淸虛暫我經
사람 많아 구구한 인심 왜 모를까만,
잠시 청허에 눈을 두는 것은 내 마음 다스리고자 함일세.
—「멀리 바라보는 뜻은(望意)」

二月春色馬上惚, 杳然花流桃園夢.
삼월 봄빛 말 등에 황홀해, 묘연히 꽃물 흐르는 무릉도원을 꿈꾸네.
—「오름에 오르니 뜬 구름 같구나(登岳似浮雲)」

사실 그는 천성적으로 외로움을 타거나 세속과 불화하는 인물이 아니다. 그저 술, 담배 친구삼아 미망迷妄에 잠겨들었을 따름이다. 그것이 어언 십 수 년, 그 사이에 인연도 떠나고 생업도 팽개쳐졌다. 그럴수록 그는 '미망' 에 침잠한다. 이는 그의 시 「단지[只]」에 잘 그려져 있다.

愛酒喫煙至于今　晝夜拙作沒入迷
離緣廢業過於貧　國保爲生終未貴
誰敎不狂不及峯　杜門不出十六池
世間光榮我何厭　無智性情菫人異

술 좋아하고 담배 피며, 지금껏
주야로 서툴게 짓는
미망에
잠겨들었더니
인연은 떠났고 생업도 그만.

지나친 가난은
나라의 생활보호가 삶이라
끝내 귀하지 못했구나.

누가 가르쳤는가,

미치지 아니하면 봉우리에
못 오른다고.
두문불출한지 십육 년의
못물

세상의 광영을 나라고
어찌 싫어하겠는가. 다만
지혜롭지 못한 성정이 남들과
조금 다를 뿐

하지만 시인은 그 '미망'으로 세상에 참여한다. 그 읊조림은 때로 조롱이자 비꼼이며, 때로 경탄이자 환희이고, 훈계이자 가르침이다. 그렇기 때문에 어느 곳을 가든, 심지어 책상머리에 앉아 있을지라도 그의 마음은 세상을 헤매고 다닌다.

나는 낡은 책상에 앉아있고,
마음이란 놈은 세상 밖에서 헤매고 있는지
我身坐陋案 心者游世外

—「나는 모른다(我不知)」

그러나 절로 세상을 헤매고 다니는 그의 정신은 그 옛날 "몸은 강해江海에 있어도 마음은 위궐魏闕(위나라 궁궐) 아래 있었다"(「여씨 춘추呂氏春秋」) 위나라 공자公子 모牟를 닮았다. 다만 다른 것은 그 처지일 뿐인데, 나라를 걱정하고 백성을 위로하는 것이 어찌 처지가 다르다고 달라지겠는가? 간간이 보이는 세상사에 관한 시편은 이러한 그의 심사를 잘 드러내고 있다. 「오심에 유감[有感誤審]」, 「효행지효(曉行之鴞)」, 「까박까박假泊假泊」, 「사행(蛇行)」 하지만 그는 알고 있다. 남을 훈도하는 것이, 그들로 하여금 올바른 길로 가게 만드는 일이 얼마나 어렵고, 아니, 부질없는 짓인가를. 하여 그는 차라리 자신의 마음을 다스려야 할 뿐이라고 읊조린다.

朝夕人心千差別 誰他撓改修自性
조석인심 천차만별인데,

누군들 남의 어지러운 마음 고칠 수 있을까, 스스로 내 마음 다스릴 밖에.

– 「극기(克己)」

그래서 그는 여반장如反掌처럼 잘도 변하는 인심에 가시에 찔리는 듯한 아픔이 있을지라도 그저 귀 한 번 씻는 듯 넘어가고(「세이洗耳」, “절벽 아래 촌 늙은이”로 “바다 깊도록 가득함”을 바라볼 뿐이다. 「유정무정有情無情」 이런 사유나 몸짓이 가능한 것은 아마도 중국 고전에 대한, 특히 노장老莊 사상에 대한 이해가 토대가 되고 있기 때문이다. 노장사상은 은일隱逸을 추구하는 은자隱者의 사상이라고 하나 사실은 지극히 정치적이며, 퇴영退嬰을 지향하는 복고주의자의 생각이라고 하나 사실은 대단히 진보적이다. 그렇기 때문에 자연을 노래하되 복심은 문명에 대한 비판에 있는 것이고, 미망에 침잠하되 마음은 세상과 사람에 대한 애정에 있는 것이다. 그것은 후학에게 보내는 그의 시편靑出에서도 엿볼 수 있다.

한시는 7언 절구 또는 7언 율시를 최고봉으로 친다. 물론 5언 절구絕句는 나름대로 감칠맛이 없는 것은 아니나, 당시가 시가의 최고봉에 오른 이유는 사실 절구 때문이 아니라 율시 때문이다. 율시는 한시의 미학을 가장 잘 체현하고 있는 시가 형식이기 때문에 더욱 그러하다. 강경우 선생님의 시편은 5언보다 7언이 많고, 절구에 비해 율시가 더 많다. 그것은 나름 한시의 체제에서 가장 뛰어난 형식을 선뜻 잡았다는 뜻이기도 하다. 율시가 제격을 실으려면 압운押韻은 물론이고 기련起聯, 함련頷聯, 경련頸聯, 미련尾聯의 규칙적인 평측平仄과 대우對偶 또한 고려해야 한다. 선생의 율시나 절구는 압운에 많은 신경을 썼지만 평측까지 고려한 것 같지는 않다. 아니, 굳이 고려할 필요가 없을 수도 있다. 압운과 평측은 사실 읊조릴 때 필요한 것이고, 우리의 독음으로 보고 읽을 때는 굳이 필요하겠나 싶기 때문이다. 시어의 어떤 부분은 때로 어색한 점도 없지 않다. 하지만 그것이 무어 그리 대수이겠는가? 시를, 그것도 한시를 통해 자신의 절절한 감정을 드러내고자 했음이 이미 귀한데! 몇 편의 한시 구절에서 시인의 치기가 엿보이기도 한다. 그것은 마치 김시습의 '귀나당貴那堂'(무식하고 오만한 정씨 양반을 위해 지어주었다는 당호堂號. 거꾸로 읽으면 당나귀가 되지 않는가! 당나귀 정씨의 집이라!)을 연상케 한다. 이 또한 시인의 시편을 읽는 재미라면 재미이다.

– 심 규 호(제주국제대학교 중국언어문화학과 교수)

틈새에서 도를 보다

– 강경우 시 세계

허 남 춘

1. 시의 맛과 달관

시인이라면 누구에게나 그렇듯 일상의 대부분을 시 속에 끌어안는다. 시가 일상이다. 노년이 되어 가난과 쓸쓸함이 엄습해오면서 더욱 시가 삶이다. 그러나 반복되는 일상 속에 눅눅히 젖어들지 않기 위해 늘 수행이다. 우선 동서양을 넘나들면서 플라톤과 프로이트, 노장과 한당 시인에 이르기까지 말들을 찾아 떠난다. 말 속에 담긴 진리에서 인생의 진실을 찾아내기 위함이다. 늘 보물찾기 하듯 좋은 글을 골라내는 것이 강 시인의 일상이 되었다(보물찾기).

유교와 불교와 도교를 섭렵하고 비서로만 내려오던 한민족의 고전 〈한단고기〉까지 주유하고 있다. 그러나 책은 생각이 잠시 머물 공간일 뿐이지 거기서 깨달음이 온 것은 아닌 듯하다. 그래서 "책 속에는 길이 없다"고 단언한다. 아울러 "경전의 죽은 비유들이 어슬렁거리고 있는(죽은 말씀의 장)" 현실을 질타한다. 규범과 근엄함으로 가장한 현실에 던지는 비수 같은 질타다. 매너리즘에 매인 현실을 벗어나 훨훨 날고 싶은 시인의 욕망이 느껴진다.

꿈속에서도 시를 짓는데, 그 문구가 깨어나면 생각나지 않는다. 그래서 까맣게 잊어버리는 아쉬움 속에서 멋진 글귀는 떠나보내고 "냄새나는 밥통"만 남은 자신을 한탄하고 있다(꿈속에서도 꿈인 줄은 알지만). 그에게 시는 밥이고 반찬이다. 시를 찍어서 맛보고 짜고 싱거운 맛을 느끼면서 "시는 바닷물이면 짜고, 민물일 땐 맹탕, 그저 그런 것"이듯이 시는 "내 가슴의 물결 같은, 내 마음의 불꽃 같은 슬픔과 분노, 그저 그런 것(그릇 속 허공인 것처럼)"이다. 짜고 싱거운 맛은 우리 감정의 희노애락이 되어버린다는 묘한 맛 강의다.

참된 맛은 누구나 언제나 느낄 수 있는 것이 아니라고 한다. "나이를 많이 먹어야 맛을 안다. … 맹탕 맛이 참맛(알토란 하얀 맛)"에서 느낄 수 있지 않겠나. 토란은 나이를 먹어야 그 참맛을 알게 되는데, 그 맛이란 것이 누구나 언제나 느낄 수 없는 '맹탕의 맛'이라 했다. 나이 든 깨달음은 무미無味였다. 백지 상태에서 나이를 먹으며 채워 가다가 다시 백지의 상태로 돌아오는 인생을 덤덤한 맛으로 표현하였으니, 그 깨달음은 나이의 숙성에서 오는 것이 틀림없다.

그런데 시가 전하는 맛만 보지 말고 시인을 보라고 속삭인다. "뚝배기보다 장맛"에 기울어진 우리의 시선을 뚝배기로 옮겨 오고 싶어 한다(고매한 두 노숙자). 못생긴 항아리가 정해진 구실은 없어도, 마땅한 쓰임새가 없어도, 아무 것이나 담을 수 있는 유용성을 크게 자랑한다.

> 항아리라 부르기엔 너무 작고 병이라 하기엔 입이 크다. 참게 같은 문양이 장식으로 붙어있고, 무슨 나뭇결 같은 빗살을 그려 놓았다. 아귓입 배 터져라 불룩해야 할 모양인데도 푹, 꺼져 있다. 화병으로 쓰기에는 주둥이가 헐겁고, 그냥 두고 보자니 색깔이 없다. 못생겨도 이리 못생겼을까. 어느 위인이 부러 만들었을 것 같지도 않은, 쌓아 놓고 굽다 보니 이리 채이고 저리 밀려서 운명적으로 일그러졌을성싶다
>
> –「못 생겨서 좋은」

시인에게 있어 자기 목도, 자기에 주목하는 것이 중요한데 강 시인은 자기 자신을 둘러보는 것으로 시 짓기를 시작하는 셈이다. 그런데 반성 속에서 부끄러움을 감추지 않는다. 겸허함이다. 소와 넉넉한 관계를 형성하며 허허롭게 살아가는 〈워낭소리〉의 노인을 보면서, 독자들에게 미안하다는 주석을 달고 있다. "부끄러운 마음"을 표현하고 있다(워낭소리). 이어서 "내가 나에게 부끄러워, 죄스러워하며" 스스로 자기 몸

을 귀하게 여기지 않았음을 반성하고 있다. "너무 가까워서 보이지 않는 것(사이, 그리고 틈)"을 인정하고 깨달으면서 일상을 반성하고 있다. 자신의 무게는 가벼워 한 톨의 쌀알과 같을 뿐이다. 그러나 "누가 나를 밟고 누르지 않는 한, 나는 지구와도 같다(무한경쟁의 시대)"고 외친다. "자신이 곧 하늘"임을 깨닫는 데 이른다.

2. 사이 혹은 틈새

나와 하늘 사이, 쌀알 하나와 자신의 몸 사이를 가늠하는 시인은 '사이, 혹은 틈'을 주목하고 있다. '너와 나' 사이를 생각하면서 '거리'를 인정하고 관계를 정립하고 있다. 사람이 사랑한다는 것은 둘 사이의 거리를 사랑하는 일이라는 깨달음이 이미 박혀 있다.

> '너'라는 모든 것과 '나'라는 하나 사이에
> 빛과 어둠의
> 강을 건너는 다리.
>
> 거기에 있다 "쇼팽"의 예쁜 강아지, 아니면 "모네"의 고양이 한 마리
> 쯤
>
> 그런 틈이 없다면, 거리가 없다면 돌아설 수도 없다
>
> -「사이에 대하여」.

관계를 중시하면서도 그 사이의 빈 틈, 빈 공간을 엿본다. 그래서 비어 있는 곳을 중시하는 것은 마음을 비우는 작업과 동일하다. 빈 그 자체를 추구하는 허무는 아니다. 욕망을 끊임없이 비워 거기에 다시 채워지는 순리를 따를 뿐이다. 그런데 빈틈은 이곳과 저 곳의 공간만을 의미하지 않고, 이 시간과 저 시간 사이의 시간적 틈을 의미하기도 한다. "'사이'란 틈이며 시간이 흐르는 공간이다. 텅 비어있어야 한다."고 하였다. 차곡차곡 시간을 메우는 현대인, 빼곡히 채워야 만족하는 현대인

의 시간표를 질타하는 여유다. 뜨락을 비우듯이 도시의 한 공간을 비우는 일, 해질 녘 고요한 시간을 비워두고 여유를 갖는 일상을 우리에게 권하고 있다.

사이는 어느 한 쪽만을 강조하고 강요하는 논리로부터의 자유도 포함된다. 그래서 "2분은 모순矛盾이다. 옆이란 것이 없다. 흑과 백만 존재한다. 반대反對엔 '사이'란 것이 존재한다, 기권, 또는 무효라는 것"을 들고 나온다. 왜 그런가? 극단적인 대한민국을 상상하면 답이 나올 것이다. 이것과 저것의 극단만 있고 중간 혹은 중도는 허용하지 않는 우리의 원리주의에 대해 몽둥이질을 하고 있다. 김수영이나 신동엽 시인이 주장하던 중도 혹은 완충지대를 그는 '사이'라고 했다.

안팎을 나누는 명료한 인식도 중요하지만, 분쟁과 모순과 충돌과 차이의 문제가 있는 경우 경계선을 확정짓는 대신에 서로가 접촉하는 제3의 경계면(공간)을 확대해 나가는 방식(송두율, 유럽에서 동아시아를 생각하다, 〈실천문학〉 2012 봄호, 실천문학사, 180쪽)도 궁리하여야 한다. 좌익과 우익, 남과 북, 부자와 가난한 자 양 극단의 사람들이 중간지대를 갖는 것이 이 시대 과제다. 우리 삶의 주변에 '경계면'을 확대해 나가는 포용력이 절실히 요구되는 때라 하겠다. 그래서 강 시인에게 '사이'는 숨통이고 자유다.

강 시인은 사물의 틈새를 헤집어 보고 있다. 돌과 돌 사이, 뼈와 뼈 사이를 보고, 돌을 결을 잘 헤량하여 쪼개는 일과 뼈 사이를 헤집고 들어가 발려내는 일을 도의 세계로 보고 있다. "돌의 결을 헤아려보고 날을 대어 쪼개거나 다듬는 일[理]이나, 칼 든 포정庖丁이 눈 지그시 뜨고 감으면서 소 잡는 일[解](理와 解, 사이에서)"이 매 한 가지로 중요하다고 했다. '사이'를 들여다보는 것이 그에게는 도道다.

〈신구간〉이란 시에서도 묵은 것과 새 것의 사이를 주목한다. 제주에서는 입춘 전에 신들이 땅을 비운 사이, 손 없는 날이라 하여 이사하는 풍속이 있는데 이 시기를 신구간이라 한다. 옛것과 새것 사이의 연결고리를 염두에 두고 "이것과 저것의 사이"를 이야기한다. 그의 시선은 그래서 '모순'에까지 이른다. 모든 방패를 뚫을 수 있는 창과 모든 창을 막을 수 있는 방패 사이의 모순(모순, 양립할 수는 없지만)을 보면서 세상 이치를 부정하고 있었을까? 아니다. 오히려 둘 사이에 존재하는 긴장과 같은 진실을, 틈새를 통해 엿보고 있다. 창과 방패 사이에 있는 '기권 또는 무효'를 바라보고 있으며, 우리 시대의 극단주의와 지구를 공포로 몰아넣는 원리주의를 경계하고 있다. 그 이면에 감추어진 시인의 평화를 보게 된다.

시인에게 있어 사이 혹은 틈은 은밀한 것이기도 하다. 여인의 가랑이 '사이'에서 빚어지는 쾌락과도 통한다. 수컷들의 전쟁이 지구를 파탄으로 이끄는데 수컷의 과다한 욕망을 잠재울 수 있는 암컷의 사이야말로 육체적 평화이고 지구적 평화가 아니겠는가.

3. 현실과 불화, 그리고 타협

현실정치에 대한 그의 태도는 모욕에 가깝다. 불통의 대명사 이명박 정권의 "나도 해봐서 아는데(폐문)"란 말을 두고 '낡고 썩은 것'이라 질타하고 이어 "사람의 온기 없는 집은 하루가 다르게 썩어가는 길뿐이다."라고 우리 정치현실을 아파한다. 이 세계를 그는 창 닫힌 현실로 보고 있고 벽창호 같은 세상에 대해 답답해한다. 그 불통의 정치 틈새에서 민주주의를 표방하는 회색분자들에게도 "아무 데나 붙는 이년이 진짜 걸레거든요(창이란 무엇인가)."라고 일격을 가한다. 이명박 정권 시절의 현실비판이 많이 눈에 띈다. 쇠고기 파동(세탁소에서)에 대한 힐책도 있다.

냄새나는 천박한 것에 대해 "냄새 지독한 엽전 구멍이 봄 가운데 있었기 때문(막차를 탄 여인)"이라고 한다. 무자비한 개발에 대해 "터널을 뚫는 것밖에 모르는 천민 자본의 망이지"라고 한다. 엽전은 바로 돈이고, 금전만능의 세상에 대한 비유다. 엽전 때문에 온 세상이 구멍 나고 상처 입는 처지다. 개발논리는 대한민국의 정황만은 아니다. 제주는 최근 3년간 숲이 가장 많이 사라진 지역이다. 이제 더 이상 개발논리가 제주를 비켜가지 않는다. 지난 10년간 해안가 10만 평이 매립되었다. 역시 한국 최고의 파괴다.

"곶자왈이면 어떠랴, 바다면 어떠랴, 길을 뚫는다. 제주도(용두암 가는 길)" 마구 세상을 뚫어 버린다. 온 세상이 시름하고 있다. 구멍 난 것(엽전)에 의해 구멍이 뚫리는 세상이 시인의 가장 큰 아픔이다. 제주도의 영어공용화, 영리병원, 카지노, 거대 개발논리에 의해 마구 바뀌어 가는 모습을 보면서 "고향에 살면서 고향이 낯설다."고 한다. 자동차와 비행기가 스쳐지나가며 포효하고, 용두암의 "용은 날지 못하는" 비애를 적고 있다. 이 세상에 승천하다만 용이 어디 있겠는가. 용두암은 없고 이제 근처에는 돼지(돈)고기를 파는 '돈두암' 이 대신 그 자리를 차지한 상황이니 말이다.

자동차 불빛과 십자가 불빛을 보면서 "無의 깜, 有의 빡(죽어도 깜빡깜빡)"이 상쟁相爭하는 현실을 비판하면서, 하나가 되어 "有無가 相生" 하는 세상을 바라고 있다. 속도전으로 대변되는 문명비판의 목소리 또한 크다. 삭막한 도시에 대해서도 마찬가지다. "이분법의 도시는 네모다(공은 작을수록)"라고 하여 빈부, 귀천, 좌우, 보수와 진보로 나뉜 이 세상은 사각의 날카로운 모서리를 지니고 있다고 하면서 "모난 것들이" 세상을 저격하고 있다고 비난한다. 대안은 있다. 둥근 것을 도입하는 것이다. 작은 물방울 같은 둥근 것으로 문명의 모난 것을 치유해야 한다고 설파한다. 화해의 길이 열린 셈이다.

4, 원에 대한 시선

시의 저변에 놓여 있는 비애가 있는데 그것은 가난과 탄노歎老다. "모두 낡은 것뿐이라 딱지 한 장 붙이지 못하고 돌아가면서 어차피 죽은 목숨 그냥 두어도 저승 문턱인데(가을비는 내려서)" 라고 가난과 죽음을 위안하고 있다. 겨울에도 문을 열어놓고 자면서도 "문 열고 산다. 바닷바람과 햇살을 들이고, 밤이면 하늘의 별들과 달을 방안에 들여 놓는다."고 위안하고 있다. 가난과 고독에 절규하기도 한다. 자신의 텅 빈 살림살이를 대나무의 빈 것에 대비시켜 "대나무 속 / 텅, 비었어도 꺾이진 않겠지요(독야청청)."라고 위안하기도 한다. 그런데 그는 가난에 절규하는 것이 아니라, 이제는 가난의 텅 빈 것에 자유자재한 경지에 이르렀는지도 모른다. 겨울 추위에 아랑곳하지 않고 방안에 바람과 별과 달을 들일 수 있는 경지가 어디 범부들의 것은 아니지 않던가. 그래서 시인은 자기 정체성을 '빈 병' (화두 40년)에 두고 있다.

그런 마음자리는 둥근 원을 지향하는 것으로 이어진다.

방울방울 원 속의 원(봄비)

몇 개의 원(88)

동그라미 속에 반쯤 그리다 만 이름(새 신을 신고)

빗방울 속에서 원을 보고 또 그 안에 있는 원을 보는 눈, 88이란 숫자에서 4개의 원을 보고 둘이 붙었을 때 만들어내는 또 하나의 원까지 본다. 사람들 사이의 원만한 원이라고나 할까. 그리고 '영자' 혹은 '영숙' 이란 여인의 이름을 적으며 기억해내는 원만한 사랑도 있다.

늘그막 한 나이에도 새 신을 신고 폴짝 뛰는 그의 동심이 동그라미로 표현된 것이다. 그는 반원에서도 완전한 원을 발견해 낸다. "산비탈의 저 무덤을 봐 /영원에서 반이란 뜻이지, 반원을 그린/ 그 둥근 반쪽은 우리가 모르는 거야(일방통행)" 인간세상의 일은 반원에 있고 나머지 반원은 우리가 모르는 초월적 세계에 있는데, 그 두 반원이 합쳐졌을 때 '영원' 을 알 수 있다고 한다. 그는 반쪽에서 나머지 반쪽을 보고 있으며, 저편의 초월적 세계가 지닌 신비까지 알고 있는데도 짐짓 모른

체 살아가고 있음이 분명하다. 강 시인, '영원의 세상'은 어떤 것인가요.

그는 사과 반쪽을 보면서 "날아오른다 나비 나비 나비(사과 두 쪽)"라고 외쳤다. 양산박이 축영대를 그리워하던 중, 그의 무덤 곁을 그녀가 지나가자 무덤이 열리면서 축영대를 끌어들였고, 세속에 남겨진 그녀의 옷자락은 나비로 변했다고 한다. 사과 반쪽에 이미 온전한 하나의 사랑에 대한 염원이 담겨 있고, 온전한 모양의 씨앗도 있음을 알아차린 모양이다. 여인의 영혼은 원만무애한 세상을 찾아 떠났고, 이제 시인도 그 원만한 '영원'을 체득하면서 떠날 채비를 한다.

> 승천을 바란다면 벗어던져야 한다.
> 그게 무엇이든, 산만한 꼬리는 잘라버려야 한다.
>
> –「용두암 가는 길」

> 갖고 싶으면 욕(慾)을 멀리 두어야
>
> –「도라 도라 도라」

그와 함께 사는 콩이는 "가벼워 상팔자(잠시 앉았다 가는 길)"이다. 콩이는 시인이 키우는 강아지 이름이다. 개가 인간보다 낫다고 일러주기도 한다. 욕망의 무게 때문에 괴롭게 사는 인간들에게 그 근심덩어리를 벗어던지라고 질타한다. 인간의 무한 욕망을 벗는 순간 승천이 앞에 있다. 집안에 갇힌 새가 벽을 넘는 방법은 의외로 간단하다.

"눈을 감아야 한다. 빛이 없어야 한다(난제인가 절망인가)." 눈을 뜨고 세상을 보는 행위와 빛에 의해 구별되는 세상을 보는 행위는 같다. 연암도 눈 먼 아이가 갑자기 눈을 뜨고는 집을 찾지 못하자 "다시 눈을 감아라."라고 일러주었다. 눈으로 보지 말고 마음으로 보라는 깨우침이다. 어떻게 마음으로 볼 수 있는가. 바로 욕망의 무게를 내려놓으면 마음으로 세상을 보게 된다는 지침이다.

5. 낮은 자세로

시인은 말한다. "내 사랑은 온 세상"이라고. 그 세상을 온전하게 가려면 '낮은 자세'가 필요하다고 말한다. 그의 인생은 이미 자연과 닮아 있다. 매화와 들국화 시편이 도처에 눈에 띈다. 갓나물이 "납작 엎드려, 긁는 맛으로" 자라는 것을 본다. 자연을 통해 단련된 그의 삶은 땅바닥을 기는 겸허로 화했다.

콩' 시인이라고 부른다 몸집이 작아서
눈망울이 콩알 같아서
긴 털 속에 깊은 눈, 한 소식(消息) 하였다는 듯 눈빛은
저 너머에 있다

말은 눈으로만 한다 짖는 법이 없다
… …
둘 다

되도록 땅과 가까이하려한다 길게 앉거나 길게 눕는다
풀 한포기 상하지 않도록,
개미 한 마리 다치지 않도록 자릴 잡는다 날이 갈수록

모든 생명이, 내 목숨과 같다는 생각
버릇이 되었다

－「콩' 시인과 나는」

콩 시인은 이 집 강아지다. 이젠 식구나 다름없다. 함께 숙식을 한다. 그리고 시인처럼 침묵할 줄 안다. 말이 많은 세상이야 말로 세상을 죽였기 때문에 시인은 말이 없고 이 강아지도 침묵할 줄 안다. 둘은 세상 사람 뿐만 아니라 뭇 생명에 대해서도 겸손하다. 낮은 자세로 길게 눕는 자세를 취하며 공존과 화해의 삶을 택한다. 그저 한 마리 개에 불과한 콩이를 반려자로 여기고 대등한 격을 인정한다. 그의 묵묵한 태도와

인간보다 더 의젓한 모습을 발견하고 이제는 '콩 시인' 이라 부른다. 생명 있는 모든 것의 화합이다.

작은 것들은
서둘러 꽃을 피운다. 좋은 때일수록
그늘 속에 갇혀야 한다는 것을 스스로 알기에

– 「낯선 고향에서」

아무리 비가 내려도 열매를 맺는다.
빗물에 젖어서는 열매가 안 되겠기에 꽃은 스스로
고개 숙인다

– 「비바람 궂어도」

시인은 자연에서 인간의 태도를 배운다. 큰 나무와 겨루어야 하는 경쟁사회에서 살아남기 위한 방법도 자연으로부터 터득한다. 자연은 작은 것의 꽃자리 정도는 허용한다. 그리고 언제든지 거기 서 있지 않고 다른 생명을 위해 스스로 비켜주기도 한다. 작은 꽃자리도 허용하지 않고 스스로 비켜주지도 않는 인간의 무한경쟁과는 다르다. 그래서 인간 세상은 추하고, 자연 세상은 아름답다. 작은 꽃이 필 수 있도록 배려되기 때문이다. 열매를 맺기 위해서는 스스로 때를 알아 꽃을 피워야 하고, 빗물에 젖지 않기 위해 고개를 숙이기도 해야 한다. "비바람 궂은 날 / 꽃이 고개를 들어서는 열매가 되지 않는다." 열매를 위해 고개 숙이는 이 겸허함이 시인의 삶 속에 온전히 배어 있다. 60이 넘은 시인이 50이 넘은 내게 대하는 모습에도 선연하다. 숙이고 낮은 자세로 늘 겸허다.

한 무속인이 주문을 외고 있다
무엇을 위한 소원일까만 양손 들고 우러른
원색의 소맷자락
나풀거린다 가만가만 쇳소리 쟁 쟁쟁!
허공을 긋고 합장한 여인의 가는 손가락만 스쳐도
유리판 반짝이는 바다가 깨질 듯
위태하기만 한데 쌀 한 줌

획, 뿌린다 차르르!
미끄러져 구르던 휘파람새 옥구슬
호호로운 노래가 해당화 가지에 피었다 빨간 장미향
솜털 잔가시 무수하다

–「봄이라지만 나에겐」

한 무속인–제주어로는 심방–의 주문과 연물소리가 울린다. 설쇠 장단과 함께 심방의 신받음이 이어지는데, 이때 휘파람새가 노래하더니 꽃이 피어 그 향기가 온 세상에 그득하다. 가지마다 생명이 움솟는다. 심방이 신 받아 분부 사뢴다. "온 세상 봄이 난만하여 생명이 소생하더니만, 한 해 바다가 평안하고 풍요로울 지어다." 그의 시에서 생명과 풍요가 느껴진다. 낮은 자세로 겸허하게 살아가는 모든 생명의 화해와 상생이 느껴진다.

– 허 남 춘 (제주대학교 국어국문학과 교수)

Gang Gyeong-u

다시올시인선 010
잠시 앉았다 가는 길

초판인쇄 2013년 7월 20일
초판발행 2013년 7월 25일

지은이ǀ 강경우
발행인ǀ 김영은
펴낸곳ǀ 다시올
출판등록ǀ 제 310-2007-00028

우편ǀ 139-050
주소ǀ 서울 노원구 월계동 382-55(중앙빌 2동 1호)
전화ǀ 070-7431-5941
팩스ǀ 031-855-5941
메일ǀ maxim3515@naver.com

ISBN 978-89-94414-40-9 03810

정가 20,000원